崔超 著

中国农村集体经济治理体系研究

RESEARCH ON THE RURAL COLLECTIVE ECONOMIC GOVERNANCE SYSTEM OF CHINA

中国社会科学出版社

图书在版编目（CIP）数据

中国农村集体经济治理体系研究/崔超著 .—北京：中国社会科学出版社，2022.4
ISBN 978-7-5227-0818-8

Ⅰ.①中… Ⅱ.①崔… Ⅲ.①农村经济—集体经济—研究—中国 Ⅳ.①F321.32

中国版本图书馆 CIP 数据核字（2022）第 156643 号

出 版 人	赵剑英	
责任编辑	张玉霞　刘晓红	
责任校对	周晓东	
责任印制	戴　宽	
出　　版	中国社会科学出版社	
社　　址	北京鼓楼西大街甲 158 号	
邮　　编	100720	
网　　址	http://www.csspw.cn	
发 行 部	010-84083685	
门 市 部	010-84029450	
经　　销	新华书店及其他书店	
印　　刷	北京君升印刷有限公司	
装　　订	廊坊市广阳区广增装订厂	
版　　次	2022 年 4 月第 1 版	
印　　次	2022 年 4 月第 1 次印刷	
开　　本	710×1000　1/16	
印　　张	15.75	
插　　页	2	
字　　数	236 千字	
定　　价	88.00 元	

凡购买中国社会科学出版社图书，如有质量问题请与本社营销中心联系调换
电话：010-84083683
版权所有　侵权必究

序

农村集体经济的产生和发展是历史选择的结果。中华人民共和国成立初期中国共产党人选择走农业集体化的发展道路，是将其作为孙中山开始倡导的有组织的"耕者有其田"的实现形式，是适应农业社会土地作为最主要的财富和生产要素特征的需要，试图打破农业社会历史周期律的具体手段和方法，更是对马克思主义经典作家理论以及苏联集体化实验成果的继承与发扬。不仅如此，农业集体化道路在客观上还成为了集中农业剩余实现，中国工业化和现代化所需的原始积累的重要工具。但不得不指出的是，在相当长的一段时期内，由于对中国经济基本情况认识不清、对经济发展规律认识不足，对集体化条件下如何保障农民包括土地在内的权益和保护农民的利益等缺乏工具和手段，在如何发展农村集体经济这一问题上曾经走过一段弯路。对集体化发展道路的反思，重新探索集体化的实现形式，大力推进家庭联产承包责任制的农村改革，还成为了20世纪70年代末开启的中国整体改革开放的起点。

近些年来，随着农村集体产权制度改革的深化，特别是伴随脱贫攻坚时期对农村集体经济扶持措施的落实，新型农村集体经济无论是从形式还是内容上都在不断地调整、发展和完善。农村集体经济创新发展的格局正在不断呈现。正是在这样的实践背景下，学界关于新型农村集体经济的研究如雨后春笋，百花齐放。

崔超同志博士毕业于辽宁师范大学马克思主义学院，2019年博士毕业后进入中国社会科学院农村发展研究所做博士后研究。其间，作为他的合作导师，我一方面支持和鼓励他根据理论和实践的发展演变，继续拓展和深化博士阶段的研究，同时也支持和鼓励他将博士阶段的研究成果修改完善。摆在读者朋友们面前的这本书正是其完善和优化博士阶段研究的成果之一。

我并非农村集体经济发展问题研究专家。但从"三农"研究者视角审视这本书，可以发现，这个研究立足中国特色社会主义的理论与实践，以马克思主义理论和习近平总书记系列重要讲话精神为指导，坚持理论联系实际的学术原则和规范，对中国农村集体经济治理体系进行了研究。本书四个方面的工作是有价值和值得重视的。

第一，本书对现有关于农村集体经济及治理体系的文献进行系统地梳理和研究，深度分析和界定了农村集体经济的内涵、作用及形式。这些较为翔实的文献研究，从理论上廓清和阐释了农村集体经济治理体系的内涵、目标及构成，并为接下来的实证研究提供了依据。

第二，这个研究没有停留在理论的研究演绎层面，而是基于理论和学理研究，努力将理论和实践相结合，实现理论逻辑与实践逻辑的融合。运用对山东、江苏、广东、辽宁等地典型村庄的实地调查获得的资料，对当前我国农村集体经济治理体系的发展程度、存在的问题以及造成问题出现的原因等进行了分析。这些研究和分析有助于读者对农村集体经济治理体系形成具象认识，以便于关心农村集体经发展和治理的人们更有针对性地参与到对其发展和完善的工作之中，从而能够更好地推动新型农村集体经济的健康发展和壮大，使之在全面推进乡村振兴和促进农民农村共同富裕中发挥应有之功效。

第三，本书通过理论和实证的研究得出了一些非常重要的研究发现和结论。研究指出，我国的现有法律、法规及政策中对于政府、农村集体经济组织及其成员的职能和权利等虽有着较为明确的规定，但是由于认识形成的长期性、程序模式的滞后性、主体关系的复杂性等原因，导致农村集体经济治理体系构建中存在一系列问题。比如，政府在对农村集体经济组织的帮扶上存在职能边界不清及程序繁琐等问题；又如，当前我国农村地区虽然普遍设立了新型集体经济组织，但是集体经济组织与村"两委"之间存在职能交叉重叠等问题，加上

"党政经"一肩挑现象的存在，使这一问题更加凸显；再如，农村集体经济组织与其成员之间还存在信息获取渠道单一、收益分配方式固化、成员参与质量不高等问题。

第四，基于上述发现，本书提出了一些关于完善农村集体经济治理体系的政策建议。一是彰显中国特色社会主义制度属性，即不仅要与社会主义基本经济制度保持内在一致性，围绕确保和发挥社会主义公有制经济的主体地位和作用，以及推动公有制经济与非公有制经济的共同发展而展开，也要与坚持和加强党的全面领导、农村集体经济组织成员的自我提升相联系。二是通过健全相关法律法规、提升政策的执行效果和科学化水平、完善农村集体经济组织章程及村规民约，深度明确政府、农村集体经济组织及其成员在农村集体经济治理中的地位、职能和权利等。三是通过加快政府职能转变，进一步细化政府职责，强化市场在农村集体经济治理中的调节功能，发挥政府与市场的协同作用；通过落实农村集体经济组织特别法人地位、贯彻"政经分开"的政策主张，明确农村集体经济组织的独立地位；通过维护农村集体经济组织成员的财产权利与民主权利，以及确保成员身份的继承性、保障性和职业性等，落实农村集体经济组织成员的主体地位。四是通过简化执行程序，推动建立农村集体经济组织与大型企业间的合作和网格化信息服务平台，开展典型案例的宣传工作等方式，优化政府长效帮扶机制；通过完善人才队伍，提升农村集体经济组织管理者综合能力及素质，加强对集体资产及管理者的监督力度等，优化农村集体经济组织独立运营机制；通过建立"因时因事"的灵活分配与激励方式，完善参与流程以及对集体经济组织内部机构职能履行情况监督途径，优化农村集体经济组织成员分配与参与机制。应该说，这些建议在当下是需要重视和讨论的。

整体上看，这个研究思路清晰、工具合理、分析深入。无论是从研究问题的重要性、研究视角的独特性、研究发现的新颖性看，还是从研究结论的可应用性、政策建议的可操作性来衡量，都不失为具有理论价值和现实意义的成果。

前面我已说过的，我本人的研究重点并非乡村组织和制度。但尽管如此，出于对青年学者的爱护，同时更是因为对关于新型农村集体经济发展问题研究重要性的认知，我愿意向读者推荐这本最新的研究成果。

是为序！

中国社会科学院农村发展研究所研究员　杜志雄

2022 年 4 月 6 日

目 录

前言 …………………………………………………………… 1

第一章　研究的理论基础 ………………………………………… 1
　　第一节　马克思主义关于农村农民的基本观点 …………… 1
　　第二节　马克思主义关于集体经济的主要观点 …………… 16
　　第三节　马克思主义关于国家治理的主要观点 …………… 31

第二章　农村集体经济的内涵、作用及形式 ………………… 47
　　第一节　农村集体经济的基本内涵 ………………………… 47
　　第二节　农村集体经济的主要作用 ………………………… 58
　　第三节　农村集体经济的主要形式 ………………………… 67

第三章　农村集体经济治理体系的内涵、目标及构成 ……… 73
　　第一节　农村集体经济治理及治理体系的内涵 …………… 73
　　第二节　农村集体经济治理体系的目标 …………………… 86
　　第三节　农村集体经济治理体系的构成 …………………… 96

第四章　农村集体经济治理体系的现状 ……………………… 103
　　第一节　农村集体经济治理体系的资料与数据分析 …… 103
　　第二节　农村集体经济治理体系的发展程度及问题 …… 115
　　第三节　农村集体经济治理体系存在问题的因由 ……… 130

第五章 完善农村集体经济治理体系的主要思路 …………… 146

    第一节 彰显中国特色社会主义制度属性 …………… 146

    第二节 健全农村集体经济治理体系的制度 …………… 152

    第三节 改善农村集体经济治理体系的结构 …………… 160

    第四节 优化农村集体经济治理体系的机制 …………… 170

附录一 中国农村集体经济发展与治理的调查 …………… 179

附录二 中国农村集体经济治理体系现状调查表 …………… 185

参考文献 …………… 191

前　言

农村集体经济是社会主义公有制经济的重要形式，是以增进农村集体经济组织成员利益为目的，彰显合作与联合的经济形态，其形式主要包括数量众多的农户经济和各种形式的合作经济。发展农村集体经济不仅是在农村巩固社会主义制度的重要保障，也是全面推进乡村振兴、促进农民农村共同富裕的路径选择。为了进一步推动农村集体经济的发展，2016年12月，在《中共中央国务院关于稳步推进农村集体产权制度改革的意见》（以下简称《意见》）中提出了"构建集体经济治理体系"的政策主张。这意味着构建农村集体经济治理体系已被视作推动农村集体经济实现新发展的重要举措，而提上了党和国家的议事日程。2017年，党的十九大提出实施乡村振兴战略，并将"壮大集体经济"同实现乡村振兴总要求联系在一起，赋予集体经济以更为重要的战略意义。随着脱贫攻坚战取得全面胜利，我国迎来了由"脱贫"向"振兴"的历史性重大转变，在这一重要历史节点，2020年，党的十九届五中全会将"乡村振兴战略全面推进"作为"'十四五'时期经济社会发展主要目标"，并将"发展新型农村集体经济"作为全面推进乡村振兴的重要内容，从而意味着农村集体经济在新时期农业农村发展中仍将占据重要地位。农村集体经济治理体系的重要性也越发凸显。

随着农村集体产权制度改革不断深入，各地区也根据自身情况，因地制宜地颁布了相应的改革方案。实行改革的村庄普遍建立了集体经济股份合作社等农村集体经济组织，经济职能从村民委员会（以下简称"村委会"）中分离出来，农村集体经济组织成员的身份和权利逐步得到确认和明晰，农村集体经济组织特别法人地位和独立运营权在《中华人民共和国民法典》（以下简称《民法典》）、《中华人民共和国乡村振兴促进法》（以下简称《乡村振兴促进法》）等法律中也得到明确，基本形成了由政府、农村集体经济组织及其成员所构成权责关系，从而使农村集体经济治理体系①初见端倪。在新形势下，思考如何完善农村集体经济治理体系，不仅对于拓展农村集体经济相关理论的研究内容和视角，具有重要的理论意义，而且对于巩固党在基层的领导核心地位，推进全面依法治国以及贯彻"以人民为中心"的理念，也具有重要的现实意义。

第一，2020年，党的十九届五中全会开启了全面建设社会主义现代化国家的新征程。发展壮大新型农村集体经济，确保乡村振兴战略全面推进，推进国家治理体系和治理能力现代化等是全面建设社会主义现代化国家的重要保障。本书对农村集体经济治理体系的研究正是在这样的背景下展开的。

首先，农村集体经济治理体系的研究是在农村集体经济亟须创新发展的背景下展开。农村集体经济是社会主义公有制经济的重要形式和在农村的主要体现形式，是促进农民农村共同富裕的物质基础。1978年改革开放后，随着农村基本经营制度的创新和新的乡镇政府管理体制的确立，党和国家以新的思路发展农村集体经济，使农村集体经济的内涵和外延都发生了巨大的变化，形成了多样化的农村集体经济形式和组织载体。这亟须有效的治理作为保障，因而也成为党和国家所关注的重要问题。

在新时代，为了进一步增强农村集体经济发展活力，党中央倡导全面推行农村集体产权制度改革。2016年，《意见》提出了正确管理和使用农村集体资产、形成有效维护成员权利的治理体系等一系列改革目标。随着《意见》的颁布，农村集体产权制度改革开始在全国范围迅速推广，各地区也根据自身情况，因地制宜地出台了相应的改革意见。目前，"全国已建立乡村组三级集体经济组织近90万个，清查

---

① 对"农村集体经济治理体系"一词，本书可以简写的地方，用"体系"或"治理体系"表达。

核实集体账面资产7.7万亿元,其中,经营性资产3.5万亿元"①。实行改革的村庄普遍建立了集体经济股份合作社等农村集体经济组织,经济职能从村委会分化出来,集体经济组织成员身份得到确认,集体经济组织的法人地位和独立运营权在《民法典》《乡村振兴促进法》等法律法规中也得到明确,农村集体经济治理体系初步形成。在此背景下,探讨如何进一步完善这一体系显得尤为重要。

其次,农村集体经济治理体系的研究也是在乡村振兴战略全面推进以及推进乡村治理体系和治理能力现代化的背景下展开。为顺应新时代的要求、推动乡村发展,2017年,党的十九大首次提出,"实施乡村振兴战略",并明确提出了包括"壮大集体经济"在内的一系列战略任务。这表明,党中央对于"三农"问题持续关注,将农业农村的发展放在了优先的位置,把壮大农村集体经济同实现乡村振兴总要求联系在一起,凸显了农村集体经济的战略地位。随着2020年党的十九届五中全会召开,标志着我国将开启"全面推进乡村振兴"新征程,并将"发展新型农村集体经济"作为全面推进乡村振兴的重要内容,从而赋予农村集体经济更为重要的战略意义,这充分表明了在乡村振兴战略全面推进的新阶段中,党中央对农村集体经济的高度重视。因此,完善农村集体经济治理体系,也同样具有战略意义。

健全现代乡村治理体系亦是实施乡村振兴战略的重要任务。2017年,党的十九大指出:"健全自治、法治、德治相结合的乡村治理体系"。随后,在2018年中央一号文件中,一方面,对于乡村振兴战略的实施作出了具体的部署;另一方面,也提出应当"加快推进乡村治理体系和治理能力现代化","构建乡村治理新体系"。并且制定了到2020年"乡村治理体系进一步完善"和到2035年"乡村治理体系更加完善"的战略目标。2018年9月,《乡村振兴战略规划(2018—2022年)》(以下简称《规划》)提出,"健全现代乡村治理体系"。

---

① 《全国农村集体产权制度改革工作部署视频会议在京召开》,中华人民共和国农业农村部门户网,2021年9月16日,http://www.moa.gov.cn/xw/zwdt/202109/t20210913_6376321.htm。

在2019年中央一号文件中，党中央又进一步部署了"开展乡村治理体系建设试点"工作，并随后出台了实施乡村振兴战略的一个重要配套性文件——《关于加强和改进乡村治理的指导意见》（以下简称《指导意见》），"对当前和今后一个时期的全国乡村治理工作作了全面部署安排"[①]。从党的一系列文献中不难看出，健全现代乡村治理体系是实施乡村振兴战略的重要任务。

2015年11月，中共中央办公厅、国务院办公厅印发的《深化农村改革综合性实施方案》指出："在土地集体所有基础上建立的农村集体经济组织制度，与村民自治组织制度相交织，构成了我国农村治理的基本框架"。这无疑表明，农村集体经济治理体系是乡村治理体系的重要组成部分。因此，健全现代乡村治理体系，就需要通过进一步完善农村集体经济治理体系来提供支撑。通过对农村集体经济治理体系的理论研究和现状分析，可以及时总结农村集体经济治理体系的发展程度和现存问题，进而提出完善农村集体经济治理体系的思路，从而为健全现代乡村治理体系，推进乡村治理体系和治理能力现代化增添助力。在此背景下，要求我们应当对农村集体经济治理体系的研究予以重视。

最后，农村集体经济治理体系是国家治理体系在基层的实践场域，推进国家治理体系和治理能力现代化同样是本书研究的背景。2013年，党的十八届三中全会首次提出"国家治理体系"的概念，并将推进国家治理体系和治理能力现代化作为全面深化改革的总目标。"国家治理体系"这一全新理念的提出，对于我国的政治、经济、文化、社会等各领域的发展具有重大意义。

关于国家治理体系和治理能力现代化，在2013年党的十八届三中全会第二次全体会议上，习近平指出："国家治理体系是在党领导下管理国家的制度体系"，"是一整套紧密相连、相互协调的国家制

---

① 《推进乡村治理体系和治理能力现代化取得新成效——中央农办副主任、农业农村部副部长韩俊解读〈关于加强和改进乡村治理的指导意见〉并答记者问》，中华人民共和国农业农村部门户网，2019年6月25日，http://www.moa.gov.cn/xw/zwdt/201906/t20190625_6319178.htm。

度"。这表明,国家治理体系的基本要件和内核就是制度和制度体系,只有坚决破除有碍于社会进步的制度,完善制度体系,才能推进国家治理体系和治理能力现代化。从这个角度可以看出,构建和完善农村集体经济治理体系的重点也是制度。同时,农村集体经济治理体系是国家治理体系的重要组成部分,完善这一体系有助于推动国家治理体系和治理能力现代化的实现。

作为一个制度体系,国家治理体系包括"各领域体制机制、法律法规安排"[①]。这意味着推进国家治理体系现代化关键在于推进各领域的制度的现代化,而"当前,制约科学发展的体制机制障碍不少集中在经济领域"[②]。这表明,经济治理体系是国家治理体系的重要组成部分,而推进国家治理体系现代化的关键是推进经济治理体系的现代化。农村集体经济治理体系作为国家经济治理体系的重要组成部分,既是国家经济治理体系在基层的实践场域,也是国家治理体系在基层的实践场域。本书正是基于此背景,展开对农村集体经济治理体系的深入研究。

第二,对于农村集体经济治理体系的研究,不仅涉及包括政府、农村集体经济组织及其成员在内的多个主体及其相互之间的权责关系、互动关系,还涉及党和国家的法律法规、政策以及农村集体经济组织章程、村规民约等正式制度或非正式制度,因而对巩固党在基层的领导核心地位,推进全面依法治国以及贯彻"以人民为中心"的理念,具有一定的现实意义。

首先,对于农村集体经济治理体系的研究有助于巩固党在基层的领导核心地位。完善农村集体经济治理体系既能够充分发挥农村基层党组织(以下简称"村党组织")对政策的上传下达作用,把组织成员所反映的问题及时向上级汇报,帮助上级了解政策的落实情况,以便做出调整和改进,也能对治理主体的权利和职责行使情况进行监督,引导和指导各治理主体按照因制度形成的权责进行互动,从而共

---

① 习近平:《习近平谈治国理政》,外文出版社2014年版,第91页。
② 习近平:《习近平谈治国理政》,外文出版社2014年版,第93页。

同聚合到农村集体经济相关事务的处理和问题的解决中。同时，完善农村集体经济治理体系也对村党组织的建设提出了更高的要求。一方面，要求村党组织必须严于律己，培养一批高素质党员及党员干部；另一方面，也要求村党组织必须充分发挥引导和服务职能，善于通过引导来解决干部群众的思想问题以及农村集体经济的相关问题，切实为农村集体经济组织及其成员提供服务，使村党组织能够在农村集体经济的决策、管理、监督等各个环节起到模范带头作用，从而提高党在群众中的领导权威，确保党在基层的领导核心地位。

其次，对于农村集体经济治理体系的研究有助于推进全面依法治国。推进国家治理体系和治理能力现代化就要求全面推进依法治国，而全面依法治国的基础和工作重点在基层。为此，2018—2021年中央一号文件连续提出，"建设法治乡村""推进农村基层依法治理""扎实开展自治、法治、德治相结合的乡村治理体系建设试点示范""创建民主法治示范村，培育农村学法用法示范户"等内容。农村集体经济治理体系是以法治为基础，通过完善农村集体经济治理体系，既能够使政府依法履行其在指导、服务和监督等方面的权责，从而协同各治理主体参与到与农村集体经济紧密联系的事务及其运作之中，也能够引导各治理主体共同遵守法律法规，依法依规行使独立运营权，从而使各治理主体共同参与到农村集体经济治理中，进而把农村集体经济的各项事务纳入法治化轨道，为推进全面依法治国创造条件。

最后，对于农村集体经济治理体系的研究能够使"以人民为中心"的理念落地生根。完善农村集体经济治理体系是建立在充分尊重成员的意愿，充分调动成员的积极性、主动性，提升其获得感、幸福感、安全感的基础之上，是为了确保农民在农村集体经济组织中的主体地位；为了确保农村集体经济组织成员依法享有广泛的权利和自由；为了避免集体资产私有化、家族化以及村干部官僚化、特权化等现象的发生；为了实现农村集体经济组织全体成员的共同富裕；为了消除传统思想的禁锢，唤醒农村集体经济组织成员的主体意识；为了激发农村集体经济组织成员的创造力，尊重组织成员的首创精神；为了让农村集体经济组织成员真正成为农村集体经济治理的参与者和受益者。因此，这无疑能够使"以人民为中心"的理念落到实处。

第三，在深入开展有关农村集体经济治理体系问题研究前，有必要回顾梳理相关文献。中国农村集体经济治理体系问题是中国"三农"问题研究领域中的一个新问题。多年来，国内外学者对于农村集体经济治理体系问题的直接关注较少，但是与这一问题相关的研究比较丰富，也取得了一定的研究成果。通过对这些相关研究成果进行梳理和总结，有助于为深入和系统地研究农村集体经济治理体系厘清思路。

首先，关于农村集体经济的研究。从历史的角度看，我国农村集体经济演变和发展经历了多个阶段。邓大才认为，从土地私有开始，我国农村集体经济经历了传统家产制集体经济、合作社式的集体经济、统制型的农村人民公社、统分结合的集体经济、产权多元下的现代集体经济五个阶段[①]。方志权认为，农村集体经济在我国的形成起始于20世纪中叶高级农业生产合作社的建立[②]。徐勇、赵德健认为，自人民公社时期至今，我国农村集体经济分别经历了统一劳动经营和政社合一的集体经济；家庭经营基础上统分结合的集体经济；以家庭承包权为基础的合作经营的集体经济三个阶段[③]。黄季焜等认为，改革开放后，我国农村集体经济经发展主要经历了双层经营体制的确立、乡镇集体经济的崛起与改制、集体产权制度改革等发展阶段[④]。同时，国内学者还分别就农村集体经济的内涵、类型及特征进行了系统的研究。

一是关于农村集体经济内涵的研究。自改革开放以来，农村集体经济的内涵不断得到丰富和发展。但是学术界对于农村集体经济的认

---

① 邓大才：《产权与利益：集体经济有效实现形式的经济基础》，《山东社会科学》2014年第12期。
② 方志权：《农村集体经济组织产权制度改革若干问题》，《中国农村经济》2014年第7期。
③ 徐勇、赵德健：《创新集体：对集体经济有效实现形式的探索》，《华中师范大学学报》（人文社会科学版）2015年第1期。
④ 黄季焜等：《农村集体经营性资产产权改革：现状、进程及影响》，《农村经济》2019年第12期。

识尚未达成一致。一部分学者将农村集体经济看作一种经济形式，强调生产资料的集体所有。徐勇认为，农村集体经济是一种以集体成员共同占有生产资料为基础，以实现共同发展为目的，通过集体成员的共同劳动合作，共同分配生产经营收益的经济形式[1]。王景新从社会主义实现形式的角度将农村集体经济定义为集体资产归乡（镇）、村、组三级农民集体所有，采取成员优先、市场调节等多种形式进行资源配置，实行农村基本经营制度，运用多种经营方式，按集体经济规则和生产要素相结合的分配方式分享收入的公有制经济[2]。另一部分学者把农村集体经济看作一种组织形态。邓大才认为，农村集体经济是一种对应于私有或家庭所有的组织体和经营体[3]。并且相比较生产资料的集体占有，他们更加注重合作形式的多样化，如黄延信认为，农村集体经济是通过集体成员的合作与联合实现共同发展的一种经济组织形态。这种组织形态既可以在生产资料集体所有制的基础上形成，也可以在产权清晰的基础上，以资产入股的方式形成[4]。方志权认为，农村集体经济是劳动者通过合作与联合发展经济的多种组织形态的集合，其重心不在于生产资料集体所有，而在于组织形态的多样化[5]。苑鹏、刘同山认为，农村新型集体经济是在符合现代产权制度要求下，集体成员自愿地以劳动联合或资本联合的形式实现共同发展的一种经济组织形态[6]。

二是关于农村集体经济类型及特征的研究。从农村集体经济的类型来看，邓大才从产权所有的角度将农村集体经济划分为四种类型：第一种是传统的产权共同所有的紧密型集体经济；第二种是产权共同

---

[1] 徐勇：《种豆得瓜：农村集体经济的不同产业绩效及动因》，《社会科学家》2016年第6期。

[2] 王景新：《当今"明星村"集体经济发展的有效实现形式》，载王景新、彭海红等《集体经济村庄》，《开放时代》2015年第1期。

[3] 邓大才：《产权与利益：集体经济有效实现形式的经济基础》，《山东社会科学》2014年第12期。

[4] 黄延信：《发展农村集体经济的几个问题》，《农业经济问题》2015年第7期。

[5] 方志权：《农村集体经济若干重大问题研究》，《科学发展》2015年第9期。

[6] 苑鹏、刘同山：《发展农村新型集体经济的路径和政策建议——基于我国部分村庄的调查》，《毛泽东邓小平理论研究》2016年第10期。

所有的松散型集体经济；第三种是产权共同所有的多元型集体经济；第四种是产权个人所有的多元型集体经济①。苑鹏、刘同山认为，农村新型集体经济的类型主要有两种：一种是建立在集体产权制度改革的基础上，发展股份合作的集体经济；另一种是建立在市场原则的基础上，本着以集体成员自愿的，劳动联合和资本联合为主，外部资源要素入股参与为辅，权责分明的集体经济②。彭海红认为，农村集体经济可划分为五种类型，分别为：继承马克思主义经典作家理论而形成的经典模式；在集体经济内部引入现代企业制度的现代模式；具有更广泛现实制度基础的现实模式；多种经营方式存在的混合模式；以家庭承包经营为主的普遍模式③。就农村集体经济的特征来看，传统的农村集体经济最突出的特征是否认私人产权。韩俊认为，传统的集体经济是一种不合理的乌托邦式的幻想，其本质特征是财产的合并，并否认私人产权④。陈锡文认为，我国传统的集体经济是以按劳分配为原则，否认私人产权，不承认财产能够获取收益⑤。关于新型的农村集体经济，苑鹏、刘同山认为其特征总共包括五点，分别为明晰的所有权关系、清晰的集体成员身份、民主的组织治理、灵活的分配制度，以及去行政化的组织机构⑥。徐勇、赵德健认为，集体经济既不直接等同于集体共有经济和集体经济组织，也不等同于共同劳动，更不是只有集体成员参与⑦。

---

① 邓大才：《产权与利益：集体经济有效实现形式的经济基础》，《山东社会科学》2014年第12期。
② 苑鹏、刘同山：《发展农村新型集体经济的路径和政策建议——基于我国部分村庄的调查》，《毛泽东邓小平理论研究》2016年第10期。
③ 彭海红：《中国农村集体经济的实践形式》，载王景新、彭海红等《集体经济村庄》，《开放时代》2015年第1期。
④ 韩俊：《关于农村集体经济与合作经济的若干理论与政策问题》，《中国农村经济》1998年第12期。
⑤ 陈锡文：《集体经济、合作经济与股份合作经济》，《中国农村经济》1992年第12期。
⑥ 苑鹏、刘同山：《发展农村新型集体经济的路径和政策建议——基于我国部分村庄的调查》，《毛泽东邓小平理论研究》2016年第10期。
⑦ 徐勇、赵德健：《创新集体：对集体经济有效实现形式的探索》，《华中师范大学学报》（人文社会科学版）2015年第1期。

此外，国外学者关于集体经济的直接研究较少，恩德雷·安塔尔认为，解决优质食品供应问题的关键在于承认并发挥集体经济的主导作用。同时，他还认为，自留地经济和辅助经济都应被看作集体经济的有机组成部分①。格·哈拉哈希扬认为，集体所有制所体现的是诸如合作社等集团利益的特性，而集体所有制的客体或者说是集团利益的代表者是该集体的劳动者②。乌尔夫·连姆科认为，集体所有制是劳动者集体共同的所有制，就其类型来说，也是社会主义公有制③。

其次，关于农村集体经济治理的研究。农村集体经济治理是治理理论在经济领域的具体运用，也是经济治理在基层的实践场域，因而有必要从治理和经济治理入手，系统分析农村集体经济治理的相关研究成果，从而为农村集体经济治理体系研究的开展提供借鉴。

一是关于治理的研究。"治理"一词在古代文献中就曾出现。在中国古代汉语中，治理有着控制、管理、整治、整修的意思，多用于君主管理、统治国家或人民，或者形容国家安定，含有"善治"的意思④。我国学术界对于治理的相关研究很多，徐勇等认为治理存在广义与狭义两种含义。从广义来看，他们认为，治理是指人们通过一系列有目的的活动，实现对对象的有效管控和推进，反映了主客体的关系；从狭义来看，他们将治理定义为政治主体运用公共权力及相应方式对国家和社会的有效管控和推进过程，而这一过程是由治理主体、治理方式、治理效果三种要素构成⑤。毛寿龙等对政府在治理中的角色进行了定位。他们通过对"治理"一词的英语词汇进行比较和分析后认为，治理代表着政府在公共事务中的角色由"划桨"向"掌舵"转变，也就是说，政府不再直接介入公共事务，只介于负责统治的政

---

① ［西德］恩德雷·安塔尔：《匈牙利的私人农业企业》，杨培华译，《国际经济评论》1979年第12期。
② ［苏］格·哈拉哈希扬：《生产资料社会主义所有制与经济利益》，林水源译，《国际经济评论》1985年第6期。
③ ［东德］乌尔夫·连姆科：《关于东德农业中所有制的一些情况》，魏斯译，《国际经济评论》1980年第5期。
④ 方涛：《"治理"内涵解析》，《重庆社会科学》2015年第3期。
⑤ 徐勇、吕楠：《热话题与冷思考——关于国家治理体系和治理能力现代化的对话》，《当代世界与社会主义》2014年第1期。

治和负责具体事务的管理之间①。许耀桐、刘祺认为,治理是通过正式制度或非正式制度进行协调及持续互动来处理社会问题与公共事务的行动过程。同时,他们还认为,治理的参与主体是多元的,主要包括公民、公共及私人部门等②。俞可平对于治理作了大量的研究工作,他认为,治理是一种"活动"和"过程",它包括必要的公共权威、管理规则、治理机制和治理方式,具体来看:治理的主体是官方的或民间的组织;其范围是公共领域;其对象是公民的各种活动;其目的是最大限度地增进公共利益,满足公众的需要以及维持社会秩序等;其手段是运用公共权威引导、控制和规范③。在与统治的比较中,他将治理的特征归结为:主体多元化,协商性强于强制性,来源于法律和各种非国家强制的契约,权力运行更多是平行的,以公共领域为治理范围五点④。还有学者将治理概念的相关研究进行梳理后认为,治理的概念是由行动者、关系、制度和过程等关键要素组合构成,而不同关键要素的组合构成了不同的治理概念⑤。

国外关于治理问题的研究起步较早,也较深入,并有大量论著及研究成果问世。世界银行用"治理"一词代表管理国家的经济资源与社会资源时运用权力的方式。经济合作与发展组织的发展援助委员会进一步拓展了这一观点,将治理看作通过运用政治权威实现对国家资源的管控,从而推动经济与社会的发展⑥。而全球治理委员会对治理的定义则最具代表性,该委员会将治理界定为公私机构与个人在管理共同事务时所采取的诸多方式的总和。它是一个持续的过程。在这一过程中,不同的利益能够得到调和并以此实现合作。它包括正式制度和非正式制度,其中正式制度是人们所必须遵循的制度,而非正式制

---

① 毛寿龙等:《西方政府的治道变革》,中国人民大学出版社1998年版,第7页。
② 许耀桐、刘祺:《当代中国国家治理体系分析》,《理论探索》2014年第1期。
③ 俞可平:《论国家治理现代化》,社会科学文献出版社2015年版,第23页。
④ 俞可平:《论国家治理现代化》,社会科学文献出版社2015年版,第2页。
⑤ 余军华、袁文艺:《公共治理:概念与内涵》,《中国行政管理》2013年第12期。
⑥ [瑞士]彼埃尔·德·塞纳克伦斯:《治理与国际调节机制的危机》,冯炳昆译,《国际社会科学杂志》(中文版)1999年第1期。

度则可以理解为因符合人们利益而达成的一种共识①。国外学者对治理的内涵、特征、功能等方面也有着较为系统的研究。

就治理内涵而言,伯纳德·雷伯从词源意义上将治理解读为一种"掌舵地位"②。辛西娅·休伊特·德·阿尔坎塔拉认为,治理是通过在组织或活动等特定范围内行使权威,从而达到对组织或活动的有效安排。或者说,是在包含不同利益的领域建立共识,以便通过合作实现某个目标③。彼埃尔·德·塞纳克伦斯认为,"治理确实属于制度的范畴,但其性质较为一般化"。并且他还认为,在治理中,通过行使权威,对秩序以及经济与社会进行管控和调节的主体是多元的,不再只有政府④。罗德斯认为,治理是"自组织和跨组织的系统"⑤。劳伦斯·S. 芬克尔斯坦认为,不应当把治理看作是静态的规则系统,而应看作是一种动态的活动⑥。鲍勃·杰索普则从广义与狭义两方面对治理进行阐释。他认为,从广义来看,治理是一种活动的协调方式,其中包括"交换、无秩序、有组织的等级制以及自组织";从狭义来看,治理指的是自组织,其中包括"自组织的人际网络、经谈判达成的组织间协调,以及分散的由语境中介的系统间调控"⑦。在此基础上,还有学者对治理与统治进行了比较研究。让-彼埃尔·戈丹认为,应当

---

① 俞可平:《论国家治理现代化》,社会科学文献出版社 2015 年版,第 23 页。
② [法] 伯纳德·雷伯:《治理:审慎与多元主义》,倪顺江译,《国际社会科学杂志》(中文版) 2015 年第 3 期。
③ [法] 辛西娅·休伊特·德·阿尔坎塔拉:《"治理"概念的运用与滥用》,黄语生译,《国际社会科学杂志》(中文版) 1999 年第 1 期。
④ [瑞士] 彼埃尔·德·塞纳克伦斯:《治理与国际调节机制的危机》,冯炳昆译,《国际社会科学杂志》(中文版) 1999 年第 1 期。
⑤ Rhodes, R. A. W, "Understanding Governance: Policy Network, Governance, Reflexivity and Accountability",转引自 [瑞典] 英厄马尔·埃兰德《伙伴制与城市治理》,项龙译,《国际社会科学杂志》(中文版) 2003 年第 2 期。
⑥ L. S. Finkelsetin, "What is Globle Governance",转引自 [法] 玛丽-克劳德·斯莫茨《治理在国际关系中的正确运用》,肖孝毛译,《国际社会科学杂志》(中文版) 1999 年第 1 期。
⑦ [英] 鲍勃·杰索普:《治理的兴起及其失败的风险:以经济发展为例》,漆燕译,《国际社会科学杂志》(中文版) 2019 年第 3 期。

区别看待治理与传统的政府统治的概念①。格里·斯托克认为，治理与统治的目的并没有明显的区别，二者的差异体现在过程中。治理的过程不依靠政府的权威，是对统治的新发展②。库伊曼和范·弗利埃特认为，治理是依靠诸多进行统治的、相互影响的行为者的互动来发挥作用，从而创造结构和秩序③。

就治理的特征而言，格里·斯托克通过对治理概念的梳理提出了治理所具有的五种特征：第一种是政府虽然是治理产生的源头，但治理并不受政府所限；第二种是在经济社会中所存在的权责和界限不清的问题，需要通过治理来解决；第三种是治理明确了集体行为中各机构间的依赖性；第四种是治理亦指行为者网络的自主自治；第五种是治理体现为政府的能力和职责在于运用新的工具或技术，以控制及指导的方式来办好事情，而不是依靠运用权力、权威或命令④。世界治理委员会对于治理特征也进行了总结，分别是：治理表现为一个过程，而不是规章或者活动；治理反对"支配"，强调"调和"，并以此为基础；治理涉及公、私两个部门；治理依靠持续的相互作用，不一定是正式的制度⑤。

就治理的功能而言，伯纳德·雷伯认为，治理能够协调和促成国家、机构组织以及公民间的合作⑥。巴纳德·朱维系统地论述了治理在不同领域中的功能。他认为，在商业领域中，治理能够推动管理的透明化，实现权力的制衡（Balance of Power）；在公共管理领域中，

---

① ［法］让-彼埃尔·戈丹：《现代的治理，昨天和今天：借重法国政府政策得以明确的几点认识》，陈思译，《国际社会科学杂志》（中文版）1999年第1期。
② ［英］格里·斯托克：《作为理论的治理：五个论点》，华夏风译，《国际社会科学杂志》（中文版）2019年第3期。
③ 库伊曼和范·弗利埃特：《治理与公共管理》，转引自俞可平《治理与善治》，社会科学文献出版社2000年版，第3页。
④ ［英］格里·斯托克：《作为理论的治理：五个论点》，华夏风译，《国际社会科学杂志》（中文版）2019年第3期。
⑤ ［法］玛丽-克劳德·斯莫茨：《治理在国际关系中的正确运用》，肖孝毛译，《国际社会科学杂志》（中文版）1999年第1期。
⑥ ［法］伯纳德·雷伯：《治理：审慎与多元主义》，倪顺江译，《国际社会科学杂志》（中文版）2015年第3期。

治理能够推动国家体制向着更有利于提高国家行动效果的方向改革，也便于同私有部门及新型公共管理工具建立新的合作关系；在城市治理领域中，治理可以改变城市权力运作①。

对于如何实现有效治理，鲍勃·杰索普认为，治理的成功有赖于以自组织为依托，也有赖于在不同空间和时间范围进行协调所产生的问题的特殊性质。同时，他还认为，治理机制需要保有灵活性，才能确保持续的活力，从而拥有足够可以利用的"治理常规"。而治理目标则源于谈判和反思的过程，并且目标的调整也需要通过谈判和反思来完成②。法布里齐奥·坎特利等认为，治理的关键在于公民参与，公民参与能够使行为主体具有合法性③。

二是关于经济治理的研究。有的学者指出，改革开放以来，地方政府更多地关注于经济增长，而对经济治理缺乏认识④。目前，学术界对于经济治理的关注度开始升温，对其内涵、特征、作用等方面有着一定的研究。

就经济治理内涵而言，许正中认为，经济治理是国家治理的重要组成部分，经济治理体系与治理能力共同构成了经济治理⑤。对于政府在经济治理中的地位。杜飞进认为，市场机制的自发调节与政府主动的宏观调控共同构成了经济治理的主要内容⑥。朱尔茜对于经济治理有着较为系统的研究。她将经济治理的内涵总结为：多元治理主体的共同行动；治理活动需要在一定规则下进行；治理需要以平台为依托；治理目标和内容是动态变化的。她认为，从本质上来看，经济治

---

① ［法］巴纳德·朱维：《城市治理：通向一种新型的政策工具》，焦兵译，《国际社会科学杂志》（中文版）2009年第4期。
② ［英］鲍勃·杰索普：《治理的兴起及其失败的风险：以经济发展为例》，漆燕译，《国际社会科学杂志》（中文版）2019年第3期。
③ ［比］法布里齐奥·坎特利、［爱］奈奥诺里·科戴特等：《世界风险社会论质疑——不确定性治理研究的三个挑战》，邵文实译，《国际社会科学杂志》（中文版）2017年第2期。
④ 田发、周武星：《经济治理能力指标体系的构建及测算——基于公共财政的视角》，《西安财经学院学报》2016年第3期。
⑤ 许正中：《国家治理现代化中的经济治理创新》，《国家治理》2015年第4期。
⑥ 杜飞进：《中国现代化的一个全新维度——论国家治理体系和治理能力现代化》，《社会科学研究》2014年第5期。

理是包含政府、社会组织、公民在内的多元主体通过一定的组织形式和制度安排，以平等联合的方式，共同处理和应对公共经济事务和公共经济风险的过程；从逻辑上来讲，"经济治理以公共经济风险为起点，沿着市场有序开放、政府依法行政和企业创新发展三条脉络"，其功能表现为维护经济稳定和促进社会公平[①]；从效果上来看，经济治理的完成，意味着公共经济事务以及公共经济风险能够得以有效地处理和化解，意味着经济能够保持稳定健康的发展[②]。

就经济治理的特征、作用等而言，朱尔茜认为，经济治理具有五方面的特征，分别为：联合性，即经济治理表现为多元治理主体在沟通、协调、决策、执行、反馈过程中采取共同行动；公共性，即经济治理指向公共经济事务和公共经济风险；平等性，即在经济治理过程和活动中，各主体间的地位平等；广泛性，即经济治理的内容广泛，涉及经济领域的各个方面；变动性，即经济治理的外延是动态变化的[③]。文魁认为，经济治理一方面对政治、文化、社会、生态等方面的治理都具有重要作用；另一方面能够推动市场和政府形成合力，从而在维护经济秩序的同时，充分释放经济活力[④]。李宝良、郭其友认为，通过经济治理，人们可以自由选择其各自的行动，取得满意的结果[⑤]。还有学者认为经济治理也受诸多因素的影响。如王学俭、金德楠认为，文化环境与政治稳定是经济治理的前提[⑥]。杜飞进认为，经济治理的效果也会受到市场主体表现的影响[⑦]。田发、周武星认为，经济治理的基础是国家财政，国家财政对于经济治理的投入情况会直

[①] 朱尔茜：《经济治理的理论内涵及实施路径》，《海南大学学报》（人文社会科学版）2016年第2期。
[②] 朱尔茜：《经济治理的若干问题》，《湖南日报》2015年10月8日第7版。
[③] 朱尔茜：《经济治理的若干问题》，《湖南日报》2015年10月8日第7版。
[④] 文魁：《社会主义市场经济的经济治理——党中央治国理政的政治经济学领悟》，《前线》2016年第6期。
[⑤] 李宝良、郭其友：《冲突与合作经济治理的契约解决之道——2016年度诺贝尔经济学奖得主主要经济理论贡献述评》，《外国经济与管理》2016年第11期。
[⑥] 王学俭、金德楠：《论社会主义核心价值观的社会治理功能及其实现机理》，《黑龙江高教研究》2014年第11期。
[⑦] 杜飞进：《中国现代化的一个全新维度——论国家治理体系和治理能力现代化》，《社会科学研究》2014年第5期。

接影响经济治理水平[1]。李宝良、郭其友认为，经济自由是经济治理的前提，经济活动主体只有在自由的活动状态下，才能发挥自身的积极性[2]。

就完善经济治理的思路而言，部分学者认为，经济治理关键在于处理好政府和市场的关系。文魁认为，经济治理必须在满足市场经济的治理要求和社会主义的治理要求的前提下，一方面发挥市场在资源配置中的决定性作用；另一方面政府要有科学的宏观调控和有效的政府治理，从而使二者形成合力[3]。许正中认为，通过经济体制改革使政府与市场的关系得到妥善处理[4]。唐兴军、齐卫平认为，杜绝政府对资源配置及微观经济活动的干涉，使市场在资源配置中的作用能够得到充分发挥，推动政府职能向市场规制与监管转变[5]。此外，还有学者认为，应当通过完善立法为经济治理提供保障。朱尔茜认为，未来的经济治理，除了需要深化行政改革、完善市场体系以及培育市场主体外，还需要在法治水平方面实现提升[6]。张守文认为，应当从经济治理的角度推进宏观调控和市场规制的基本立法[7]。

三是关于农村集体经济治理的研究。徐勇认为，农村集体经济治理应当是集体成员的共同治理，或者说是民主治理。同时，他还认为，根据农村集体经济经营方式的不同，需要有与其相适应的治理形式来维持[8]。所以，一方面集体成员在集体经济治理中应当处于主权

---

[1] 田发、周武星：《经济治理能力指标体系的构建及测算——基于公共财政的视角》，《西安财经学院学报》2016年第3期。
[2] 李宝良、郭其友：《冲突与合作经济治理的契约解决之道——2016年度诺贝尔经济学奖得主要经济理论贡献述评》，《外国经济与管理》2016年第11期。
[3] 文魁：《社会主义市场经济的经济治理——党中央治国理政的政治经济学领悟》，《前线》2016年第6期。
[4] 许正中：《国家治理现代化中的经济治理创新》，《国家治理》2015年第4期。
[5] 唐兴军、齐卫平：《国家治理现代化视阈下的政府职能转变》，《晋阳学刊》2015年第2期。
[6] 朱尔茜：《经济治理的理论内涵及实施路径》，《海南大学学报》（人文社会科学版）2016年第2期。
[7] 张守文：《提升治国能力的经济法路径》，《中国高校社会科学》2015年第1期。
[8] 徐勇：《创新集体：对集体经济有效实现形式的探索》，载徐勇《东平崛起：土地股份合作中的现代集体经济成长》，中国社会科学出版社2015年版，第171页。

地位，从而确保集体成员能够共享集体收益；另一方面集体经济治理的形式也不是一成不变的，具有多样性特征。苑鹏、刘同山从权责的角度将集体经济治理解读为代表集体成员共同意志的民主决策机制，所体现的是集体成员权责的对等①。这表明了农村集体经济治理不仅是集体成员共同参与的民主治理，也体现出权责的分配与制衡。张茜将这种权责的分配与制衡看作为集体经济内部各组织机构间对于控制权的行使、分配权的享有，以及权利义务的配置和权力运行的监督，从而实现对集体经济组织的有效治理，是一个动态的过程。在此基础上，张茜还进一步提出了"科学治理"的概念。她认为，集体经济的科学治理，需要以一定的产权制度为前提，通过合理的治理结构和治理机制来实现。因此，集体经济治理不仅强调制度安排，还注重过程②。关于农村集体经济治理的难点和重点，程郁、万麒雄认为，农村集体经济治理的难点在于如何统筹协调集体资产的市场趋利性和保障集体成员共同利益的最大化③。徐冠清、崔占峰认为，农村集体经济治理的首要问题是厘清村委会与集体经济组织间的关系④。此外，还有学者对农村集体经济治理的原则进行了一定的阐述。程世勇、刘旸认为，效率与公平兼顾是农村集体经济治理所要遵循的一条重要原则⑤。金婉等学者认为，农村集体经济治理也应该充分发扬民主原则，集体资产是集体成员共同所有的，理应确保集体成员对集体资产的经营管理和收益分配的知情权⑥。

四是关于农村集体产权与农村集体经济及其治理的关系问题的研

---

① 苑鹏、刘同山：《发展农村新型集体经济的路径和政策建议——基于我国部分村庄的调查》，《毛泽东邓小平理论研究》2016年第10期。

② 张茜：《农村集体经济实现形式的现代转型——以山东省东平县土地股份合作社为例》，《东岳论丛》2015年第3期。

③ 程郁、万麒雄：《集体经济组织的内外治理机制——基于贵州省湄潭县3个村股份经济合作社的案例研究》，《农业经济问题》2020年第6期。

④ 徐冠清、崔占峰：《从"政经合一"到"政经分离"：农村集体经济治理的一个新逻辑》，《农业经济与管理》2021年第5期。

⑤ 程世勇、刘旸：《农村集体经济转型中的利益结构调整与制度正义——以苏南模式中的张家港永联村为例》，《湖北社会科学》2012年第2期。

⑥ 金婉、沈月琴等：《浙江省农村集体资产股份合作制改革农民满意度及其影响因素》，《浙江农林大学学报》2017年第1期。

究。徐勇、赵德健认为,农村集体经济是以集体产权为基础的经济①。邓大才认为,集体经济的形成和发展与产权密不可分,产权所具有的共占性、相关性是集体经济的重要条件②。还有学者提出,农村集体产权残缺是导致集体经济治理失败的主要原因。王宋涛认为,产权残缺是农村集体经济内部治理失败的重要原因。这种治理失败主要表现为"两委冲突"与"监管失位"③。郑石桥等认为,产权残缺与社会环境直接影响农村集体经济的内部治理。因为农村集体产权的残缺,一方面,容易造成制度文本真正应该发挥决策、执行与监督作用的治理主体,无法发挥其应有的功能;另一方面,治理主体之间也极易失去平等地位,一部分治理主体往往会凌驾于另一部分主体之上,使有些治理主体无法发挥功能,从而导致集体经济治理的失败④。李勇华认为,近30年来,村民自治制度的实施效果并不理想,原因就在于对村级集体财产的治理并不成功,根源在于农村集体产权的模糊⑤。此外,还有学者认为,农村集体产权残缺对集体经济治理结构的进一步完善也产生了负面的影响。崔建中等学者指出,目前,农村集体经济组织内部成员通常是由本村村民所构成,但是由于组织内部产权关系模糊,使得组织内部成员间并不具有牢固的经济关联性。所以,农村集体经济组织并不是以产权为纽带而形成的,经济实体特性不明显,极易被行政组织所取代⑥。可见,集体产权制度是农村集体经济治理有效开展的重要前提,只有全面推行农村集体产权制度改革,才

---

① 徐勇、赵德健:《创新集体:对集体经济有效实现形式的探索》,《华中师范大学学报》(人文社会科学版)2015年第1期。
② 邓大才:《产权与利益:集体经济有效实现形式的经济基础》,《山东社会科学》2014年第12期。
③ 王宋涛:《产权残缺、土地分置与农村治理模式——一个解释当前中国农村治理效应的理论框架》,《浙江工商大学学报》2012年第1期。
④ 郑石桥、吕君杰等:《产权残缺、村居经济内部治理失败和外部审计:理论框架和例证分析》,《新疆财经》2016年第3期。
⑤ 李勇华:《农村集体产权制度改革对村民自治的价值》,《中州学刊》2016年第5期。
⑥ 崔建中、宋旭超等:《农村集体经济组织公司化改造模式构建研究》,《农村经济》2013年第5期。

能确保农村集体经济治理的有效性。

最后，关于农村集体经济治理体系的研究。目前，学术界对于农村集体经济治理体系尚未形成系统化的研究，但是对于治理体系和经济治理体系的相关研究比较丰富。并且通过现有研究可以看出，在一般意义上治理体系和经济治理体系是由主体、结构、机制、制度等要素构成，故而主要对农村集体经济治理体系的主体、结构、机制、制度等方面的研究成果进行了梳理，以为本书研究的开展提供参考。

一是关于治理体系的研究。学术界对于治理体系的研究主要集中在国家治理体系和乡村治理体系相关领域。

就国家治理体系而言，从治理体系的内涵来看，俞可平认为，国家治理体系是包含国家的行政体制、经济体制和社会体制在内的有机、协调、动态和整体的制度运行系统[1]。许耀桐、刘祺认为，国家治理体系是由各个领域的组织、人员、制度等要素构成的一整套紧密相连、相互协调的体系[2]。赵宇峰、林尚立认为，国家治理体系是一种体制和机制，其源于社会制度及其决定的国家制度体系。就国家制度体系和国家治理体系二者而言，国家制度体系在先，国家治理体系为次，国家治理体系体现为治理主体间的合作与共治，是围绕着运行权力、建构秩序和创造治理展开的[3]。还有学者认为，治理体系是从转轨经济到一个新经济模式的转型[4]。

从治理体系的构成来看，俞可平认为，国家治理体系主要由治理主体、治理机制、治理效果三个方面构成[5]。杜飞进认为，治理理念、治理主体、治理机制等多个方面共同构成了现代国家治理体系[6]。韩庆祥认为，国家治理体系主要包含治理对象和治理方式两个方面。治

---

[1] 俞可平：《论国家治理现代化》，社会科学文献出版社2015年版，第3页。
[2] 许耀桐、刘祺：《当代中国国家治理体系分析》，《理论探索》2014年第1期。
[3] 赵宇峰、林尚立：《国家制度与国家治理：中国的逻辑》，《中国行政管理》2015年第5期。
[4] 石德华：《汇聚各方智慧共议国家治理——"国家治理体系和治理能力建设高峰论坛"综述》，《华中科技大学学报》（社会科学版）2014年第3期。
[5] 俞可平：《论国家治理现代化》，社会科学文献出版社2015年版，第3页。
[6] 杜飞进：《中国现代化的一个全新维度——论国家治理体系和治理能力现代化》，《社会科学研究》2014年第5期。

理对象涵盖经济、政治、文化、社会等各个领域，而治理方式则是采取共治、法治、自治、能治、德治等多种方式①。丁志刚认为，国家治理体系由治理主体和客体、治理目标、治理方式等共同构成②。许耀桐、刘祺认为，系统、结构、层次三个方面构成了国家治理体系。其中系统带有结构性质；结构是指系统内部各要素间的组织形态，由治理理念、治理制度、治理组织和治理方式四个层次所构成；层次是结构的基本特点。还有学者认为，治理体系内诸要素间的关系，也是构成治理体系重要部分③。丁志刚认为，国家治理体系不仅是由各类要素构成，更是指这些要素间的内在逻辑关系④。

还有学者对于国家治理体系与制度的关系问题进行了一定的研究。张贤明认为，推进国家治理体系现代化的前提是制度的完善与发展。他还认为，在治理结构中要突出执政党的领导地位以及政府的主导作用⑤。张纪海、张璐也认为，制度是对治理体系的描述⑥。赵宇峰、林尚立在对制度与治理体系间的关系进行分析后提出，国家制度体系是国家治理体系的重要前提，其自身的完善有赖于国家治理体系的完善及有效运行，因而二者不能等同来看。在此基础上，他们还认为，我国的国家治理体系不应由一般国家制度所决定，而应当是党的领导、依法治国和人民当家作主三者有机统一的国家治理体系⑦。

就乡村治理体系而言，仝志辉认为，健全乡村治理体系其实是国家提出的国家治理体系和治理能力现代化的重要组成部分⑧。邓大才

---

① 韩庆祥：《改革总目标与三种根本机制》，载《制度建设与治理效能的关系》，《国家治理》2014 年第 5 期。
② 丁志刚：《如何理解国家治理与国家治理体系》，《学术界》2014 年第 2 期。
③ 许耀桐、刘祺：《当代中国国家治理体系分析》，《理论探索》2014 年第 1 期。
④ 丁志刚：《如何理解国家治理与国家治理体系》，《学术界》2014 年第 2 期。
⑤ 张贤明：《以完善和发展制度推进国家治理体系和治理能力现代化》，《政治学研究》2014 年第 2 期。
⑥ 张纪海、张璐：《统筹经济建设与国防建设治理体系基本问题研究》，《北京理工大学学报》（社会科学版）2015 年第 4 期。
⑦ 赵宇峰、林尚立：《国家制度与国家治理：中国的逻辑》，《中国行政管理》2015 年第 5 期。
⑧ 仝志辉：《村委会和村集体经济组织应否分设——基于健全乡村治理体系的分析》，《华南师范大学学报》（社会科学版）2018 年第 6 期。

认为，在乡村治理体系中，自治是核心、法治是保障、德治是基础[1]。林星等认为，乡村治理体系的核心内容是以自治增活力、以法治强保障、以德治扬正气；目标是实现治理有效；基本原则是遵循治理主体多元性、治理方式复合性、治理价值人民性[2]。高其才认为，乡村治理体系具有自治型治理、融合式治理、整体型治理、转型态治理、合作型治理、本土化治理、嵌入性治理、发展式治理、协商性治理、共识型治理等特点[3]。朱新山认为，目前中国的乡村治理体系，从性质上看，是行政主导治理模式；从结构上看，是政权组织（党政组织）为主体的单中心治理；从功能上看，是动员与组织为核心的功能结构；从运行机制看，是自上而下的压力推动型体制[4]。丁文、冯义强认为，在实践中，乡村治理体系呈现出党政领导、村民治理、社会协同的格局[5]。

对于如何完善乡村治理体系，陈松友、卢亮亮认为，乡村治理体系建设是农民主体作用和各方社会力量共同参与的共同事业[6]。宋洪远认为，加强和完善乡村治理体系的重点在于创新、政策的完善和体制改革三个方面，而方向是促进产业的转型升级、城乡一体化和包容性增长[7]。王文彬认为，实现乡村善治，促进乡村社会的持续稳定发展，是构建新型乡村治理体系的重要目标[8]。从完善路径来看，仝志

---

[1] 邓大才：《走向善治之路：自治、法治与德治的选择与组合——以乡村治理体系为研究对象》，《社会科学研究》2018年第4期。
[2] 林星、吴春梅等：《新时代"三治结合"乡村治理体系的目标、原则与路径》，《南京农业大学学报》（社会科学版）2021年第2期。
[3] 高其才：《走向乡村善治——健全党组织领导的自治、法治、德治相结合的乡村治理体系研究》，《山东大学学报》（哲学社会科学版）2021年第5期。
[4] 朱新山：《中国乡村治理体系现代化研究》，《毛泽东邓小平理论研究》2018年第4期。
[5] 丁文、冯义强：《论"三治结合"乡村治理体系的构建——基于鄂西南H县的个案研究》，《社会主义研究》2019年第6期。
[6] 陈松友、卢亮亮：《自治、法治与德治：中国乡村治理体系的内在逻辑与实践指向》，《行政论坛》2020年第1期。
[7] 宋洪远：《为什么要完善乡村治理体系》，《人民论坛》2017年第S1期。
[8] 王文彬：《自觉、规则与文化：构建"三治融合"的乡村治理体系》，《社会主义研究》2019年第1期。

辉认为，村委会和村集体经济组织的职责划分和机构分设是乡村治理体系构建的基本问题之一，因而可先在地方层面根据不同村庄的实际，采取合二为一、适度明晰职责乃至分设的不同办法①。林星等认为，乡村治理体系的构建路径是实现多元主体合作共治、多元法律良性互动以及多元文化融合共生②。刘儒、拓巍峰认为，健全和创新乡村治理体系应从坚持党的全面领导，拓展乡村主体自治空间，加强法治建设、德治建设和人才队伍建设等方面入手③。

二是关于经济治理体系的研究。学术界直接以"经济治理体系"为主题的研究并不多见，但有少数学者从国家经济治理层面，对经济治理体系的内涵和完善思路有着一定的论述。

就经济治理体系的内涵而言，刘承礼认为，经济治理体系是国家治理体系的重要组成部分，经济治理体系可以被理解为政府与市场对经济主体进行调节的制度体系④。张守文认为，国家的经济治理体系主要涉及经济领域的各类制度，包括经济体制、机制以及作为其法律化的各类法律、法规等，而对政府经济职能或职权的界定是构建经济治理体系过程中的核心问题⑤。

就完善经济治理体系的思路而言，刘承礼认为，从政府层面来看，推进经济治理体系现代化需要以宏观调控、技术创新等为根本举措；从市场层面来看，推进经济治理体系现代化需要以不断创新和完善市场机制为前提，从而塑造现代政府行为，建立现代市场经济体系，为经济治理体系现代化做好铺垫⑥。宋方敏从国有经济的角度出

---

① 仝志辉：《村委会和村集体经济组织应否分设——基于健全乡村治理体系的分析》，《华南师范大学学报》（社会科学版）2018年第6期。
② 林星、吴春梅等：《新时代"三治结合"乡村治理体系的目标、原则与路径》，《南京农业大学学报》（社会科学版）2021年第2期。
③ 刘儒、拓巍峰：《新时代乡村治理体系及其健全路径》，《理论视野》2020年第6期。
④ 刘承礼：《经济治理体系和治理能力现代化：政府与市场的双重视角》，《经济学家》2015年第5期。
⑤ 张守文：《提升治国能力的经济法路径》，《中国高校社会科学》2015年第1期。
⑥ 刘承礼：《经济治理体系和治理能力现代化：政府与市场的双重视角》，《经济学家》2015年第5期。

发认为，应当直面国有经济的实质性矛盾，通过理顺关系，完善法规政策、制度机制安排，进而构建中国特色社会主义国有经济治理体系[1]。还有学者认为，在经济治理体系中，要突出市场的地位，发挥市场在资源配置中的作用，通过市场逻辑推动经济体制改革，而政府则应专注于营造一个规则化、秩序化、效率化的市场环境[2]。

三是关于农村集体经济治理主体的研究。2016年，《意见》明确指出："农村集体经济组织是集体资产管理的主体，是特殊的经济组织，可以称为经济合作社，也可以称为股份经济合作社。"这实际上是明确了农村集体经济组织在集体经济治理中的主体地位。在此基础上，有学者提出，在《中华人民共和国土地管理法》（以下简称《土地管理法》）中也应当将农村集体经济组织明确为农村土地所有权主体，代表集体成员行使各项权能[3]，而农村集体经济组织代表集体成员行使主体职能。所以，农村集体经济的治理主体实质上应当是集体成员。对此，宋洪远、高强认为，应当使农民群众成为集体经济组织真正的主人，成为集体经济的投资、决策、收益和管理的主体[4]。而集体成员又可分为精英成员和普通成员。对此，有的学者认为，经济精英能够将个人的资源，以及经营管理方面的理念、意识等用于实现农村集体资产的保值增值，确保治理行为的制度化、规范化[5]。但是，贺雪峰、何包钢指出，精英成员往往又会利用职务之便不顾少数人反对随意调配资源，还会利用集体资源建立对集体内部普通成员的奖惩机制，从而损害集体成员的利益，这种情况在集体经济富裕的村庄尤

---

[1] 宋方敏：《深化国企改革要构建中国特色社会主义国有经济治理体系》，《红旗文稿》2014年第23期。

[2] 唐兴军、齐卫平：《治理现代化中的政府职能转变：价值取向与现实路径》，《社会主义研究》2014年第3期。

[3] 韩立达等：《农地"三权分置"的运行及实现形式研究》，《农业经济问题》2017年第6期。

[4] 宋洪远、高强：《农村集体产权制度改革轨迹及其困境摆脱》，《改革》2015年第2期。

[5] 卢福营：《论经济能人主导的村庄经营性管理》，《天津社会科学》2013年第3期。

为明显①。同时，政府对于财务的外部监督，实际上使农村集体经济的控制权从村"两委"②转移到了政府，这无疑削弱了农村集体经济组织的独立性③。还有学者指出，党的领导对农村集体经济的发展至关重要，凡是集体经济能够快速发展的地区，都有一个好的党支部④。

四是关于农村集体经济治理结构的研究。张红宇认为，建立农村集体经济治理结构是为了有效维护集体成员的物质利益及民主权利⑤。张茜认为，农村集体经济治理结构是联结集体经济内部各利益相关者的一套系统的制度安排，具体表现为集体经济载体的组织框架⑥。杨嬛认为，农村集体经济治理结构是将经济活动中的各利益相关者，以不同形式衔接在一起的组织性和制度性框架。通过治理结构，既能够实现集体经济内部诸生产要素的整合，便于生产要素的均衡配置，也能够确保各利益相关者参与到决策中，维护利益相关者的权益。在人民公社时期，农村集体经济治理结构实际上表现为公共官僚机构的统一治理。在这种治理结构中，公社成员虽然可以通过工分制度实现在劳动和分配上的公平参与，但是却缺乏参与到决策中的权利和途径⑦。改革开放后，农村集体经济虽然在一定程度上摆脱了政府的直接管控，但是由村委会代行管理集体资产的统一治理结构，一方面很难做到像其他经济社会组织一样，致力于追求经济利益最大化，从而无法

---

① 贺雪峰、何包钢：《民主化村级治理的两种类型——村集体经济状况对村民自治的影响》，《中国农村观察》2002年第6期。

② 本书中的村"两委"意指：村民委员会和农村基层党组织（村党的委员会、总支部委员会、支部委员会）。

③ 马永伟：《农村集体资产产权制度改革：温州的实践》，《福建论坛》（人文社会科学版）2013年第6期。

④ 郑有贵：《农业"两个飞跃"应创建集体权益与成员权益统一的实现形式》，《毛泽东邓小平理论研究》2017年第8期。

⑤ 张红宇：《着力推进产权制度改革赋予农民更充分权能》，《农民日报》2016年5月25日第1版。

⑥ 张茜：《农村集体经济实现形式的现代转型——以山东省东平县土地股份合作社为例》，《东岳论丛》2015年第3期。

⑦ 杨嬛：《合作机制：农村集体经济有效实现的组织制度基础》，《山东社会科学》2015年第7期。

与现代市场模式和运行机制很好地实现衔接①；另一方面也存在权责重叠不清的问题，从而导致集体财产和集体利益受损的情况频繁出现②。并且村委会对集体资产的掌控，使得广大集体成员被排斥于治理结构之外，从而造成管理上的混乱③。这不仅制约了农村集体经济的发展，也影响了农村的社会治理与服务的开展。

随着以股份合作制为主要形式的农村集体产权制度改革的全面开展，在此基础上，各地纷纷探索成立了股份合作社、有限责任公司、经济合作社等农村集体经济组织载体。对此，一部分学者认为，在改革大背景下，集体经济应当建立现代企业法人治理结构。黄延信认为，应当参照现代企业制度模式，建立由股东代表大会、监事会、理事会所构成的集体经济治理结构④——"三会"治理结构。雷啸、郭祥认为，"三会"在设计上的重点分别在于如何确定集体资本份额、行使相关权力、选聘管理人员、构建审计制度等⑤。张应良、杨芳认为，正是因为公司治理结构的建立，才使产业规划更加科学、管理更加规范、效果更加显著⑥。韩俊、张云华等认为，"三会"治理结构的建立赋予了农民对集体经济的知情权、表达权、监督权和管理权，从而使出现在集体经济中的干部控制和管理落后等问题得到了解决⑦。还有学者指出，"三会"治理结构的建立符合市场经济的要求，有助

---

① 李增元、李洪强：《封闭集体产权到开放集体产权：治理现代化中的农民自由及权利保障》，《南京农业大学学报》（社会科学版）2016年第2期。
② 陈荣卓、刘亚楠：《农村集体产权改革与农村社区腐败治理机制建构》，《华中农业大学学报（社会科学版）》2017年第3期。
③ 志新：《城市化中的农村集体产权制度改革——以江苏无锡为个案》，《求索》2006年第5期。
④ 黄延信：《发展农村集体经济的几个问题》，《农业经济问题》2015年第7期。
⑤ 雷啸、郭祥：《农村集体经济组织治理模式创新研究》，《农村经济》2020年第10期。
⑥ 张应良、杨芳：《农村集体产权制度改革的实践例证与理论逻辑》，《改革》2017年第3期。
⑦ 韩俊、张云华等：《以还权于民为根本出发点推进农村集体产权制度改革——上海市闵行区调查报告》，《农村经营管理》2014年第10期。

于增强农村集体经济组织的凝聚力、带动力和市场竞争力①。可以说，以"三会"治理结构为代表的现代企业法人治理结构的建立，无疑推动了农村集体经济治理结构由高度集中向民主管理的转变。但是，也有一部分学者在肯定集体经济建立现代公司治理结构的同时，指出了这种治理结构所存在的潜在隐患。贺雪峰认为，建立现代公司治理结构虽然有利于平衡利益关系，发挥农民监督作用，但也极易形成"土围子"，从而造成集体成员利益与国家利益对立②。黄志认为，即便建立现代公司治理结构，在管理层也仍会存在道德风险问题③。赵家如认为，"三会"治理结构在实际运行中，负责人通常由村干部兼任。所以，党组织、行政组织和经济组织间的关系，以及治理主体的权责难以理顺，无法从真正意义上摆脱"内部人控制"，民主治理难以实现④。马永伟认为，受地缘人际关系的影响，监事会成员也极易与村委会成员结成利益共同体，从而导致内部治理的失效⑤。

面对改革中的问题，部分学者提出应当因地制宜地推动农村集体经济治理结构多样性发展。黄延信认为，在市场经济体制下，发展农村集体经济要允许多种治理结构⑥。面对改革后各地所出现的，如股份合作社、有限责任公司、经济合作社等不同形式的集体经济组织。方志权认为，应当建立由农村股份合作社和有限责任公司为代表的法人治理结构，以及由农村经济合作社为代表的组织治理结构⑦。同时，他还认为，城市化区域的农村经济合作社可逐步建立现代企业治理结

---

① 农业部课题组：《农村集体产权制度改革的实践与探索（续）》，《农村工作通讯》2014年第4期。
② 贺雪峰：《农村集体产权制度改革与乌坎事件的教训》，《行政论坛》2017年第3期。
③ 黄志：《公有产权制度创新》，《经济体制改革》1996年第5期。
④ 赵家如：《集体资产股权的形成、内涵及产权建设——以北京市农村社区股份合作制改革为例》，《农业经济问题》2014年第4期。
⑤ 马永伟：《农村集体资产产权制度改革：温州的实践》，《福建论坛》（人文社会科学版）2013年第6期。
⑥ 黄延信：《发展农村集体经济的几个问题》，《农业经济问题》2015年第7期。
⑦ 方志权：《关于农村集体产权制度改革若干问题的思考》，《毛泽东邓小平理论研究》2014年第11期。

构，而农村地区的经济合作社要在原有基础上逐步完善治理结构，建立份额制[①]。针对成立股份经济合作社和土地合作社的地区，张文律建议，在城郊型社区中，建立"两社"分开的管理模式，在城中村建立股份经济合作社的单一管理模式，对于城镇化程度较高的，集体成员社会保障完善的，社区管理服务较好的地区，鼓励股份经济合作社推行公司制改革[②]。

五是关于农村集体经济治理机制的研究。张红宇等认为，要想提高农村集体资产的管理运营水平和效率，最根本的就是要建立与市场经济规律相适应的农村集体资产运营治理机制[③]。这关系到集体经济实力的增强，以及集体经济带动力和影响力的发挥[④]。汪险生、郭忠兴认为，建立完善的集体经济内部治理机制，是实现权利监督和制衡的基础[⑤]。张茜认为，集体经济的治理机制主要由决策机制、监督机制和激励机制三大部分构成[⑥]。杨卫认为，农村集体经济治理机制失效是引发内部人控制问题出现的实质性原因[⑦]。贺雪峰认为，当前最为重要的是为农民营造一个参与治理的良好的制度环境，一方面，可以使农民有表达意愿的渠道；另一方面，也能确保村干部及时回馈农民的意愿要求[⑧]。可见，治理机制是农村集体经济治理有效开展的关键所在。

[①] 方志权：《完善农村集体资产股份权能的实践与探索》，《科学发展》2016年第4期。
[②] 张文律：《新型城镇化进程中的农村集体产权制度改革——"三分三改"的温州样本》，《农村经济》2015年第6期。
[③] 张红宇、王刚：《关于农村集体产权制度改革相关问题的思考》，《农村工作通讯》2014年第15期。
[④] 方志权：《关于农村集体产权制度改革若干问题的思考》，《毛泽东邓小平理论研究》2014年第11期。
[⑤] 汪险生、郭忠兴：《虚置还是稳固：农村土地集体所有制的嬗变——基于权利分置的视角》，《经济学家》2017年第5期。
[⑥] 张茜：《农村集体经济实现形式的现代转型——以山东省东平县土地股份合作社为例》，《东岳论丛》2015年第3期。
[⑦] 杨卫：《关于农村集体经济改革发展的探讨与前瞻》，《毛泽东邓小平理论研究》2015年第12期。
[⑧] 贺雪峰：《论富人治村——以浙江奉化调查为讨论基础》，《社会科学研究》2011年第2期。

农村集体产权制度改革逐步实行后，各地在"三会"治理结构的基础上，建立了集体资产运营治理机制，以及包含所有权、决策权、经营权、监督权在内的"四权分离"机制，这既能够对村干部的行为进行监督和约束，提高村干部对于集体资产的保护意识，又能够实现民主管理，确保管理决策的科学性，从而在实现对农村集体经济内部各机构的权责的分配、协调与制衡的同时，确保集体经济的安全运行及集体资产的保值增值[1]。但是，部分学者认为，目前的农村集体经济治理机制仍旧不够健全[2]，也纷纷提出了进一步改善的思路。有的学者认为，应当继续加强和完善农村集体经济内部治理机制，为集体成员的全面参与创造条件。陈荣卓、刘亚楠认为，在进一步强化集体经济监督机制，规范集体资产管理运行机制的同时，还应创新农村集体成员参与机制，赋予集体成员更多的自主权[3]。王蔷认为，应当以提高农民参与度为重点，改善农村集体经济的内部治理机制，这样才能有效防止内部人控制现象的出现，从而避免集体资产流失现象的发生[4]。张保红认为，鉴于构建完善的内部治理机制需要较大成本，在集体经营性资产较少的地区可以暂行"交叉任职"[5]。也有学者认为，除关注内部治理机制外，还应重视外部治理机制的完善。黄延信认为，应当建立健全集体经济的内部民主管理决策机制与外部审计监督机制[6]。赵家如认为，应当以加强决策控制权为主要内容，推动农村集体经济治理机制的进一步完善，具体包括完善内部控制机制和加强

---

[1] 志新：《城市化中的农村集体产权制度改革——以江苏无锡为个案》，《求索》2006年第5期。
[2] 黄延信等：《对农村集体产权制度改革若干问题的思考》，《农业经济问题》2014年第4期。
[3] 陈荣卓、刘亚楠：《农村集体产权改革与农村社区腐败治理机制建构》，《华中农业大学学报》（社会科学版）2017年第3期。
[4] 王蔷：《财政产业项目资金注入集体资产相关利益主体的博弈行为研究》，《农村经济》2017年第6期。
[5] 张保红：《论农村集体经济组织内部治理的模式选择》，《中国社会科学院研究生院学报》2021年第3期。
[6] 黄延信：《发展农村集体经济的几个问题》，《农业经济问题》2015年第7期。

外部监管机制①。杨卫认为，一方面要以提高农村集体经济经营管理决策的科学性为重点，建立完善的内部治理机制；另一方面要在政府引导不强迫、支持不包办、服务不干预的基础上，建立良好的外部保障机制②。可见，建立健全农村集体经济治理机制，关系到农民的切身利益，关系到农民能否参与到资产处置、收益分配、财务监管等各项经济治理的事务中，从而分享收益。

六是关于农村集体经济治理的相关制度研究。现有研究认为，明确农村集体经济组织的民事主体地位，是农村集体经济组织立法应当首要解决的问题③。现有法律虽然在一定程度上明确了农村集体土地的所有权主体，赋予了农村集体经济组织及其成员选择经营方式的权利和义务，提高了农村集体经济效率的立法理性④。但由于规定过于简单，没有完全体现农村集体经济组织法人在目的、成立、财产、成员构成、收益分配等方面所具有的特殊性⑤，也没有明确法人分类⑥，并且在农村集体经济组织章程性质的司法认知方面也存在偏误⑦，从而造成立法路径选择的困境。因此，在法治供给方面，应当围绕赋予农民更加充分而有保障的基本权益⑧，健全落实农民主体地位，促进集体经济资本化经营和引导集体经济向高端高效产业方向发展等方面⑨，对农村集体经济有效实现的法理内涵，以及主体、成员权、财

---

① 赵家如：《集体资产股权的形成、内涵及产权建设——以北京市农村社区股份合作制改革为例》，《农业经济问题》2014年第4期。

② 杨卫：《关于农村集体经济改革发展的探讨与前瞻》，《毛泽东邓小平理论研究》2015年第12期。

③ 肖鹏、葛黎腾：《农村集体经济组织的民事主体地位辨析》，《农村经济》2017年第4期。

④ 张真理、韩忠亮：《宪法"农村集体经济组织经营体制"条款的规范意义》，《首都师范大学学报》（社会科学版）2017年第6期。

⑤ 屈茂辉：《农村集体经济组织法人制度研究》，《政法论坛》2018年第2期。

⑥ 郭洁：《论农村集体经济组织的营利法人地位及立法路径》，《当代法学》2019年第5期。

⑦ 赵新龙：《农村集体经济组织章程的法律性质及其效力认定》，《农业经济问题》2018年第7期。

⑧ 方志权：《农村集体经济组织特殊法人：理论研究和实践探索》，《科学发展》2018年第1期。

⑨ 戚潇：《关于发展农村集体经济的法哲学辨析》，《人民论坛》2019年第33期。

产权、经营运作和配套等相关法律制度进行体系化建构①。

  综上所述，通过梳理国内外关于农村集体经济治理体系问题的相关研究可以看出，集体经济与治理问题已经成为法学、经济学、管理学等学科领域的关注重点。国内外学者及研究机构也为此投入了极大的热情，并取得了丰硕的研究成果。但是关于农村集体经济治理体系的研究还尚处于起步阶段，相关研究主要涉及农村集体经济治理，或是集中于其主体、结构、机制、制度等某一方面，并且研究多是从农村集体经济组织治理的角度展开，缺乏对农村集体经济治理体系的内涵、目标、构成等内容的系统研究，也缺少对相关基础理论的研究和梳理，还缺乏跨学科领域和研究方法的交流。鉴于此，本书在已有研究的基础上，坚持以马克思主义理论为指导，在进一步剖析农村集体经济的内涵、作用及形式的基础上，对农村集体经济治理体系的内涵、目标、构成，以及体系现状进行系统阐释，并结合相关数据资料，探究其存在的问题与成因，以此提出完善农村集体经济治理体系的主要思路。农村集体经济发展是一项长期性战略任务，因而建立完善的农村集体经济治理体系也并非旦夕之间能够做到，需要不断探索和研究。本书研究只是对于农村集体经济治理体系问题的初步探索，敬请有关专家指正。

---

① 杨一介：《农村集体经济组织的形与神：制度转型与立法选择》，《云南大学学报》（社会科学版）2020 年第 4 期。

第一章

研究的理论基础

国家治理体系构建需要马克思主义的理论指导，我国农村集体经济也是在马克思主义的理论指导下得以形成和发展。农村集体经济治理体系作为国家经济治理体系的重要组成部分，是国家治理体系在基层的实践场域，关系着农村集体经济的发展、乡村振兴战略目标的实现以及农民的切身利益。马克思主义关于农村农民、集体经济以及国家治理的相关论述与本书研究紧密联系，因而成为本书研究的理论基础。

第一节 马克思主义关于农村农民的基本观点

发展农村集体经济能够在农村巩固社会主义制度、确保乡村振兴战略全面推进、促进农民农村共同富裕。农村集体经济治理体系作为农村集体经济发展壮大的重要保障，也主要涉及农村农民问题。所以，马克思主义关于农村农民的基本观点是本书研究的重要理论基础。

一 马克思恩格斯关于农村农民的基本观点

马克思恩格斯对于农村农民问题有着比较系统的阐述。就农村而言，他们指出和分析了资本主义条件下农村落后的状况，并从城乡关系的角度对农村问题进行了集体中的论述。就农民而言，他们主要分析了资本主义条件下的农民问题，并对农民问题做了辩证的阐述，一方面阐释了作为小块土地占有者的农民,具有保守性的特征;另一方面也阐释了作为劳动者的农民,又具有革命性的特征。同时,他们还认为,农民要实现自身的彻底解放,必须在以无产阶级为领导者的基础之上联合起来。马克思恩格斯对农村农民的相关论述,是我国农村农民问题研究的理论基础,对于研究我国农村集体经济治理体系问题,具有重要的理论价值。

第一,马克思恩格斯关于农村的主要论述。马克思恩格斯立足于资本主义条件下的欧洲,指出并分析了当时农村落后于城市的状况,并且还从农村与城市的关系角度对农村问题进行了相关阐述。

首先,马克思恩格斯指出了当时资本主义条件下的农村落后于城市主要体现在农民的收入情况和文明素质等都落后于城市居民,农业的收益情况也远不及工商业,并分析了其中的原因:一是农民的收入低于城市工人的收入。城市工人的集中和他们的组织能力让资本家有所忌惮而不得不提高工资,但农民本身所具有的分散和软弱性,使资本家会无所顾忌地将"农业工人的工资降到最低限度"[1]。二是农民的文化程度低于城市工人。在城市的"大多数生产劳动中,单是社会接触就会引起竞争心和特有的精力振奋"[2]。这里的"社会接触"包括教育、培训等方方面面的内容,从而提高了城市工人的职业水平和文化程度。而农民较之城市居民缺少"社会接触",其劳动方式使他们"直接靠自然生活"[3]。三是农村中的农业的发展落后于城市的工商业。商品经济对于城市和工商业的影响要大于农村和农业,而机器大工业的出现,使得工业的劳动生产率远远超过了农业,并发展成为主要产业。所以,在资本主义条件下,农业虽然获得了一定的发展,其生产率也得以提高,但是仍然赶不上制造业的发展速度,也"比不上工业生产率提高的程度"[4]。

其次,马克思恩格斯对于城乡关系问题进行了系统的阐述。在马

---

[1]《马克思恩格斯全集》第21卷,人民出版社2003年版,第423页。
[2]《马克思恩格斯全集》第44卷,人民出版社2001年版,第379页。
[3]《马克思恩格斯全集》第34卷,人民出版社2008年版,第259页。
[4]《马克思恩格斯全集》第34卷,人民出版社2008年版,第13页。

克思恩格斯看来，城乡关系将经历由对立统一向相互融合的转变过程。城乡的分离源于"物质劳动和精神劳动的最大的一次分工"，而城乡关系由分离转向对立则开始于"野蛮向文明的过渡、部落制度向国家的过渡、地域局限性向民族的过渡"①，并且这种对立关系贯穿了人类整个文明的发展历史。城市具有集聚效应，城市中的人口、资本和需求较高，而农村的情况则恰恰相反。因此，"每一个国家都存在着城乡之间的对立"②。同时，城市与农村在某种程度上又相互联系。一方面，"农村土地的小块化补充了城市中的自由竞争和正在兴起的大工业"③；另一方面，城市存在劳动过剩问题，而大农业生产则面临劳动力缺乏的问题。在马克思恩格斯看来，在生产发展能够满足所有人需要的共产主义社会中，旧的分工将会消除，城市与农村之间的对立也终将消失，"通过城乡的融合，使社会全体成员的才能得到全面发展"④。在此基础上，他们还提出了促使城乡关系走向融合的条件。例如，将水力的利用作为"消除城乡对立的最强有力的杠杆"⑤；"把农业和工业结合起来，促使城乡对立逐步消灭"⑥；等等。

此外，马克思恩格斯还认为，劳动分工与生产力的发展是影响城乡关系发生转变的关键所在。城乡的分离以及城乡对立主要源于市场分工。"最初，农业劳动和工业劳动不是分离的；后者同前者是连接在一起的。农业部落、家庭公社或家庭的剩余劳动和剩余产品，既包含农业劳动，也包含工业劳动。二者是同时并进的"⑦。分工在导致农业劳动与工商业劳动出现分离的同时，也引发了乡村与城市的分离。尤其随着资本主义大工业的快速发展，"使城市最终战胜了乡村"⑧，从而形成了农村从属于城市的城乡关系。同时，基于工业生产本身的

---

① 《马克思恩格斯文集》第1卷，人民出版社2009年版，第556页。
② 《马克思恩格斯文集》第1卷，人民出版社2009年版，第523页。
③ 《马克思恩格斯选集》第1卷，人民出版社2012年版，第765页。
④ 《马克思恩格斯文集》第1卷，人民出版社2009年版，第689页。
⑤ 《马克思恩格斯文集》第10卷，人民出版社2009年版，第500页。
⑥ 《马克思恩格斯文集》第2卷，人民出版社2009年版，第53页。
⑦ 《马克思恩格斯文集》第7卷，人民出版社2009年版，第713页。
⑧ 《马克思恩格斯文集》第1卷，人民出版社2009年版，第566页。

需要，又决定了城市与农村间的对立关系必将会消灭。由此可见，城乡关系的形成与变迁受生产力发展和市场分工发展的影响。

第二，马克思恩格斯关于农民的主要论述。马克思恩格斯以辩证的眼光看待和分析农民问题，他们通过分析资本主义条件下的农民问题，一方面指出了农民的阶级局限性；另一方面也看到了农民的革命性，能够成为无产阶级革命的主力军。

首先，马克思恩格斯分析了农民阶级的局限性。他们认为农民"是保守的"[①]。这种局限性导致农民在政治、社会等问题上的眼界狭小及摇摆不定，也就无法保护自身利益。在论及农民时，马克思恩格斯多次使用了"愚昧无知""迟钝"等词语。在他们看来，农民的眼中总是只有土地和土地的占有者，对除此之外的社会上的一切则漠不关心，这恰恰反映了农民本身具有局限性。而农民之所以与资产阶级发生斗争，其目的也仅仅是使自身得以生存。所以，保守的态度是农民阶级局限性的重要体现。此外，农民居住得较为分散，居住区域稳定，从事劳动生产的内容相对稳定。所以，在这种生产生活状态的影响下，他们自然也就产生了保守的思想，从而导致他们在多数场合下总是表现出一种冷漠的态度。正是农民的这种保守性导致他们的观念总是会停留在确保土地"小私有制"上，而把"那些谈论将土地所有权转交整个社会掌握的社会民主党人看做"[②] 危险的敌人。

农民的保守性也致使其沦落到被人代表和管理的境地。他们无论是在议会，还是在国民公会中都无法代表自己，只能被别人所代表，通过依附于人使自身受益。而能够赐予他们"雨水和阳光"的"代表"则是"不受限制的政府权力"[③]，是高于他们的权威。马克思在论及法国农民的分散性时，提出了农民是"一袋马铃薯"的观点。在他看来，农民居住的分散性决定了农民表面看起来是一个集体，但实际上除了地域联系以外，并无法形成利益的同一。"就像一袋马铃薯是由袋中的一个个马铃薯汇集而成的那样"，看似是一个阶级，但实

[①]《马克思恩格斯选集》第1卷，人民出版社2012年版，第411页。
[②]《马克思恩格斯选集》第4卷，人民出版社2012年版，第359页。
[③]《马克思恩格斯选集》第1卷，人民出版社2012年版，第763页。

质不具有共同关系。所以，又不能作为一个阶级来看待。这也就决定了他们无法建立全国范围的联系，也无法形成政治组织，也就"不能以自己的名义来保护自己的阶级利益"[①]。

其次，在马克思恩格斯看来，农民也具有革命性，会在无产阶级的领导下投身到无产阶级革命的队伍中来，并作为革命的主要力量对推翻资产阶级统治起到重要作用。马克思恩格斯认为，为避免"农民从工业工人的消极敌人变成工业工人的积极敌人"[②]，就必须使农民摆脱被主宰的处境。只有当他们在成为无产者，并因此越发贫困后，才会想要从伪保护者的控制中挣脱出来，从而加入无产阶级的队伍。也只有此时，其潜在的革命性才会逐渐显现。所以，农民虽然具有阶级局限性，但也具备成为革命者的潜质。

同时，无产阶级的领导也是唤醒农民革命性的重要原因。马克思恩格斯认为，"农业的经营方式既不是小块经营，也不是大生产"[③]，因而无法唤醒农民想要实现自身解放的意识，也就难以促使农民形成积极革命的阶级。这意味着农民自身的彻底解放，也需要通过无产阶级，以其为领导者或同盟者来实现。随着农民的利益与资产阶级的利益逐渐由协调转向对立，他们也就"把负有推翻资产阶级制度使命的城市无产阶级看做自己的天然同盟者和领导者"[④]——"无产阶级成了现代一切民主运动的核心"，而农民"总是跟在他们后面"[⑤]。所以，农民必须在无产阶级的领导下，才能取得革命的胜利，从而实现自身的解放。也就是说，农民只有成为无产阶级的同盟，才能够更好地发挥主体性，成为推动历史进步的关键力量。此外，工农联盟的巩固，也需要无产阶级必须看清农民阶级中的阶层差异以及不同阶层所包含的不同类型，并针对这些不同加以区别对待。对此，恩格斯在《〈德国农民战争〉第二版序言》中进行了详细阐述。他认为，大农

---

① 《马克思恩格斯选集》第 1 卷，人民出版社 2012 年版，第 762 页。
② 《马克思恩格斯选集》第 4 卷，人民出版社 2012 年版，第 356 页。
③ 《马克思恩格斯全集》第 3 卷，人民出版社 1960 年版，第 212 页。
④ 《马克思恩格斯文集》第 2 卷，人民出版社 2009 年版，第 570 页。
⑤ 《马克思恩格斯文集》第 1 卷，人民出版社 2009 年版，第 661 页。

属于资产阶级不能作为同盟军对待,而小农和农业工人能够成为无产阶级的同盟者,并且部分作为小私有者的农民由于其自身存在摇摆性,因此也应当积极说服争取其成为同盟者。

在关注农民革命性的同时,马克思恩格斯也关注于农民在革命中的主体性问题。马克思在谈到1848年至1850年的法兰西阶级斗争时认为,法国工人们要想通过革命撼动资本主义制度,首要条件就是农民在革命的影响下,"承认无产阶级是自己的先锋队而靠拢它"[①],进而通过发动农民来反对资本主义的统治,否则便难以取得革命的成功。恩格斯也把"社会主义者突然到处都把农民问题提上了议事日程"的原因归结于:无论是从爱尔兰到西西里,还是从安达卢西亚到俄罗斯和保加利亚,农民都是人口、生产和政治力量的主体[②]。这些论述都充分体现了农民在革命中的主体性地位。

二 列宁和斯大林关于农村农民的主要观点

列宁和斯大林始终将农村农民问题作为革命和社会主义建设的重要问题。在对于农村农民问题的处理上,列宁和斯大林在继承马克思恩格斯关于该问题的基本观点的同时,立足于社会主义革命和建设的实践,对这一问题又形成了新的认识,这对于我国农村农民问题的解决,具有一定的借鉴价值。

第一,列宁和斯大林关于农村的主要论述。列宁和斯大林立足于俄国的具体实际,主要从城乡关系的角度对当时俄国的农村问题进行了深入论述。他们认为,俄国的城乡关系必将经历由分离,到对立,再到融合的转变过程。这种转变过程,需要通过发展大城市,推动农民迁移,以及实行电气化等具体措施推动生产力发展来实现。

首先,列宁和斯大林秉持马克思恩格斯关于城乡关系的基本观点,在他们看来,城乡对立源于资本主义私有制,也将随着资本主义私有制的覆灭而消失。列宁认为,城乡分离和对立受资本主义的不断发展所影响,在资本主义条件下,相较于工商业,农业始终处在从属

---

① 《马克思恩格斯选集》第1卷,人民出版社2012年版,第455页。
② 《马克思恩格斯选集》第4卷,人民出版社2012年版,第355页。

第一章 研究的理论基础

地位。为此,农村的劳动力也更多地涌入城市,从而严重地影响了农村的发展。因此,在资本主义制度下,城市优于农村的现象必然存在。这种优势体现在政治、经济、文化等各个方面。同时,这种现象也不是永远存在的,在经过一段时间后会趋于融合。斯大林认为,城乡对立必定会消失,因为这种对立关系的产生源于"资本主义制度下工业、商业、信用系统的整个发展进程所造成的对农民的剥夺和大多数农村居民的破产"①,而随着资本主义制度被社会主义制度所取代,这种剥削关系也必定不复存在,因而城乡对立关系也终究会消失。

其次,列宁和斯大林对于如何消灭城乡对立,并最终实现城乡融合给出了具体措施。列宁认为,消灭城乡差异需要相当长的一段时间才能实现,而首要的工作就是"必须大大发展生产力"②,并且还需要一系列具体措施:一是着力发展大城市。列宁认为,在社会主义国家加大对农村扶持力度的基础上,城市也应当发挥带动作用,支援农村的发展。斯大林也同样认为,大城市不但不会消失,还会日趋增多,它们既是文化中心,也是大工业中心,更是农产品加工以及一切食品工业部门强大发展的中心。正因如此,大城市的存在将会"使城市和乡村有同等的生活条件"③。二是促使农民向城市迁移。列宁认为,要想使农村摆脱从属地位,就必须促使农民向城市迁移,推动农业人口与非农业人口融合,实现农村人口的城市化。这一方面有利于提高农民的素质和觉悟,使农民从孤立无援的窘境中摆脱;另一方面也能够提高农民的生活水平,使"农业人口和非农业人口的生活条件接近"④,从而有助于消灭城乡对立。此外,列宁和斯大林还认为,实行电气化也是消灭城乡对立的有效手段。

第二,列宁和斯大林关于农民的主要论述。列宁和斯大林在俄国的实践中对农民问题进行了较为系统的分析,一方面揭示了农民阶级所内含的革命性,这种革命性定将促成其与无产阶级结成坚实同盟,

---

① 《斯大林选集》下卷,人民出版社1979年版,第557页。
② 《列宁专题文集(论社会主义)》,人民出版社2009年版,第146页。
③ 《斯大林选集》下卷,人民出版社1979年版,第558页。
④ 《列宁全集》第2卷,人民出版社2013年版,第197页。

而巩固工农联盟的关键则在于是否能够顾及农民的自身利益；另一方面也指出了农民作为一个阶级整体，是由不同的层次所构成，而这种分层极有可能导致农民阶级的分化。

首先，列宁秉持马克思恩格斯对农民的基本认识，辩证地看待农民问题。他认为，农民蕴含着极大的革命热情，并将成为无产阶级的坚实伙伴和革命的中坚力量。农民的革命性在俄国革命运动的实践中也得到了充分印证。列宁认为，"农民在我国是决定性的因素"①。在反对封建的土地所有制中，俄国农民显示了巨大的革命热情。因此，即便农民自身认识上的局限，也不能掩盖其自身所蕴含的革命性。所以，"农民是真正的革命民主派"②。列宁在揭示了农民自身所蕴含的革命性的同时，还明确了农民在革命中的地位和作用，他认为，农民觉悟的提高在很大程度上决定了俄国大革命的进程及结局，因而农民是俄国革命的支柱力量。也正因如此，列宁在《全俄农民代表苏维埃第二次代表大会告农民书草稿》中写入了这样一段话："农民同志们！现在有许多事情都要靠你们一句有分量的坚决果断的话来决定"③。

同时，列宁也将农民定义为一个"特殊阶级"④，他认为，农民既是受资本主义剥削的劳动者，也是可以自由支配和出卖粮食的小私有者，而粮食又是生活必需品，因而农民阶级还存在内部分化的隐患。为此，列宁指出："农民中有大批的半无产者，同时有小资产阶级分子。"所以，农民作为一个阶级整体，是由不同的层次所构成的，既包含半无产者，也包含小资产阶级。正因为农民阶级内部存在分层，"使得它也不稳定"。这也就意味着农民阶级内部存在着分化的可能性。然而"农民的不稳定和资产阶级的不稳定根本不同"。因为与其说农民是在尽其所能地保护他们拥有的小块土地，不如说他们是为了"夺取私有制主要形式之一的地主土地"⑤。因此，农民所在意的

---

① 《列宁选集》第4卷，人民出版社2012年版，第722页。
② 《列宁全集》第12卷，人民出版社2017年版，第91页。
③ 《列宁全集》第33卷，人民出版社2017年版，第156页。
④ 《列宁选集》第3卷，人民出版社2012年版，第823页。
⑤ 《列宁全集》第11卷，人民出版社2017年版，第81页。

只是土地而已,并不是在保护私有制,只有革命的胜利才能使农民得到他们想要的一切。这也就决定了农民"能够成为完全而又极其彻底地拥护民主革命的力量"①,也必将成为革命的支柱。

其次,列宁和斯大林将革命任务能否顺利完成归结于农民群众能否与无产阶级实现联合,归结于能否建立并巩固工农联盟。而巩固工农联盟的关键则在于,是否能够顾及农民的利益。列宁认为,革命成败的关键在于能否给予农民群众以足够的支持,从而帮助小农推动和发展自身的生产力,进而将农民组织起来成为革命者。只有当"农民群众以积极革命者的姿态同无产阶级一起行动的时候,俄国革命才会开始具有真正的规模"②,也只有在工农联盟的基础上,"为苏维埃政权而进行的坚定不移的斗争",才能"引导我们走向社会主义"③。斯大林也指出:"无产阶级革命只有取得农民群众的同情和支持,才能取得最终的胜利",才能保住政权④。可见,得到农民群众的支持,并使其成为无产阶级坚实的同盟者,是彻底推翻专制制度实现民主的首要前提,也是将革命进行到底,从而顺利完成各项革命任务的关键因素。因此,必须建立并巩固工农联盟。

巩固工农联盟需要首先考虑的是,如何照顾农民的利益。在当时,战时共产主义政策在一定程度上对农民采取了强硬的手段,使农民的利益遭受了损失,这对工农联盟的稳固性造成了严重的威胁。所以,列宁深刻地认识到在新的历史背景下,必须使工农联盟"成为我们经济建设基础的关系",这就要求在满足工人阶级和农民阶级的经济需要的同时,"又要照顾小农利益"⑤。为此,列宁一方面倡导"社会主义国家应当大力帮助农民"⑥;另一方面建议采取提高农民经济生产力的办法。正是基于此,他提出了新经济政策。新经济政策的意义

---

① 《列宁选集》第1卷,人民出版社2012年版,第604页。
② 《列宁选集》第1卷,人民出版社2012年版,第606页。
③ 《列宁全集》第33卷,人民出版社2017年版,第99页。
④ 邢艳琦:《列宁、斯大林关于农业和农民问题的基本观点述要》,《马克思主义与现实》2005年第5期。
⑤ 《列宁全集》第41卷,人民出版社2017年版,第356页。
⑥ 《列宁全集》第36卷,人民出版社2017年版,第198页。

在于，使新的社会主义经济与农民经济实现良好的结合，而其实质则是"先锋队无产阶级同广大农民群众的结合"①即工农联盟。

三 中国共产党关于农村农民的基本阐述

中国共产党始终将解决农村农民问题作为解决中国问题的战略基点和稳定大局、开展各项工作的重点。通过梳理中国共产党关于农村农民的相关论述，对于完善我国农村集体经济治理体系，解决我国农村农民问题，具有重要的指导意义。

第一，中国共产党关于农村的主要论述。中国共产党长期以来高度关注农村问题，并且通过一系列的战略举措，持之以恒地推动农村各项工作的发展。

首先，中国共产党高度重视农村在我国革命、建设和改革中的重要地位。在新民主主义革命时期，中国共产党人基于对我国基本国情的正确判断和分析，从实际出发，提出了"以农村为中心"的革命思想，将农村革命根据地作为中国红色政权的依托，从而为中国革命能够取得胜利提供了重要保障。从某种意义上讲，正是因为农村革命根据地，才造就了中国革命最终胜利。毛泽东曾多次提出，农村农民问题是中国革命的中心问题和基本问题。在1949年党的七届二中全会上，毛泽东强调，从1927年到现在，党的工作重心都在乡村，即便现在党的工作重心开始由农村转向城市，也不能产生"丢掉乡村，仅顾城市"的错误想法②。

中国的改革源起于农村。邓小平认为，改革起于农村，是因为中国人口的绝大部分在农村，不解决农村问题，中国社会的安定就难以得到保障。"城市搞得再漂亮，没有农村这一稳定的基础是不行的"③，而城市出现的高楼大厦也"不是中国主要的变化，中国最大的变化在农村"④。所以，农村的稳定决定着中国的稳定，而农村的变化也同样反映着中国的变化。江泽民也提出，我国的基本国情决定

---

① 《列宁全集》第42卷，人民出版社2017年版，第358页。
② 《毛泽东选集》第4卷，人民出版社1991年版，第1427页。
③ 《邓小平文选》第3卷，人民出版社1993年版，第65页。
④ 《邓小平文选》第3卷，人民出版社1993年版，第117页。

第一章 研究的理论基础

了,只有"把农村经济搞上去,这样才能保持经济和社会的稳定,才能增加发展的回旋余地"①。这充分表明了农村的稳定是我们国家和社会全局稳定的根本,也只有搞好农村经济,才能从全局上把握经济社会发展的主动权。

在全面建设小康社会的新形势下,胡锦涛号召全党"自觉把全面建设小康社会的工作重点放在农村"②,并将建设社会主义新农村作为在新形势下"推进全面建设小康社会进程和现代化建设的战略举措"③。针对社会主义和谐社会构建问题,胡锦涛强调,农村的安定祥和是建设社会主义和谐社会的基础④。在新时代,党中央对于农村问题仍旧保持着高度的关注。在全面建成小康社会的决胜阶段,习近平就多次强调,"全面建成小康社会,最艰巨最繁重的任务在农村"⑤。在脱贫攻坚战取得全面胜利后,党中央继续坚持农业农村优先发展,将全面推进乡村振兴作为"十四五"时期经济社会发展主要目标的重要内容,写入《中华人民共和国国民经济和社会发展第十四个五年规划和2035年远景目标纲要》(以下简称《纲要》)。这无不凸显了中国共产党在各个历史阶段对农村问题的高度重视。

其次,中国共产党持之以恒地重视农村的建设和发展问题。早在民主革命时期,中国共产党就注重推动农村的发展,提出了"建立农村根据地,以农村包围城市,最后用武装夺取城市"⑥的中国革命道路,并实行了一系列的政策措施,力求把农村发展建设成为先进与巩固的革命根据地。中华人民共和国成立后,党中央持续关注农村的发展问题,一方面彻底废除封建土地制度,着力实现"耕者有其田";另一方面又积极开展农业合作化运动,引导农民走上社会主义道路。改革开放后,邓小平深刻地洞察了"社会主义阶段的最根本任务就是

---

① 《十五大以来重要文献选编》(上),中央文献出版社2011年版,第463页。
② 《十六大以来重要文献选编》(上),中央文献出版社2011年版,第114页。
③ 《十六大以来重要文献选编》(下),中央文献出版社2011年版,第280页。
④ 《十六大以来重要文献选编》(中),中央文献出版社2011年版,第708页。
⑤ 《把群众安危冷暖时刻放在心上把党和政府温暖送到千家万户》,《人民日报》2012年12月31日第1版。
⑥ 《毛泽东思想年编:1921—1975》,中央文献出版社2011年版,第814页。

发展生产力"①,"社会主义的本质,是解放生产力,发展生产力,消灭剥削,消除两极分化,最终达到共同富裕"②。之前在处理农村问题上之所以出现了短板和不足,正是由于没有完全搞清楚什么是社会主义和怎样建设社会主义,因而要立足于国情,从发展生产力角度进行体制改革,在农村找到适应生产力发展的生产关系和经营体制。在党的领导下,农村逐步确立了家庭承包经营为基础、统分结合的双层经营体制。

随着1993年11月党的十四届三中全会通过的《中共中央关于建立社会主义市场经济体制若干问题的决定》提出了"我国农村经济的发展,开始进入以调整结构、提高效益为主要特征的新阶段"③的重要论断。党中央开始在坚持长久稳定和继续完善农村基本政策的基础上,加大力度推动农业和农村经济的转型,一方面推动以市场为取向的改革,努力实现农村经济从计划经济向市场经济转变,构建与市场经济相适应的农村经济体制;另一方面着手对农业和农村经济结构进行战略性调整,优化农业和农村经济结构,努力推动农业和农村经济的增长方式由粗放型向集约型转变。并且,在2005年党的十六届五中全会提出了"建设社会主义新农村"的战略任务。随后,在2006年中央一号文件中,党中央对社会主义新农村建设的方针、要求等作出具体部署。2008年10月,在党的十七届三中全会通过的《中共中央关于推进农村改革发展若干重大问题的决定》中,党中央进一步提出了"把建设社会主义新农村作为战略任务,把走中国特色农业现代化道路作为基本方向,把加快形成城乡经济社会发展一体化新格局作为根本要求"④。这充分体现了农村在全面建设小康社会进程中以及现代化建设中的重要地位。

在新时代,中国共产党更加注重农村的发展和建设问题。2013年7月,习近平在湖北考察农村工作时就曾指出:"农村绝不能成为荒

---

① 《邓小平文选》第3卷,人民出版社1993年版,第63页。
② 《邓小平文选》第3卷,人民出版社1993年版,第373页。
③ 《十四大以来重要文献选编》(上),中央文献出版社2011年版,第467页。
④ 《十六大以来重要文献选编》(下),中央文献出版社2011年版,第296页。

芜的农村、留守的农村、记忆中的故园。"① 为此，2017年，党的十九大历史性地提出了乡村振兴战略，一方面强调坚持农业农村优先发展；另一方面又作出了包括壮大农村集体经济在内的一系列具体的战略部署。随着乡村振兴战略进入全面推进阶段，2021年，《纲要》从"提高农业质量效益和竞争力""实施乡村建设行动""健全城乡融合发展体制机制""实现巩固拓展脱贫攻坚成果同乡村振兴有效衔接"等方面对全面推进乡村振兴做出了全面部署②。这都充分表明了农村的建设和发展问题一直以来备受党中央的高度关注。

第二，中国共产党关于农民的主要论述。中国共产党始终将农民作为中国革命、建设和改革的主要力量，始终强调农民在中国革命、建设和改革中的主体地位和重要作用，始终专注于解决农民问题。

首先，中国共产党高度重视农民在中国革命、建设和改革中的作用和地位。1926年9月，毛泽东在为《农民问题丛刊》撰写题为《国民革命与农民运动》的序言中就指出："农民不起来参加并拥护国民革命，国民革命不会成功"③。1936年12月，在《中国革命战争的战略问题》一文中，毛泽东又明确指出了中国农民群众是革命战争的主力军④。1940年1月，他又在《新民主主义论》一文中再次指出："农民的力量，是中国革命的主要力量。"⑤ 这充分表明了农民在革命中的主体地位以及在革命中的重要作用。

中华人民共和国成立后，1950年6月，在全国政协一届二次会议闭幕会上，毛泽东指出："革命靠了农民的援助才取得了胜利，国家工业化又要靠农民的援助才能成功"⑥。1957年2月，他在最高国务会议第十一次（扩大）会议上发表《关于正确处理人民内部矛盾的

---

① 《习近平：农村绝不能成为荒芜的农村》，中国共产党新闻网，2013年7月23日，http://cpc.people.com.cn/n/2013/0723/c64094-22297499.html。
② 《中华人民共和国国民经济和社会发展第十四个五年规划和2035年远景目标纲要》，《人民日报》2021年3月13日第1版。
③ 《毛泽东思想年编：1921—1975》，中央文献出版社2011年版，第12页。
④ 《毛泽东选集》第1卷，人民出版社1991年版，第183页。
⑤ 《毛泽东选集》第2卷，人民出版社1991年版，第692页。
⑥ 《毛泽东思想年编：1921—1975》，中央文献出版社2011年版，第696页。

问题》的讲话中又明确指出："农民的情况如何，对于我国经济的发展和政权的巩固，关系极大"①。邓小平也对农民在中国建设和改革中的重要作用有着深刻的认识。他认为，我国进行现代化建设必须考虑到目前存在耕地少、人口多，尤其是农民多的实际情况②。为此，他多次指出，只有充分调动农民的积极性，才能使国家发展起来。同时，他还强调，要充分发挥农民的主体性和创造性，尊重农民的意愿。家庭承包经营为基础、统分结合的双层经营体制的产生也正源于此。在新时代，党中央也始终强调农民在农业农村发展以及乡村振兴战略实施中的主体地位，始终强调要"充分发挥亿万农民主体作用和首创精神"③。

其次，中国共产党始终将激发农民的积极性和创造性作为工作的出发点和落脚点。鉴于苏俄在社会主义建设中为发展重工业所采取的剥夺农民的方式，严重地损害了农民的利益，以及人民公社运动造成的农村生产关系与生产力的相脱离，极大地压抑了农民的生产积极性等教训，毛泽东明确提出了不能剥夺农民，切实维护农民的利益④。

改革开放后，党中央更为深刻地认识到，"农民没有积极性，国家就发展不起来"⑤，农民的生活水平也无法得到改善。为此，在改革的过程中，党中央通过推动生产经营自主权的下放，从而重新激发了农民的积极性和创造性。对此，邓小平也指出，改革过程中的关键问题就是要充分调动农民的积极性，而"农村改革之所以见效，就是因为给农民更多的自主权，调动了农民的积极性"⑥。在市场取向的改革过程中，党中央也坚持把调动农民的积极性作为"发展农业和农村经济的根本"⑦，将农村工作和制定农村政策，围绕着是否有利于调动农

---

① 《毛泽东思想年编：1921—1975》，中央文献出版社2011年版，第828页。
② 《邓小平文选》第2卷，人民出版社1994年版，第164页。
③ 《健全城乡发展一体化体制机制让广大农民共享改革发展成果》，《人民日报》2015年5月2日第1版。
④ 《世界社会主义五百年》，党建读物出版社、学习出版社2014年版，第160—161页。
⑤ 《邓小平文选》第3卷，人民出版社1993年版，第213页。
⑥ 《邓小平文选》第3卷，人民出版社1993年版，第242页。
⑦ 《江泽民文选》第2卷，人民出版社2006年版，第209页。

民的积极性来开展。在新时代,中国共产党仍然强调,充分"调动农民发展现代农业和建设社会主义新农村的积极性"①,"切实发挥农民在乡村振兴中的主体作用"②,把改革的出发点和落脚点放在调动亿万农民的积极性、主动性、创造性上。

最后,中国共产党坚决维护农民的利益,注重解决农民问题。党中央一直重视维护农民的利益,在困难时期也不例外。1956年4月,毛泽东在《论十大关系》中指出:"我们对农民的政策不是苏联的那种政策,而是兼顾国家和农民的利益。"③ 邓小平也认为,农民问题的核心是利益问题,并主张将农民的利益与中国经济的发展和摆脱贫困紧密结合起来④。他指出:"中国社会是不是安定,中国经济能不能发展,首先要看农村能不能发展,农民生活是不是好起来"⑤,"农民没有摆脱贫困,就是我国没有摆脱贫困"⑥。对农民利益的维护也同样体现在生产关系的形式选择上,"生产关系究竟以什么形式为最好,恐怕要采取这样一种态度,就是哪种形式在哪个地方能够比较容易比较快地恢复和发展农业生产,就采取哪种形式;群众愿意采取哪种形式,就应该采取哪种形式"⑦。并且,党中央还深刻认识到"增加农民收入是一个带有全局性的问题"⑧,直接关系到整个国民经济的增长及社会主义现代化建设的进程。为此,2003年年底党中央专门出台了关于促进农民增加收入的中央一号文件,把促进农民增收上升到新的战略高度,力求全面解决农民增收问题,并通过农村税费改革,以及对"交够国家的,留足集体的,剩余都是自己的"分配模式的肯定

---

① 《〈中共中央国务院关于稳步推进农村集体产权制度改革的意见〉学习手册》,人民出版社2017年版,第1页。
② 《乡村振兴战略规划:2018—2022年》,人民出版社2018年版,第11—12页。
③ 《毛泽东文集》第7卷,人民出版社1999年版,第30页。
④ 黄承伟、刘欣:《新中国扶贫思想的形成与发展》,《国家行政学院学报》2016年第3期。
⑤ 《邓小平文选》第3卷,人民出版社1993年版,第77—78页。
⑥ 《邓小平文选》第3卷,人民出版社1993年版,第237页。
⑦ 《邓小平文选》第1卷,人民出版社1994年版,第323页。
⑧ 《江泽民论有中国特色社会主义(专题摘编)》,中央文献出版社2002年版,第130页。

等,来维护农民的利益和农村的稳定。在2006年更是彻底取消了农业税。

习近平曾指出,农民问题的核心是增进利益和保障权益问题①。在新时代,党中央继续把维护农民群众根本利益、促进农民共同富裕作为出发点和落脚点。并通过推动农用地、农村集体经营性建设用地、宅基地等一系列农村土地制度改革和深化农村集体产权制度改革,促进农民持续增收,不断提升农民的获得感、幸福感、安全感。

第二节 马克思主义关于集体经济的主要观点

在2016年12月《意见》中提出了"农村集体经济是集体成员利用集体所有的资源要素,通过合作与联合实现共同发展的一种经济形态,是社会主义公有制经济的重要形式"。这一认识正是在马克思主义关于集体经济的相关论述的指导下形成的。因此,系统整理和深入分析马克思主义关于集体经济的主要观点,也同样能为农村集体经济治理体系的研究提供重要的理论支撑。

一 马克思恩格斯关于集体经济的基本观点

马克思恩格斯虽然没有明确提出集体经济的概念,但不能说他们对集体经济没有论述,相反,他们从多个角度对集体经济问题有着较为深入的阐述。马克思恩格斯在预见以私有制为基础的小农经济必将走向灭亡的同时,洞察到伴随着小农经济的消亡,将通过合作化实现由私有制向集体所有制的过渡,并由此对合作制及集体所有制等相关内容展开论述。这些论述对于在新时代研究和解决农村集体经济的相关问题,具有重要的理论指导意义。

第一,马克思恩格斯对"集体"和"所有制"分别进行了论述,进而阐释了集体所有制的概念。马克思恩格斯经常将"集体"与"社会"或"公有"并列使用。例如,"私有制作为社会的、集体的

---

① 习近平:《之江新语》,浙江人民出版社2007年版,第102页。

第一章 研究的理论基础

所有制的对立物"①;"一个集体的、以生产资料公有为基础的社会"②;等等。可见,他们对于"集体"的理解,即是社会的共同体,并具有公有的属性特质。关于所有制,马克思恩格斯认为,它的产生源于分工和分配,而它的最初形式则出现在家庭中。在家庭中,妻子和儿女是丈夫的奴隶,这便是"最初的所有制"③。同时,在他们看来,"生产资料属于生产者只有两种形式",即"个体"和"集体",并且"社会主义工人确定其经济方面努力的最终目的是使全部生产资料归集体所有"④。这指明了所有制形式只有私有制与集体所有制之分,并呈现对立关系。因此,马克思恩格斯所谓的集体所有制,是以劳动者作为自由人的共同体的形式占有生产资料,也可理解为全社会所有制或公有制。

不仅如此,马克思还进一步引申出集体所有制的狭义概念。在谈到俄国公社时,马克思指出:"土地公有制是俄国'农村公社'的集体占有制的基础"⑤。在进一步探讨如何解决资本主义生产所带来的危机时,马克思有着三段极其相似的论述,即随着现代社会回复到"'古代'类型的公有制而告终";"'古代'类型的集体所有制和集体生产的高级形式而告终";"古代类型的高级形式,回复到集体生产和集体占有而告终"⑥。在这里马克思将"集体"具体指向"农民集体";将集体所有与集体占有等同来看;将公有制明确为集体占有的基础,同时又等同来看。这表明,由于"集体"所泛指的共同体范围不同,集体所有制也需根据集体的共同体范围而有所专指。因此,也存在以"农民集体"这一共同体为边界的集体所有制,但这种所有制形式并不独立存在,而是以公有制这种"全社会的集体"为边界的所有制形式为存在基础。

---

① 《马克思恩格斯文集》第5卷,人民出版社2009年版,第872页。
② 《马克思恩格斯文集》第3卷,人民出版社2009年版,第433页。
③ 《马克思恩格斯选集》第1卷,人民出版社2012年版,第163页。
④ 《马克思恩格斯选集》第3卷,人民出版社2012年版,第818页。
⑤ 《马克思恩格斯选集》第3卷,人民出版社2012年版,第830页。
⑥ 《马克思恩格斯选集》第3卷,人民出版社2012年版,第822—829页。

第二，马克思恩格斯在论述土地国有化时，提出了"集体所有制"一词。马克思认为，土地国有化是社会发展之必然，这一方面是由社会经济的发展，以及人口增长和集中所导致的资本主义农场主必须采取有组织的集体劳动，并运用机器和科学所决定的；另一方面是由日益增长的人的需要和生产发展的需要，以及有效利用技术实行大规模的耕作和农产品价格上涨所决定的①。关于如何实现土地国有化，马克思认为，当农民少许土地遭到资本家掠夺而成为无产者、雇佣工人，农业已经高度资本主义化的时候，农民与工人阶级便具有了共同利益取向，从而才能使农民加入革命的队伍中，通过暴力革命的形式剥夺剥夺者，以此实现土地的国有化。对此，马克思以英国农民为例，英国通过圈地运动剥夺了农民的土地，使小块土地所有制被资本主义大土地所有制所取代，农民在失去了对土地的所有后转变为雇佣工人——无产者②。这意味着以剥夺农业资本家的方式实现土地国有化的条件已经满足。

同时，马克思还认为，不是所有的资本主义国家都能够很快地实现由私有制向土地国有化的过渡，如"法国的农民所有制，比起英国的地主所有制离土地国有化要远得多"③。在法国，农民可以通过购买的方式获得小块土地。这看似是土地归属于农民所有，但花费自身全部精力所获取的大部分产品却要以不同的形式上交给国家、讼棍、高利贷者等。所以，农民实际上仍处于被剥削的雇佣关系之中，仍然只是为资本家、大地主进行生产劳动。但农民对此却尚不自知，只关注于对小块土地的所有，从而极易导致农民为保护自己的土地而对工人革命造成阻碍的现象发生，因而法国尚不具备向土地国有化过渡的条件④。而对于如何实现农民所有制向土地国有化的过渡，马克思也提出了自己的设想，并由此提出了"集体所有制"一词。他在《巴枯

---

① 《马克思恩格斯文集》第3卷，人民出版社2009年版，第230—231页。
② 孙乐强：《农民土地问题与中国道路选择的历史逻辑——透视中国共产党百年奋斗历程的一个重要维度》，《中国社会科学》2021年第6期。
③ 《马克思恩格斯文集》第3卷，人民出版社2009年版，第231页。
④ 《马克思恩格斯文集》第3卷，人民出版社2009年版，第231—232页。

宁〈国家制度和无政府状态〉一书摘要》中指出：应当在不损害农民对土地所有权的基础上，实现土地由"私有制向集体所有制过渡"①。在此，马克思明确提出了"集体所有制"。

第三，在进一步探讨如何实现向集体所有制过渡时，马克思恩格斯提出了"合作生产"的概念，他们认为，"合作生产"不仅是实现由私有制向集体所有制过渡的中间环节，也是集体所有制下的一种普遍的生产的方式，但由于资本主义所有制形式的多样性，因而其实现的方式并不唯一②。为此，恩格斯设想了不同的过渡路径。

对于小块土地所有制而言，恩格斯在《法德农民问题》中指出："把各个农户联合为合作社……并把这些合作社逐渐变成一个全国大生产合作社的拥有同等权利和义务的组成部分。"③具体而言，当无产阶级"掌握了国家政权的时候……对于小农的任务，首先是把他们的私人生产和私人占有变为合作社的生产和占有，不是采用暴力，而是通过示范和为此提供社会帮助"④，进而"逐渐把农民合作社转变为更高级的形式，使整个合作社及其社员个人的权利和义务跟整个社会其他部门的权利和义务处于平等的地位"⑤。这表明了由小块土地所有制向集体所有制的过渡，需要通过示范和援助的方式，建立"农民合作社"，并逐渐转变为更高级形式的合作社来实现。

对于大土地所有制而言，恩格斯在《论住宅问题》中指出："现存的大地产将给我们提供一个良好的机会，让联合的劳动者来经营大规模的农业"⑥。对于在大块土地上如何实现合作生产，恩格斯在《法德农民问题》中认为，无产阶级政党"一旦掌握了国家政权，就应该干脆地剥夺大土地占有者，就像剥夺工厂主一样"。"我们将把这样归还给社会的大地产，在社会监督下，转交给现在就已经耕种着这

---

① 《马克思恩格斯选集》第3卷，人民出版社2012年版，第338页。
② 崔超：《发展新型集体经济：全面推进乡村振兴的路径选择》，《马克思主义研究》2021年第2期。
③ 《马克思恩格斯选集》第4卷，人民出版社2012年版，第374页。
④ 《马克思恩格斯选集》第4卷，人民出版社2012年版，第370页。
⑤ 《马克思恩格斯选集》第4卷，人民出版社2012年版，第371页。
⑥ 《马克思恩格斯选集》第3卷，人民出版社2012年版，第269—270页。

些土地并将组织成合作社的农业工人使用"①。在《致奥·倍倍尔的一封信》中，恩格斯进一步指出："把大地产转交给（先是租给）在国家领导下独立经营的合作社"②。这表明了大土地所有制向集体所有制的过渡，需要通过剥夺的方式，将大地产转交给在国家领导下独立经营的合作社来实现。

此外，对于俄国资产阶级土地所有制与农民公共占有并存的所有制形式，马克思指出："俄国农民习惯于劳动组合关系，这有助于他们从小地块劳动向集体劳动过渡，而且，俄国农民……已经在一定程度上实行集体劳动了。"③ 因此，"假如俄国革命将成为西方无产阶级革命的信号而双方互相补充的话，那么现今的俄国土地公有制便能成为共产主义发展的起点"④。

二 列宁和斯大林关于集体经济的基本论述

列宁和斯大林在一定程度上继承了马克思恩格斯关于集体经济的思想精髓，并结合当时俄国具体实际，从农业发展的角度对集体经济问题进行了新的探索。

第一，列宁和斯大林都将集体所有制作为俄国农业发展的方向。列宁深知私有制条件下的小农经济永远无法解决人民群众的贫困问题。所以，如果仍然坚持小农经济的话，"即使我们是自由土地上的自由公民，也不免要灭亡"⑤。对于如何改造小农经济，列宁认为，要想从根本上快速实现对小农的改造，就必须"使他们的整个心理健全起来"⑥。这就需要以足够的物质和技术为基础。同时，也需要在农业中以大规模的电气化及大规模地使用机器为前提。为此，列宁最初主张采取"共耕制"，通过组织集体农庄进行共同耕作，实行土地、农具、牲畜等一切财产公有的所有制形式，并且他还强调"过渡到共耕

---

① 《马克思恩格斯选集》第4卷，人民出版社2012年版，第375页。
② 《马克思恩格斯选集》第4卷，人民出版社2012年版，第581页。
③ 《马克思恩格斯选集》第3卷，人民出版社2012年版，第828页。
④ 《马克思恩格斯选集》第1卷，人民出版社2012年版，第379页。
⑤ 《列宁全集》第30卷，人民出版社2017年版，第155页。
⑥ 《列宁全集》第41卷，人民出版社2017年版，第53页。

制只能是自愿的,在这方面,任何强迫手段都是工农政府所不能采取的,而且是法律所不容许的"①。

斯大林也同样认为,推动小农经济向集体经济的过渡,是俄国农业发展的趋势所向,并对集体经济有着极度的肯定和高度的评价。他认为,农业的出路"就在于把分散的小农户转变为以公共耕种制为基础的联合起来的大农庄,就在于转变到以高度的新技术为基础的集体耕种制","就在于逐步地然而一往直前地不用强迫手段而用示范和说服的方法把小的以至最小的农户联合为以公共的互助的集体的耕种制度为基础、利用农业机器和拖拉机、采用集约耕作的科学方法的大农庄","别的出路是没有的"②。从个体经济进到"集体农业,进到共耕制,进到机器拖拉机站,进到以新技术为基础的劳动组合即集体农庄",是实现了由落后到先进的巨大跨越③。尤其随着粮食收购危机的出现,斯大林认识到只有通过举办联合"公共的大农庄",只有推动个体农民向集体的"公共经济"的过渡才能从根本上解决粮食收购危机④,也只有走集体耕种制的道路,才能使农民摆脱贫穷和剥削。同时,斯大林也强调在集体农庄运动中要遵循自愿原则和避免生搬硬套,他指出:"决不能用强力去建设集体农庄",也"决不能把先进地区集体农庄建设的一套做法机械地搬到落后地区去",这些做法都是愚蠢的和反动的⑤。

第二,在列宁和斯大林看来,合作制是推动经济发展的一种重要手段,是通向集体化的必由之路,既可应用于资本主义社会,也可应用于由资本主义向社会主义过渡时期及社会主义社会。在1918年列宁就曾意识到,"如果合作社把土地实行了社会化、工厂实行了国有化的整个社会包括在内,那它就是社会主义"⑥。但他起初认为,合作制带有资本主义性质。例如,在《论粮食税》中他就将合作制形容为

---

① 《列宁全集》第36卷,人民出版社2017年版,第25页。
② 《斯大林全集》第10卷,人民出版社1954年版,第261页。
③ 《斯大林全集》第12卷,人民出版社1955年版,第112页。
④ 《斯大林全集》第11卷,人民出版社1955年版,第77—78页。
⑤ 《斯大林全集》第12卷,人民出版社1955年版,第169页。
⑥ 《列宁全集》第34卷,人民出版社2017年版,第147页。

"国家资本主义的一个变种",并称其为"'合作制'资本主义"①。随着实践的不断深入,列宁开始认识到合作制能够推动小经济的发展,从而使小经济比较容易通过自愿联合的形式实现向大生产的过渡②。新经济政策的提出更是加快了合作化发展的进程。在这一背景下,列宁也越发意识到,正是在合作化进程中才发现和找到了私人利益与国家利益联结的"合适程度",而这是"过去许许多多社会主义者碰到的绊脚石"③,也正是合作化的发展才能将小农与大工业联系在一起,从而彰显了合作制所蕴含的巨大意义。为此,列宁在《论合作社》中对于合作社重新进行了定位。他认为,在无产阶级掌握政权后的生产资料公有制条件下,"文明的合作社工作者的制度就是社会主义的制度"④,合作制是"建成完全的社会主义社会所必需的一切"⑤。因此,他认为,在俄国现有条件下,合作社同社会主义是完全一致的。从列宁以上的论述中可以看出,列宁实际上已将合作制看作具有社会主义性质的制度。

在实践中,列宁逐渐发现,"共耕制"的形式无法使劳动生产率提高到预期的水平,农民也无法从中受益。对此,他认为,改造小农,需要一个漫长的过程,不能幻想这种改造能在短时间内实现。同时,他还更深刻地认识到,目前尚不具备直接过渡到纯社会主义的经济形式和分配方式的能力和条件。如果急于求成,试图通过简单的方式实现这种过渡,不仅会失去在农民心中的威信,甚至将会把自身置于灭亡的境地。所以,列宁指出,当前时期采取集体农庄的形式实现向社会主义和集体化过渡是行不通的,需要"选择另一条道路来达到我们的目的"⑥。随着新经济政策的实行,"合作制"取代了"共耕制"成了列宁口中的"另一条道路"。自此,列宁开始将实现合作化

---

① 《列宁选集》第4卷,人民出版社2012年版,第507页。
② 《列宁选集》第4卷,人民出版社2012年版,第508页。
③ 《列宁选集》第4卷,人民出版社2012年版,第768页。
④ 《列宁选集》第4卷,人民出版社2012年版,第771页。
⑤ 《列宁选集》第4卷,人民出版社2012年版,第768页。
⑥ 《列宁选集》第4卷,人民出版社2012年版,第569页。

作为主要任务。斯大林继承了列宁的这一观点，也将合作化看作向集体所有制过渡的准备。在1927年12月联共（布）第十五次代表大会上，斯大林指出："党的任务：通过合作社和国家机关在供销方面扩大对农民经济的掌握，规定我们在农村建设中当前的实际的任务，即逐渐使分散的农户转上联合的大农庄的轨道，转上以集约耕作和农业机械化为基础的公共集体耕种制的轨道"①。可见，集体化是俄国农业发展的主要方向，而合作化则是实现向集体化过渡的最好、最有效的途径和形式。

第三，对于怎样实现由合作制向集体所有制的过渡，列宁提出，要以进行和平的组织文化工作为重心来实现。之所以以此为重心是因为，就经济目的来看，进行文化工作就是合作化。同时，农民的人数众多，农民的文化水平问题决定了合作化是否能够实现。对此，列宁认为，可以运用文化革命的方式来实现合作化。通过文化革命使全国居民能够了解到参加合作社的益处，进而共同参与到合作社中来。而就合作社本身来说，它适合于最普通的农民的水平，也容易被农民所接受②。斯大林也认为，要积极引导农民走合作发展的道路，倡导农民群众通过参加合作社而实现更广泛的合作化③，并把集体所有制进一步明确为合作制的高级形式。他认为，列宁的合作社计划就是为了推动合作社"从低级形式（供销合作社）到高级形式（生产合作社—集体农庄）"④的发展，因而集体农庄是合作社最明显的一种形式，也是列宁合作社计划的重要环节和组成部分，还将合作社集体农庄所有制作为社会主义的两种所有制形式之一，写入1936年《苏联宪法》。

概言之，列宁将走集体化道路作为苏联农业发展方向，并提出了合作社计划，将其作为实现集体化的主要路径，在一定程度上将马克思恩格斯关于集体经济的设想变为现实。斯大林的"农业全盘集体化

---

① 《斯大林全集》第10卷，人民出版社1954年版，第264页。
② 《列宁选集》第4卷，人民出版社2012年版，第770—774页。
③ 《斯大林选集》上卷，人民出版社1979年版，第355页。
④ 《斯大林全集》第12卷，人民出版社1955年版，第117页。

运动"及"合作社集体农庄所有制",虽然对社会主义集体经济理论建设具有一定的贡献,但是由于在社会主义所有制观念上存在错误,从根本上制约了集体经济效益发挥,因而对其历史功过的评价一直以来褒贬不一①。

三 中国共产党关于集体经济的主要论述

自中华人民共和国成立以来,在接近70年的执政实践中,中国共产党对于农村集体经济的认识总体上是一以贯之的,即始终将农村集体经济作为我国社会主义公有制经济的重要形式,始终将发展和壮大农村集体经济与实现农民农村共同富裕联系在一起。并且,针对各个时期农村集体经济发展环境的不同,中国共产党创造性地提出了一系列的重要论述,推动农村集体经济不断创新发展。这些重要论述为农村集体经济治理体系的研究提供了理论遵循。

第一,中国共产党始终将集体经济作为公有制经济的重要形式,始终将发展壮大集体经济与实现农民农村共同富裕联系在一起。

首先,中国共产党始终将集体经济作为我国的基本经济形式和公有制经济的重要形式。在农村,集体经济更是作为公有制经济的主要体现形式而存在。改革开放前,党中央就明确指出了集体经济是具有社会主义性质的经济形式,只有"吸引农民到集体经济中来",才能"消灭资本主义"②,最终走向社会主义。并且还指出:"对农民个体经济的社会主义改造是经过互助合作的道路,达到农民的集体所有制"③。在1954年颁布的第一部《中华人民共和国宪法》(以下简称《五四宪法》)中进一步规定了中华人民共和国的生产资料所有制主要包括全民所有制、劳动群众集体所有制等。改革开放后,党中央更是始终强调集体经济是我国农村的主要经济形式,也是社会主义经济的基本形式。自1982年《中华人民共和国宪法》(以下简称《八二宪法》)将"劳动群众集体所有制"进一步明确为社会主义经济制

---

① 王景新:《斯大林农业全盘集体化运动和集体农庄制度演变及重新评价》,《中国集体经济》2012年第34期。
② 《建国以来重要文献选编》第2册,中央文献出版社2011年版,第335页。
③ 《建国以来重要文献选编》第4册,中央文献出版社2011年版,第429页。

度的基础[1]以来，集体所有制在社会主义经济制度中的基础性地位就未曾动摇，始终作为社会主义公有制的重要组成部分。1991年11月，在党的十三届八中全会通过的《中共中央关于进一步加强农业和农村工作的决定》（以下简称《农业和农村工作的决定》）中，更是明确将壮大农村集体经济作为"巩固农村社会主义阵地的根本途径"[2]。这充分表明了发展集体经济是巩固农村社会主义制度的物质基础。在市场取向的改革中，党中央虽然积极"引导农村集体企业改制成股份制和股份合作制等混合所有制企业"[3]，但是在改制过程中，却时刻强调集体企业的集体所有制属性，注重集体资产的保值增值。在新时代，党中央仍然强调要"坚持农民集体所有不动摇，不能把集体经济改弱了、改小了、改垮了，防止集体资产流失"[4]，并为此制定和实施了一系列政策举措。例如，在探索宅基地所有权、资格权、使用权"三权分置"中强调要"落实宅基地集体所有权"。可见，坚持发展农村集体经济就是在农村坚持社会主义及社会主义基本经济制度，也只有坚持发展农村集体经济才能巩固社会主义公有制经济在农村的主体地位；才能巩固党在农村的执政基础；才能确保我国农村的社会主义制度属性；才能使农村经济的发展与市场经济和现代化相适应。

其次，中国共产党始终将发展壮大集体经济与实现农民农村共同富裕联系在一起。早在1931年11月《中共中央关于土地问题给苏区中央局的信》中就指出："因为中国革命即使转变到社会主义革命后，也必须进展到农村集体经济发展时，才能提出消灭富农的任务，这就是说即在革命转变后也还要经过一个过程……这个过程的快慢，主要的决定于农村集体经济发展的力量与世界无产阶级尤其是苏联无产阶级的帮助。"[5] 这表明了发展农村集体经济将在推动社会主义革命、消

---

[1] 《十二大以来重要文献选编》（上），中央文献出版社2011年版，第188页。
[2] 《十三大以来重要文献选编》（下），中央文献出版社2011年版，第284页。
[3] 《十六大以来重要文献选编》（上），中央文献出版社2011年版，第675页。
[4] 《〈中共中央国务院关于稳步推进农村集体产权制度改革的意见〉学习手册》，人民出版社2017年版，第4页。
[5] 《建党以来重要文献选编（1921—1949）》第8册，中央文献出版社2011年版，第664页。

灭资产阶级、实现共同富裕上发挥重要作用，也意味着自此时起，发展集体经济就已与实现共同富裕联系在一起。

中华人民共和国成立后，在1953年12月中共中央通过的《中国共产党中央委员会关于发展农业生产合作社的决议》中，党中央明确提出，由小规模生产的个体经济转变为大规模生产的合作经济，能够使农民完全摆脱贫困状况，进而取得共同富裕。1955年10月，毛泽东在资本主义工商业社会主义改造问题座谈会上的谈话中指出，在农村，集体所有制是走向更富更强逐步实现共同富裕的制度选择[1]。随着社会主义集体经济的确立，1962年9月，在党的八届十中全会通过的《中共中央关于进一步巩固人民公社集体经济、发展农业生产的决定》中，党中央明确提出了"农业的集体化，提供了农业发展的极大可能性，提供了农民群众共同富裕的可能性"，从而得出了发展农村集体经济是为了实现农民共同富裕，也只有发展农村集体经济，才能实现农民共同富裕的重要论断。

在深化农村改革的过程中，党中央也始终将发展集体经济，实现农民农村共同富裕作为改革的总方向。在1980年邓小平就明确指出："我们总的方向是发展集体经济，引导农民走共同富裕的道路。"[2] 1980年9月，在中共中央印发的《关于进一步加强和完善农业生产责任制的几个问题》的通知中，党中央明确了集体经济在我国农业向现代化前进过程中不可动摇的基础地位，提出"主要依靠集体经济……可以使农村根本摆脱贫困和达到共同富裕"[3]。在1990年6月召开的农村工作座谈会上，江泽民再次强调，"农村改革总的方向是发展集体经济，引导农民走共同富裕的道路"[4]。1991年11月，在《农业和农村工作的决定》中，党中央总结了20世纪80年代农村改革的经验，并指明了今后农村工作的目标就是实现共同富裕，同时也指出了实现这一目标的根本途径就是壮大农村集体经济的实力。并在2002年党的十六大中

---

[1] 《建国以来重要文献选编》第7册，中央文献出版社2011年版，第292页。
[2] 《十三大以来重要文献选编》（中），中央文献出版社2011年版，第550页。
[3] 《三中全会以来重要文献选编》（上），中央文献出版社2011年版，第471页。
[4] 《十三大以来重要文献选编》（中），中央文献出版社2011年版，第541页。

进一步明确了集体经济"对实现共同富裕具有重要作用"[1]。

随着中国特色社会主义进入新时代，人民对于美好生活的需要日益增长，生活富裕也成为实现乡村振兴的总要求之一。对此，党中央继续强调集体经济的发展壮大对于实现农民农村共同富裕的引领和支撑作用。在2017年中央农村工作会议上，习近平强调："要把好乡村振兴战略的政治方向，坚持农村土地集体所有制性质，发展新型集体经济，走共同富裕道路。"[2] 在2020年党的十九届五中全会上，党中央一方面继续强调坚持共同富裕的方向，并进一步提出了"全体人民共同富裕取得更为明显的实质性进展"的阶段性目标；另一方面对乡村振兴战略全面推进作出系统部署，将"发展新型农村集体经济"作为其中的重要举措，从而意味着在新的历史时期农村集体经济仍将在实现农民农村共同富裕中扮演重要角色、发挥重要作用。可见，中国共产党始终将发展壮大集体经济作为实现农民农村共同富裕的重要途径，而实现农民农村共同富裕，也始终是我们党发展农村集体经济的旨归。

第二，对于如何发展农村集体经济，中国共产党在改革开放前后采取了不同的思路。

首先，改革开放前中国共产党采取以合作经济为手段推动了农村个体经济向集体经济的过渡，并最终建立起"三级所有、队为基础"的农村人民公社的集体所有制经济。民主革命时期，党中央将集体化作为农业发展的主要方向，并将发展合作社作为实现农业集体化的重要手段。1933年4月，张闻天在《论苏维埃经济发展的前途》一文中指出："在苏区内生产与消费的合作社……是一种小生产者的集体的经济，这种小生产者的集体经济目前也不是社会主义的经济。但是它的发展趋向将随着中国工农民主专政的走向社会主义而成为社会主义的经济。在目前……带有了一些社会主义的成分。"[3] 1943年11

---

[1]《十六大以来重要文献选编》（上），中央文献出版社2011年版，第19页。
[2]《习近平谈治国理政》第3卷，外文出版社2020年版，第261页。
[3]《建党以来重要文献选编（1921—1949）》第10册，中央文献出版社2011年版，第174页。

月,毛泽东在中共中央招待陕甘宁边区劳动英雄大会上发表了《组织起来》的讲话,其中强调了个体经济"是封建统治的经济基础,而使农民自己陷于永远的穷苦。克服这种状况的唯一办法,就是逐渐地集体化;而达到集体化的唯一道路,依据列宁所说,就是经过合作社",并进一步指出了目前边区已经建立的农民合作社是一种"集体劳动组织",具体来说"是一种初级形式的合作社,还要经过若干发展阶段,才会在将来发展为苏联式的被称为集体农庄的那种合作社"[1]。1948年12月,刘少奇在华北财政经济委员会上谈到合作社问题时也强调:"合作社是劳动人民的集体经济"[2]。随后,在1949年党的七届二中全会上,毛泽东再次强调要通过建立合作社这一劳动人民群众的集体经济组织,来引导分散的个体的农业经济和手工业经济向现代化和集体化的方向发展[3]。

中华人民共和国成立后,随着小农经济的弊端逐渐显现,党中央积极倡导农民开展各种形式的农业互助合作。1953年,党中央提出了过渡时期的总路线,其中明确指出要将个体的小私有制改造成社会主义集体所有制。总路线提出后,以自愿互利为原则的半社会主义性质的集体经济——初级社,开始在各地纷纷涌现。合作经济与集体经济的关系也进一步得到明确——合作经济既可以是生产资料集体所有,也可以是生产资料部分集体所有。这一认识也体现在《五四宪法》中,其中提出了劳动群众集体所有制的概念,并将合作经济看作是集体所有制的社会主义经济,或者是引导个体农民和手工业者走向集体所有制的半社会主义经济形式。1955年7月,毛泽东在《关于农业合作化问题》中将农业合作化的实现与社会主义工业化能否完成联系在一起。由此,我国的集体经济开始逐步由半社会主义性质的初级社向社会主义性质的高级社过渡。1956年年底社会主义改造完成后,社

---

[1] 《建党以来重要文献选编(1921—1949)》第20册,中央文献出版社2011年版,第641页。

[2] 《建党以来重要文献选编(1921—1949)》第25册,中央文献出版社2011年版,第755页。

[3] 《毛泽东选集》第4卷,人民出版社1991年版,第1432页。

会主义集体所有制经济在农村确立起来。但是，在探索农村集体经济发展中，我国走过弯路，遭遇挫折，即在1958年掀起的人民公社化运动中，农村开始确立起"政社合一"人民公社体制，经过20世纪60年代的改革和调整后，实行"三级所有、队为基础"的人民公社体制一直延续到1978年改革开放后。

其次，改革开放后中国共产党在农村集体经济发展问题上，既注重"坚持"，又强调"改革"。"坚持"体现在仍将合作经济作为发展农村集体经济主要手段。1982年中央一号文件提出鼓励劳动者通过各种形式的协作与联合从事生产活动。随后，1982年，党的十二大进一步指出："在农村，劳动人民集体所有制的合作经济是主要经济形式。"[1] 同年颁布的《八二宪法》将农村集体经济明确为包括各种形式的合作经济。之后的1983年中央一号文件提出，在农村，无论是集体统一经营，还是家庭承包经营，都是具有社会主义性质的劳动群众集体所有制的合作经济。人民公社体制解体后，经过1993年和1999年宪法修正案的先后修改，农村集体经济的原有表述被修改为"农村集体经济组织实行家庭承包经营为基础、统分结合的双层经营体制。农村中的生产、供销、信用、消费等各种形式的合作经济，是社会主义劳动群众集体所有制经济"[2]。在之后的2004年和2018年宪法修正案中再未对农村集体经济的表述进行修改。

1992年党的十四大之后，党中央引导和鼓励广大农民发展新型专业化和多样化的农业农村生产合作，一方面提出了农民举办的企业，只要留有公共积累，实行按劳分配和民主管理，就是农村集体经济；另一方面又提出了"两个联合"的主张，即"劳动者的劳动联合和劳动者的资本联合为主的集体经济"[3]，以此通过新型的专业化和多样化的农业合作促进农村集体经济发展。2017年党的十八大以来，党中央一方面将农民合作社明确为发展农村集体经济的新型实体[4]；另一

---

[1] 《十二大以来重要文献选编》（上），中央文献出版社2011年版，第17页。
[2] 《十五大以来重要文献选编》（上），中央文献出版社2011年版，第711页。
[3] 《十五大以来重要文献选编》（上），中央文献出版社2011年版，第19页。
[4] 《十八大以来重要文献选编》（上），中央文献出版社2014年版，第100页。

方面推动资源变资产、资金变股金、农民变股东，发展多种形式的股份合作，从而使农村集体经济组织形式得到进一步的丰富，并逐步形成了如"联合社+合作社+农户""龙头企业+合作社+农户""为农服务综合体+家庭农场"等产业组织模式。

"改革"体现在中国共产党不断创新思路，推动农村集体经济创新发展。改革开放初期，中国共产党敢于承认原有计划经济体制所致的农业集体统一经营中效率低下的问题，直面分配中的平均主义等弊病，一方面加快推动农业结构和农村产业结构的转变，除在适合集体统一经营的领域和环节，继续保持这一经营方式之外，实行多种经营和多种形式的生产责任制；另一方面在坚持农村土地等基本生产资料集体所有制的基础之上，赋予农民在生产流通领域的合作经营权和生产经营的自主权。

20世纪80年代中期，党中央开始注重以发展农业生产服务，拓展农村集体经济的产业领域等为措施，推动农村集体经济的发展。具体来看：一是对农村集体经济的功能进行了重新定位，充分发挥农村集体经济中"统"的优势，把向农户和家庭经营提供农业生产服务作为农村集体经济的主要功能，以及发展农村集体经济的主要举措。二是充分拓展农村集体经济的产业领域，通过在农村倡导发展集体企业和乡镇企业，带动农村集体经济的发展由第一产业向第二产业转移，以此解决这一时期所出现的富余劳动力增多和统一经营弱化等问题。三是重视农村土地及其他集体资产的管理问题，并将其作为农村集体经济发展的重要影响因素上升到政策层面，提出了包括建立集体资金积累制度、集体劳动积累制度、集体资金管理制度在内的多项政策主张，大力推动农村集体资产管理向制度化与规范化的方向发展。1992年党的十四大之后，在社会主义市场经济确立和逐步完善时期，党中央不断尝试对农村集体经济有效实现形式的探索，在坚持集体资产的保值增值的基础上，推动和引导农村集体企业改制成股份制和股份合作制等混合所有制企业，从而使农村集体经济实现形式更加多样化、更具包容性，进而实现与社会主义市场经济发展相适应。

在新时代，党中央在推动农村集体经济制度改革的同时，也不断促进农村集体经济的创新发展。制度改革方面，在推行农村土地制度改革和农村集体产权制度改革等一系列改革举措的同时，还出台了《农村集体经济组织示范章程（试行）》（以下简称《章程》）、《民法典》《乡村振兴促进法》等法律法规，明确了农村集体经济组织的特别法人地位和独立运营权，明晰了集体产权关系和集体成员身份，确保了农村集体经济组织及其成员的权益，推动了农村集体经济朝向制度化和规范化的方向发展。经营方式方面，在"坚持家庭经营在农业中的基础性地位，推进家庭经营、集体经营、合作经营、企业经营等共同发展的农业经营方式创新"①的基础上，"以农村土地集体所有、家庭经营基础性地位、现有土地承包关系的不变，来适应土地经营权流转、农业经营方式的多样化"②，推动农业生产经营方式向多样化的方向创新发展，而统一经营在双层经营体制中的地位也随之逐步得到巩固和强化。

第三节 马克思主义关于国家治理的主要观点

农村集体经济治理是国家治理在基层的实践场域和具体体现。马克思主义关于国家治理的相关论述是推进国家治理的重要理论基础，通过梳理和分析其中的主要观点，对研究农村集体经济治理体系问题具有重要的指导意义。

一 马克思恩格斯关于国家治理的基本观点

关于国家治理问题，马克思恩格斯并没有进行集中论述，但是相关观点仍可散见于《黑格尔法哲学批判》《共产党宣言》《家庭、私有制和国家的起源》《国家与革命》《法兰西内战》等一系列马克思主义经典作家著作之中。通过对相关文献的研究，可以看出，马克思恩格斯从不同层次阐述了国家治理的相关内容，既对资产阶级国家治

---

① 《十八大以来重要文献选编》（上），中央文献出版社2014年版，第523页。
② 《十八大以来重要文献选编》（上），中央文献出版社2014年版，第671页。

理的根本目的和本质进行了批判，又阐明了无产阶级国家治理的根本原则和基本路径，还展望了"自由人联合体"的治理。

第一，马克思恩格斯分析了资产阶级国家治理，批判了资产阶级国家治理的根本目的和本质。国家的产生本应源自人民维护共同利益的需要。但是，在资产阶级的国家中，国家却成为维护资产阶级利益的统治工具。为此，马克思恩格斯更多是从批判的视角来揭示资产阶级国家治理。

资产阶级国家治理的根本目的是对工人阶级进行剥削和压迫，并以此实现资产阶级的利益最大化。马克思恩格斯认为，商品的自由交换所受到的阻碍来自封建统治阶级的特权。为了保障商品的自由交换，维护自身的利益，就迫使资产阶级必须通过革命的形式夺取政权，建立资产阶级的国家，并采取一系列的举措予以实现。所以，在资产阶级的国家中，国家治理是资产阶级借助国家权力，通过一系列的制度设定来维护资产阶级自身的利益，并以此为前提，给予民众一定的自由与平等的权利，而掩盖了资本主义的剥削与压迫——"资本家用他总是不付等价物而占有的他人的已经对象化的劳动的一部分，来不断再换取更大量的他人的活劳动"[①]。正是在这种制度体系下，资产阶级的国家披上了代表公共利益的外衣。可见，资产阶级的国家治理看似囊括公共利益，但这种公共利益归根结底还是建立在为资产阶级谋利益的基础之上。因此，在资产阶级的国家中，国家治理表面上表现出处理公共事务及调节各种利益矛盾的治理职能，但实际只是为了实现资产阶级自身利益的最大化。

资产阶级国家治理的实质是在解决商品经济的基本矛盾的同时，为资本增殖创造条件。马克思恩格斯在揭示资产阶级国家治理的根本目的的基础上，又进一步地挖掘其实质。马克思恩格斯认为，在商品长期交换过程中形成了货币，它的产生将使用价值和价值这一商品的内在矛盾转化为商品与货币的外在矛盾。但货币只是"掩盖了私人劳

---

① 《马克思恩格斯全集》第42卷，人民出版社2016年版，第600页。

动的社会性质以及私人劳动者的社会关系，而不是把它们揭示出来"①。这不但无法解决商品经济的基本矛盾，即私人劳动与社会劳动的矛盾，反而进一步将矛盾激化。所以，资产阶级以国家治理为手段，进而在一定程度上解决私人劳动与社会劳动间的矛盾问题。同时，相对于货币本身，资本家更关注于资本的增殖。资本是增殖价值的价值，这种价值下隐藏着资本家对工人的剥削。但是资本的运动过程被物质形态所掩盖，使人们错以为资本自身具有能够使价值增殖的能力。因此，仅从物质交换层面难以洞察资本的本质。马克思恩格斯通过对劳动及资本的深刻分析，揭示了资本自身并无法实现增殖，而是资本家通过用货币购买工人的劳动力商品，通过它的实际使用，即劳动，从而创造高于自身价值的剩余价值。资产阶级国家治理则是通过各种措施迫使工人出卖自身的劳动力给资本家，从而实现资本的增殖。

第二，马克思恩格斯阐明了无产阶级国家治理的根本原则和基本路径。无产阶级专政是阶级斗争的产物，是"达到消灭一切阶级和进入无阶级社会的过渡"②。这也就意味着实现共产主义之前必然存在无产阶级的国家，也就是说，资产阶级的国家被无产阶级的国家所取代是历史的必然。

无产阶级国家治理的根本原则是坚持无产阶级领导的，对极少数人实行专政，使最大多数人享有民主的阶级专政。马克思认为，官僚机构的人员，即国家官员与行政人员代表民众处理公共事务，有利于维持国家机器的稳定且高效的运转，但前提必须是官僚机构的人员不依附于任何特殊利益而服务于公共利益。而实际却是，在资产阶级的国家中，官僚机构的人员往往以维护公共利益之名，行追求个人利益之实。马克思正是看到了这一弊端才提出，人民应当在国家治理中占据主体地位。他认为，应当正视"家庭和市民社会都是

---

① 《马克思恩格斯全集》第44卷，人民出版社2001年版，第93页。
② 《马克思恩格斯选集》第4卷，人民出版社2012年版，第426页。

国家的前提"①，人民是创造国家的主体这一事实。所以，要想推动国家制度的变革与发展，就"必须使国家制度的实际承担者——人民成为国家制度的原则"②，由人民决定国家事务和国家制度。这就需要通过无产阶级专政来打破旧有的国家机器。无产阶级专政所体现的是社会和民众将国家政权重新收回，是真正意义上使最大多数人享有民主的"社会解放的政治形式"③。只有通过无产阶级专政，才能为实现向无阶级社会的过渡创造条件。而无产阶级专政的实现则需要无产阶级掌握政权，故而，必须唤醒工人的阶级意识，将工人组织起来，成立无产阶级政党，在党的领导下，带领人民通过革命掌控政权，争得民主。

无产阶级国家治理的基本路径是实现国家在政治、组织、文化教育、法律、军事等方面的制度化、规范化、法治化。恩格斯曾指出："实行财产公有的第一个基本条件是通过民主的国家制度达到无产阶级的政治解放"④。这表明，实现由资产阶级的国家向无产阶级的国家，乃至向"自由人联合体"的过渡，必须以国家制度的过渡为前提。由于马克思恩格斯所生活的时代还未曾出现无产阶级的国家，所以，马克思恩格斯对于无产阶级国家制度的建立和运行等问题的阐释，主要集中于对巴黎公社的经验总结之中。马克思认为，"公社给共和国奠定了真正民主制度的基础"⑤。这些制度包含政治制度、组织制度、文化教育制度、法律制度、军事制度等。在政治制度方面，废除资产阶级的议会选举制，建立普选制、监督制、随时撤换制；在组织制度方面，废除资产阶级官僚集权制，建立无产阶级民主集中制；在文化教育制度方面，废除宗教特权，实行文化教育改革；在法律制度方面，废除资产阶级司法制度、法官制度，设立司法人员选举制；在军

---

① 《马克思恩格斯全集》第3卷，人民出版社2002年版，第10页。
② 《马克思恩格斯全集》第3卷，人民出版社2002年版，第72页。
③ 《马克思恩格斯文集》第3卷，人民出版社2009年版，第195页。
④ 《马克思恩格斯全集》第42卷，人民出版社1979年版，第379页。
⑤ 《马克思恩格斯选集》第3卷，人民出版社2012年版，第101—102页。

事制度方面，废除资产阶级的常备军，设立人民武装①。这一方面使民众能够真正享有民主权益，维护民众在国家中的主体地位，确保公共利益不受侵害；另一方面也能避免特权的出现，使公职人员真正做到服务于民众，并接受民众的监督。同时，在总结巴黎公社失败教训时，恩格斯还指出："巴黎公社遭到灭亡，就是由于缺乏集中和权威。"② 因此，无产阶级的国家治理不仅要讲民主，也要注重权威③。

第三，马克思恩格斯展望了"自由人联合体"的治理。随着生产的发展，阶级不可避免地将会消失，作为阶级统治工具的国家也将不复存在，取而代之的将是"真正作为整个社会的代表"的"国家"——"自由人联合体"。

自由人联合体建立在人的自由全面发展以及全人类解放基础之上。在这样一个联合体中，"对人的统治将由对物的管理和对生产过程的领导所代替"。④ 人们也将自觉地把"许多个人劳动力当作一个社会劳动力来使用"，从而实现了私人劳动与社会劳动的统一。同时，"这个联合体的总产品是一个社会产品"⑤。在社会产品中，重新用作生产资料的部分仍属于社会，而用作生活资料的部分则分配给联合体成员用于消费。此外，国家真正成为社会的代表，也将意味着"公共职能将失去其政治性质，而变为维护真正社会利益的简单的管理职能"⑥。所以，国家治理也将转变为社会治理。也就是说，在自由人联合体中，公共职能将不再带有政治属性，不再服务于"物"，即商品、货币、资本，或者某一个阶级，只为公共利益负责，进而实现了人与社会的统一。因此，自由人联合体的治理所体现的是由对人的统治转变为对物的管理，由服务于物转变为服务于人，从而帮助人们能够各

---

① 罗许成：《无产阶级专政与马克思主义国家治理理论》，《浙江学刊》2009 年第 1 期。
② 《马克思恩格斯文集》第 10 卷，人民出版社 2009 年版，第 375 页。
③ 陈志刚：《马克思主义国家治理思想及其发展——从马克思到习近平》，《人民论坛》2019 年第 12 期。
④ 《马克思恩格斯文集》第 3 卷，人民出版社 2009 年版，第 562 页。
⑤ 《马克思恩格斯全集》第 44 卷，人民出版社 2001 年版，第 96 页。
⑥ 《马克思恩格斯选集》第 3 卷，人民出版社 2012 年版，第 277 页。

尽所能，按需分配，使人们在自由自主的条件下，进行生产劳动，并获取劳动成果。

可以说，马克思恩格斯对于国家治理的阐述汇集在其对资产阶级国家治理的批判，无产阶级国家治理的预设，以及自由人联合体治理的展望之中。这对于推进我国国家治理体系现代化和乡村治理体系现代化，以及农村集体经济治理体系的构建与完善都具有重要的指导价值。

二 列宁和斯大林关于国家治理的基本论述

关于国家治理问题，列宁尤为注重政党的领导和人民的主体性在国家治理中的重要地位，以及法制、经济、文化建设在国家治理中的重要性。斯大林则关注并推行了高度集中的体制及模式，使执政党和政府成为国家治理的主体，不但掌握了政治、经济、社会等领域的权力，而且对社会事务的集中管理几乎涵盖了方方面面，以此为国家战略的实施提供方便。

第一，无产阶级专政是国家治理的基础。在列宁看来，国家是统治阶级的机构，资本主义国家是资产阶级谋取自身利益的机构，因而无产阶级必须推翻资产阶级的统治，并在取得政权之后，务必要建立无产阶级专政，从而在维护无产阶级政权的同时，使资产阶级势力得以彻底粉碎，而这也将是国家最终趋于消亡所必经的过渡阶段。列宁赞同马克思在《法兰西内战》中的构想，即用公社取代被打破的国家机器是现实可行的，也是无产阶级打碎旧有官吏机器后的首要任务，同时他还认为，无产阶级专政"是不受任何法律约束的政权"[①]。不过列宁也明确指出，不受任何法律的约束并不代表民主的缺失或个人的独裁，而是代表着这种专政将不再受到资本主义法律的束缚，是超越资本主义所歪曲的民主制的新型民主和新型专政，即"对无产者和一般穷人是民主的"，"对资产阶级是专政的"[②]，也就意味着在无产阶级专政下的苏维埃俄国，大多数人将享有民主。在这种民主制度

---

① 《列宁选集》第3卷，人民出版社2012年版，第594—595页。
② 《列宁全集》第31卷，人民出版社2017年版，第33页。

下，人民群众将被赋予决定国家制度和管理国家的平等权利,"只要动手管理,就能够管理并学会管理"①。

斯大林明确提出了"无产阶级专政概念是个国家概念"②,无产阶级专政的方向是"利用无产阶级政权来镇压剥削者,保卫国家,巩固和其他各国无产者之间的联系,促进世界各国革命的发展和胜利";"利用无产阶级政权来使被剥削的劳动群众完全脱离资产阶级,巩固无产阶级和这些群众的联盟,吸引这些群众参加社会主义建设事业,保证无产阶级对这些群众实行国家领导";"利用无产阶级政权来组织社会主义社会,消灭阶级,过渡到无阶级的社会,即过渡到社会主义社会"。同时,斯大林也指出:"无产阶级专政当然不只限于暴力"③,还包括"和平工作、组织工作、文化工作、革命法制等等"④,是"无产阶级进行广泛的组织工作和建设工作,并吸引广大群众参加工作"⑤,并且他还强调:"应当倾听群众的意见,应当重视群众的革命本能,应当研究群众的斗争实践,并根据这些来检查自己政策的正确性","而且应当向群众学习","应当以自己的政策和工作博得群众的拥护"⑥。但是,斯大林在执政后期逐渐将无产阶级专政趋于片面化,试图通过建立高度集权的政治管理体制,来全面掌控国家的政治生活,而摒弃了列宁所倡导的广泛民主。

第二,国家治理是无产阶级政党领导下的一个系统工程。在列宁看来,无产阶级政党是国家治理的领导者,他指出:"我们要重视承认党的领导作用问题,在讨论工作和组织建设的时候,决不能忽视这一点。"⑦在无产阶级专政问题上,列宁也强调:"无产阶级专政是无产阶级对劳动群众(和整个社会)的领导。"⑧从政党内部来看,列

---

① 《列宁选集》第3卷,人民出版社2012年版,第414页。
② 《斯大林全集》第8卷,人民出版社1954年版,第41页。
③ 《斯大林全集》第8卷,人民出版社1954年版,第30页。
④ 《斯大林全集》第8卷,人民出版社1954年版,第31页。
⑤ 《斯大林全集》第8卷,人民出版社1954年版,第39页。
⑥ 《斯大林全集》第8卷,人民出版社1954年版,第42—43页。
⑦ 《列宁专题文集(论社会主义)》,人民出版社2009年版,第173页。
⑧ 《列宁全集》第37卷,人民出版社2017年版,第436页。

宁一方面倡导党内民主，确保全体党员都能够积极参加到党的建设和重大决策中来，从而增强党的巩固性和稳定性；另一方面注重党员质量，提倡"只让有觉悟的真正忠于共产主义的人留在党内"[1]。同时，列宁也指出，无产阶级专政"是一个由若干齿轮组成的复杂体系"，其实现不仅要依靠"吸收了阶级的革命力量的先锋队"，还需要"把先锋队和先进阶级群众、把它和劳动群众连结起来的'传动装置'"[2]。因此，列宁既注重政党在国家治理中的领导作用，也重视苏维埃、工会等"传动装置"功能作用的发挥。为此，列宁一方面强调工会要发挥"国家政权的'蓄水池'"功能，"通过日常的工作说服群众，说服那唯一能够领导我们从资本主义过渡到共产主义去的阶级的群众"[3]；另一方面也强调党政分开——明确划分党中央和苏维埃政权的职责，在突出党的领导地位的同时，重视国家机构的改革。他认为，如不对机构进行改善，"那我们一定会在社会主义的基础还没有建成以前灭亡"[4]。所以，应当舍得将时间用于改善国家机关。而对于官僚作风则要彻底抵制和清除，要使机构的工作人员具备应有的文化修养。列宁在晚年时期就曾担心，斯大林执政后可能难以很好地掌控和谨慎地使用自身的领导权力。为此，他在重病期间还试图推动党的领导制度改革，而这种担心在之后也得到了印证。

斯大林执政后，最初在一定程度上贯彻了列宁的观点。一方面，斯大林强调无产阶级政党在国家治理中的领导作用。他在《论列宁主义基础》中指出，党是代表最高形式无产阶级组织的先进部队，是"无产阶级专政的工具"和"意志的统一"，是"靠清洗自己队伍中的机会主义分子而巩固起来的"[5]。在《论列宁主义的几个问题》中，他又进一步指出："国家的领导者，无产阶级专政体系中的领导者是一个党，即无产阶级的党，即共产党，这个党决不而且也不能和其他

---

[1]《列宁选集》第4卷，人民出版社2012年版，第51页。
[2]《列宁全集》第40卷，人民出版社2017年版，第203—204页。
[3]《列宁全集》第40卷，人民出版社2017年版，第203页。
[4]《列宁全集》第41卷，人民出版社2017年版，第382页。
[5]［苏］斯大林：《论列宁主义基础》，人民出版社1979年版，第82—95页。

政党分掌领导。"① 另一方面，斯大林也认同列宁提出的"无产阶级专政体系"，并进一步加以解读。他认为这一体系由"引带""杠杆"和"指导力量"构成，其中"引带"和"杠杆"是无产阶级的群众组织，即工会、苏维埃、合作社、青年团等，而"指导力量"则是无产阶级的先进部队——共产党②。同时，斯大林也明确提出，不能将"'党专政'和无产阶级专政看做一个东西"或"用后者代替前者"，并且指出："负有领导责任的党决不能不顾及被领导者的意志、情绪和觉悟程度，决不能忽视本阶级的意志、情绪和觉悟程度"，也不能越过"苏维埃而管理国家"③。但在执政后期，斯大林开始推动最高权力逐渐由党代会向总书记转移，从而导致党代会只存在于形式，并且还将党内决策权、执行权和监督权集于一身，树立个人权威，大搞个人崇拜。从这个角度看，虽然斯大林同样认为国家治理是无产阶级政党领导下的一个系统工程，但其部分观点及实践存在严重问题。

第三，国家治理必须重视法制、经济、文化等领域的建设和发展。在法制建设方面，列宁指出："假使我们拒绝用法令指明道路，那我们就会是社会主义的叛徒。"④ 因此，十月革命胜利后，他先后起草了诸如《和平法令》《土地法令》等法令。此后，还颁布了《苏维埃社会主义共和国根本法（宪法）》《苏俄刑法典》《苏俄民法典》等一系列法律条文。在注重法律体系构建的同时，列宁还强调法律的执行，他认为，法律"如果不认真地执行，很可能完全变成儿戏"⑤。同时，他也认为，法律需要在发展过程中不断地修改和完善。在经济建设方面，列宁认为，无产阶级夺取政权之后，必须努力"增加产品数量，大大提高社会生产力"⑥。为此，他极为重视工业和农业的发展。在工业上，推动发展大机器工业，并把这种发展比喻为从"农民

---

① 《斯大林全集》第8卷，人民出版社1954年版，第27页。
② 《斯大林全集》第8卷，人民出版社1954年版，第32—34页。
③ 《斯大林全集》第8卷，人民出版社1954年版，第37—40页。
④ 《列宁全集》第36卷，人民出版社2017年版，第188页。
⑤ 《列宁全集》第37卷，人民出版社2017年版，第370页。
⑥ 《列宁专题文集（论社会主义）》，人民出版社2009年版，第301页。

的、庄稼汉的、穷苦的马上",“跨到大机器工业、电气化、沃尔霍夫水电站工程等等的马上"①。在农业上,针对当时俄国农民人口占大多数的现实状况,围绕农业制定了一系列的政策制度。例如,实行新经济政策,以粮食税取代余粮收集制,以及通过合作社的形式引导农民向社会主义迈进。在文化建设方面,列宁认为,苏维埃俄国建立社会主义社会最为缺少的是文化。因而"需要一场变革,需要有全体人民群众在文化上提高的一整个阶段"②。为此,他一方面倡导加强教育,提高用于教育事业发展的国家预算;另一方面也倡导通过借鉴资本主义文化来建设社会主义。

斯大林虽然坚持了列宁的观点,同样注重国家的法制建设,但更多将法律作为暴力工具,过于强调其对敌专政的作用③。在经济建设方面,斯大林主张实行高度集中的计划经济体制,以中央为领导、各级党组织具体执行,用行政命令代替经济政策,试图通过扩张党在经济领域的职能来推动经济的发展。在文化建设方面,斯大林主张实行高度集中的文化领导体制,试图通过强化对文化部门的领导与管理权,对文化科学事业的全面检查和直接干预,以及建立"训导制度"和"单位制"等举措,来加强对文化、意识形态的控制④。

可见,列宁和斯大林是在继承马克思恩格斯关于国家治理思想的基础之上,结合俄国在自身的经济文化落的状况下向社会主义过渡,以及被发达资本主义国家包围所构成的时代背景下,对社会主义国家的国家治理问题进行了一定的阐述,其中有价值的论述对于推进我国国家治理体系现代化和乡村治理体系现代化,以及构建与完善农村集体经济治理体系都具有重要意义,而斯大林实践中的偏向及瑕疵也是本书研究的镜鉴。

三 中国共产党关于国家治理的主要阐释

中国共产党对怎样全面治理一个社会主义国家一直进行着不懈探

---

① 《列宁专题文集(论社会主义)》,人民出版社2009年版,第379页。
② 《列宁选集》第4卷,人民出版社2012年版,第770页。
③ 李晓路:《论邓小平法制思想及其发展》,《理论与改革》1998年第5期。
④ 陈春常:《转型中的中国国家治理研究》,上海三联书店2014年版,第55—56页。

索,并在探索过程中,形成了诸多理论成果。这些成果对于农村集体经济治理体系研究的开展,具有重要理论价值。

第一,中国共产党一直以来都将国家治理与完善中国特色社会主义制度联系在一起。2013年,党的十八届三中全会提出,推进国家治理体系和治理能力现代化,是"完善和发展中国特色社会主义制度的必然要求"[①]。2019年,党的十九届四中全会再次指出:"我国国家治理一切工作和活动都依照中国特色社会主义制度展开,我国国家治理体系和治理能力是中国特色社会主义制度及其执行能力的集中体现。"[②] 这表明,中国特色社会主义制度需要依靠国家治理体系和治理能力现代化实现自身的完善发展和体现自身的执行能力,而国家治理也需要在中国特色社会主义制度框架下,按照制度要求来进行。

从历史的角度看,早在抗日战争时期,中国共产党对于国家治理就有着初步的探索。1940年1月,毛泽东在《新民主主义论》中提出了建设新社会和新国家的奋斗目标,并预设了新社会和新国家在政治、经济、文化等各领域的治理纲领。1945年4月,毛泽东在《论联合政府》的报告中又提出要"建立独立、自由、民主、统一和富强的新中国"[③],还从政治、经济、文化等方面阐述了"新中国"的制度架构,从而彰显了中国共产党对于未来国家的治理理念和治理目标。中华人民共和国成立后,党中央继续强调加强制度建设,确立了根本政治制度、基本政治制度和基本经济制度。1956年4月,毛泽东在《论十大关系》一文中阐释了社会主义建设中所存在的十大关系,试图探索一条适合我国国情的社会主义道路。

改革开放后,党中央立足于我国基本国情,探索以市场化为取向的经济体制改革。1992年,党的十四大明确提出了我国经济体制改革的目标是建立社会主义市场经济体制。1997年,党的十五大提出了公

---

① 习近平:《习近平谈治国理政》,外文出版社2014年版,第90页。
② 《中共中央关于坚持和完善中国特色社会主义制度推进国家治理体系和治理能力现代化若干重大问题的决定》,《人民日报》2019年11月6日第1版。
③ 《建党以来重要文献选编(1921—1949)》第22册,中央文献出版社2011年版,第153页。

有制为主体，多种所有制经济共同发展，是我国社会主义初级阶段的一项基本经济制度。21世纪初，党中央又提出了构建社会主义和谐社会的重大决定，以此实现社会和谐发展，从而有力地推动了国家的政治、经济、文化等领域的健康发展，有效地提升了治理国家的效率。

经济体制改革的一个重要问题是处理好政府与市场的关系问题，这个问题与国家治理相联系。对此，2013年，党的十八届三中全会明确将市场在资源配置中的作用由"基础性"重新定位为"决定性"，并以此为中心进一步深化经济体制改革。对于市场作用的重新定位，既是市场经济本质的体现，符合市场经济的一般规律，也对于加快经济发展方式和政府职能的转变，树立关于政府和市场关系的正确观念以及抑制消极腐败现象，都具有重要的意义①。在此基础上，党中央还强调，政府的作用仍不容忽视，但应当推动政府职能转变，使政府将自身职能定位于通过科学的宏观调控和有效的政府治理，维持宏观经济的稳定，从而使政府的作用能够得到充分发挥，与市场的作用形成良好的协调与互补的关系。

第二，中国共产党一直以来注重党在国家治理中的领导地位。在中国这样一个人口大国，没有一个能够代表和团结人民群众的党，没有党的统一领导，就无法将人民群众统一起来治理国家及建设社会主义。

改革开放前，党中央在治理国家方面取得了显著的成果，但由于民主发展不充分和法制建设不完善等方面的问题，造成了权力的过分集中，从而损害了集体领导体制和人民民主，导致党在一段时期背离了治理国家的正确路径。改革开放后，党中央在总结经验教训的过程中逐渐认识到，过去出现的各种错误，有的源于领导和干部制度所存在的缺陷，这种缺陷造成了官僚主义、家长制等现象的出现，而更主要的是组织制度和工作制度方面的问题。所以，针对现行制度的弊端，在20世纪80年代初，党中央开始着手推动领导制度改革。改革目的也并不是要削弱党的领导，涣散党的纪律，而是要坚持党的领

---

① 习近平：《习近平谈治国理政》，外文出版社2014年版，第77页。

导,加强党的纪律。2002年,党的十六大明确指出:"共产党执政就是领导和支持人民当家作主,最广泛地动员和组织人民群众依法管理国家和社会事务,管理经济和文化事业。"这充分表明,党中央关于国家治理的总体战略就是"党领导人民治理国家"①。

2012年党的十八大以来,党中央强调,党作为国家治理的核心主体,要确保自身的先进性,其自身的发展关系着国家治理的效率。2013年,党的十八届二中全会指出:"要进一步加强党的建设,突出党要管党、从严治党"②。通过加强党在思想、组织、作风、反腐倡廉以及制度等方面的建设,从根本上解决党自身所存在的突出问题。关于从严治党,党中央在实践中也采取了一系列的举措,主要在于:一是反腐败斗争取得压倒性胜利。二是围绕加强对党员的教育,分别开展了以"为民务实清廉"为主要内容的群众路线教育实践活动,"两学一做"学习教育以及"三严三实"专题教育活动等。三是先后出台了《中国共产党纪律处分条例》《中国共产党问责条例》《中国共产党党内监督条例》等一系列条例,以此约束党员行为,防治腐败行为的发生。

第三,中国共产党始终高举人民民主的旗帜,始终强调人民群众是推动国家治理体系和治理能力现代化的根本力量,从而彰显了人民群众在国家治理中的战略地位。

中国共产党继承并发展了马克思恩格斯关于无产阶级专政的学说,建立了人民民主专政的国家政权组织形式。1949年6月,毛泽东在《论人民民主专政》中指出:"总结我们的经验,集中到一点,就是工人阶级(经过共产党)领导的以工农联盟为基础的人民民主专政。这个专政必须和国际革命力量团结一致。这就是我们的公式,这就是我们的主要经验,这就是我们的主要纲领。"③ 中华人民共和国成立后,作为我国的国体,人民民主专政更明确地表达了对人民实行民

---

① 《十六大以来重要文献选编》(上),中央文献出版社2011年版,第24页。
② 《中共十八届二中全会在京举行》,《人民日报》2013年3月1日第1版。
③ 《建党以来重要文献选编(1921—1949)》第26册,中央文献出版社2011年版,第512页。

主的科学内涵①，充分彰显了广大人民群众在国家政权中的主体地位。

改革开放后，党中央也始终强调人民民主在国家治理中的重要作用。1978年12月，邓小平在中共中央工作会议闭幕会上的讲话中指出："我们需要集中统一的领导，但是必须有充分的民主，才能做到正确的集中。"②1979年3月，在党的理论工作务虚会上，邓小平进一步指出："没有民主就没有社会主义，就没有社会主义的现代化。"③为此，1986年9月，在会见雅鲁泽尔斯基时，邓小平特别强调了"发扬社会主义民主，调动广大人民的积极性"是政治体制改革总的目标之一④。随后，1997年，党的十五大提出，充分发扬人民民主，维护公民的各项权利，为全体人民能够以各种形式有效地管理国家创造条件，并鼓励培养和选拔现代化人才以及新的社会阶层投身到建设中国特色社会主义的事业中来。同时，党中央开始加强推动政府职能转变，为人民群众治理国家提供保障。2004年5月，胡锦涛在江苏考察工作时指出，政府职能的转变，不仅是"建设完善的社会主义市场经济体制的必然要求，也是提高行政效率、降低行政成本、更好地为社会和群众服务的必然要求"⑤。在此基础上，他还进一步提出建设服务型政府，并且将建设服务型政府同坚持全心全意为人民服务宗旨，深入贯彻落实科学发展观、构建社会主义和谐社会联系在一起。而建设服务型政府有利于人民群众参与社会政治、经济、文化活动。

2017年，党的十九大指出："把党的群众路线贯彻到治国理政全部活动之中"⑥。这充分表明，在新时代，人民群众仍将是推动国家治理体系和治理能力现代化的根本力量，必须紧紧依靠人民群众，从而凸显了人民群众在国家治理中的战略地位。为此，党中央一方面强调要将确保人民当家作主落实到国家的政治和社会生活之中，为发挥人

---

① 李崇富：《坚持人民民主专政，完全合理合情合法》，《马克思主义研究》2015年第1期。
② 《邓小平文选》第2卷，人民出版社1994年版，第144页。
③ 《邓小平文选》第2卷，人民出版社1994年版，第168页。
④ 《邓小平文选》第3卷，人民出版社1993年版，第178页。
⑤ 《十六大以来重要文献选编》（中），中央文献出版社2011年版，第67页。
⑥ 《十九大以来重要文献选编》（上），中央文献出版社2019年版，第15页。

民群众在国家治理中的主体功能提供了可靠路径；另一方面积极发展协商民主，维护人民群众的民主权利，同时还不断完善民主制度，为发展人民民主提供制度供给。中国共产党正是通过建构以人民为中心的治理观，探索出了一条党领导国家治理现代化的发展新路①。

第四，中国共产党高度重视法制建设，强调依法治国，并将"坚持全面依法治国，建设社会主义法治国家"作为我国国家治理体系的一个显著优势②，推动国家治理沿着法治的方向不断前进。

中国共产党高度重视法制建设，在民主革命时期，党中央就注重革命根据地的法制建设，在党的领导下先后制定了《井冈山土地法》《中华苏维埃共和国宪法大纲》《中国土地法大纲》等法律法规。中华人民共和国成立后，党中央继续强调法制建设，不断完善法律制度。在1954年我国颁布了第一部《中华人民共和国宪法》，并制定了诸如《中华人民共和国婚姻法》《森林保护条例》等一系列法律法规。改革开放后，党中央在强调政法部门要严格执法的同时，不断加强普法力度，"努力使每个公民都知法守法"③，并相继制定了《中华人民共和国刑法》《中华人民共和国刑事诉讼法》等重要法律。在1996年中共中央举办的法制讲座上，江泽民指出，坚持依法治国是"我们党和政府管理国家和社会事务的重要方针"④，这对于推动我国经济社会的发展，以及维护国家的长治久安都具有重要的价值意义。1997年，党的十五大正式将依法治国确定为"党领导人民治理国家的基本方略"⑤。并在1999年通过的《中华人民共和国宪法修正案》中，将"依法治国"正式写入宪法。

自2012年党的十八大以来，党中央将依法治国作为实现国家治理现代化的必经之路。习近平认为，"法治是治国理政的基本方式，

---

① 田鹏颖、崔菁颖：《中国共产党推动国家治理体系现代化的三重逻辑》，《思想教育研究》2021年第6期。
② 《中共中央关于坚持和完善中国特色社会主义制度推进国家治理体系和治理能力现代化若干重大问题的决定》，《人民日报》2019年11月6日第1版。
③ 《十二大以来重要文献选编》（上），中央文献出版社2011年版，第29页。
④ 《江泽民文选》第1卷，人民出版社2006年版，第511页。
⑤ 《十五大以来重要文献选编》（上），中央文献出版社2011年版，第26页。

要更加注重发挥法治在国家治理和社会管理中的重要作用"①。这表明，依法治国为国家治理提供了重要支撑，是国家治理现代化的必经之路。在此基础上，习近平进一步强调，要"坚持法治国家、法治政府、法治社会一体建设"②，此外，他还强调，"依法治国首先要坚持依宪治国"③。因此，任何组织或个人必须依照宪法和法律来行使或履行权责，其活动及行为必须以宪法和法律为准则，不得逾越宪法和法律的范围。2014年，党的十八届四中全会正式提出了全面推进依法治国的重大决定，从而推动国家治理进入了新的境界，也是发生在国家治理领域的一场深刻的革命。

中国共产党关于国家治理的相关阐释，是马克思主义中国化的重要理论成果，是对马克思主义经典作家国家治理思想的继承和发展。在彰显我国国家治理特色的同时，也对推进我国国家治理体系和乡村治理体系现代化以及农村集体经济治理体系的完善，具有重要的指导意义。

---

① 习近平：《习近平谈治国理政》，外文出版社2014年版，第138页。
② 《习近平新时代中国特色社会主义思想基本问题》，中共中央党校出版社、人民出版社2020年版，第247页。
③ 习近平：《加强党对全面依法治国的领导》，《求是》2019年第4期。

第二章

农村集体经济的内涵、作用及形式

研究农村集体经济治理体系,首先就要对农村集体经济有一个全面和清醒的认识。作为社会主义公有制经济的重要形式,以及以增进农村集体经济组织成员利益为目的,彰显合作与联合的经济形式,农村集体经济的发展壮大既有助于在农村巩固社会主义制度,又有助于确保乡村振兴战略全面推进,还有助于促进农民农村共同富裕,其形式主要包括数量众多的农户经济和各种形式的合作经济。

第一节 农村集体经济的基本内涵

在1931年"农村集体经济"一词就已经出现在中国共产党的重要文献之中[1]。但农村集体经济在我国的发展并不一帆风顺。改革开放前,由于受苏联影响,党中央对于农村集体经济的认识曾出现偏差,造成农村集体经济自身优势无法充分体现。改革开放后,在总结经验教训的基础上,党中央秉承"坚持"和"务实"的政策理路,在毫不动摇地坚持发展农村集体经济的基础上,从农业农村改革发展的实际出发,不断调整和完善相关政策,以新的思路推动农村集体经

---

[1] 《建党以来重要文献选编(1921—1949)》第8册,中央文献出版社2011年版,第664页。

济创新发展①，并在 2016 年 12 月《意见》中提出了农村集体经济的全新内涵，即"集体成员利用集体所有的资源要素，通过合作与联合实现共同发展的一种经济形态，是社会主义公有制经济的重要形式"②。这表明了农村集体经济是社会主义公有制经济的重要形式，是以增进农村集体经济组织成员利益和实现成员共同发展为目的，是以合作与联合为手段的经济形式，体现出党中央对农村集体经济认识上的深化和发展。

一 社会主义公有制经济的重要形式

一直以来，中国共产党对集体经济是社会主义公有制经济的重要形式的这一认识，始终没有改变。2018 年修订后的《中华人民共和国宪法》（以下简称《宪法》）规定："中华人民共和国的社会主义经济制度的基础是生产资料的社会主义公有制，即全民所有制和劳动群众集体所有制。"这表明，农村集体经济是以农村土地等生产资料的集体所有为基础，具有社会主义属性的经济形式。

第一，农村集体经济是社会主义公有制经济的重要形式，引导农民发展集体经济就是在发展社会主义。

在马克思恩格斯看来，"越往前追溯历史，个人，从而也是进行生产的个人，就越表现为不独立，从属于一个较大的整体"③，通过"以群的联合力量和集体行动来弥补个体自卫能力的不足"④。并且，"只有在共同体中，个人才能获得全面发展其才能的手段"和"个人自由"⑤。同时，马克思恩格斯还认为，实现从资本主义社会到社会主义社会的转变，要经历从无产阶级取得政权到利用无产阶级国家政权对旧有生产关系进行革命性改造，从而逐步消灭私有制、确立公有制并大力发展生产力的过程。在此基础上，列宁进一步提出了通过合作

---

① 马桂萍、崔超：《改革开放后党对农村集体经济认识轨迹及创新》，《理论学刊》2019 年第 2 期。
② 《〈中共中央国务院关于稳步推进农村集体产权制度改革的意见〉学习手册》，人民出版社 2017 年版，第 1—2 页。
③ 《马克思恩格斯文集》第 8 卷，人民出版社 2009 年版，第 6 页。
④ 《马克思恩格斯文集》第 4 卷，人民出版社 2009 年版，第 45 页。
⑤ 《马克思恩格斯文集》第 1 卷，人民出版社 2009 年版，第 571 页。

第二章　农村集体经济的内涵、作用及形式

社的形式使农民走上集体化道路，从而创造高于资本主义的劳动生产率，并以此建立和发展社会主义的思想观点。1956年年底，我国社会主义改造基本完成，从而使我国社会经济结构发生根本性变化，社会主义公有制经济成为我国社会的经济基础。集体经济则成为我国社会主义公有制经济的重要形式。

发展农村集体经济，一直是引导农民走社会主义道路以及发展社会主义农业的主要路径。早在20世纪40年代，毛泽东就曾提出，作为封建统治的基础，个体经济是以一家一户为单位的个体生产，这种经济形式"使农民自己陷于永远的穷苦。克服这种状况的唯一办法，就是逐步地集体化"①。由此可知，集体经济与建立在私有制基础之上的个体经济有着本质的不同，同时集体经济与农民生活水平的提升有着内在的联系。1951年12月，在中共中央印发的《关于农业生产互助合作的决议（草案）》的通知中指出："引导广大农民群众从小生产的个体经济逐渐走向大规模的使用机器耕种和收割的集体经济"②，从而将集体经济明确为发展社会主义农业以及引导农民走社会主义道路的重要路径。可以说，农村集体经济始终是社会主义公有制经济的重要形式和在农村的主要体现形式。农村各领域的生产建设事业也都有赖于农村集体经济的发展和壮大。

第二，农村集体经济具有社会主义性质，影响着社会主义公有制经济主体作用的发挥。

农村集体经济的公有属性决定着它与社会主义的基本原则立场相一致。邓小平曾指出，我们在改革中应当始终坚持的一项基本原则就是以社会主义公有制经济为主体③。可以说，毫不动摇地坚持公有制，维护公有制的主体地位，是坚持社会主义原则的体现，反映社会主义基本特征。在改革过程中，党中央始终将集体经济作为社会主义公有制经济的重要形式，这无疑表明了集体经济符合社会主义本质，即生产力的解放和发展以及实现共同富裕的实际要求。

---

① 《毛泽东选集》第3卷，人民出版社1991年版，第931页。
② 《建国以来重要文献选编》第2册，中央文献出版社2011年版，第455页。
③ 《邓小平文选》第3卷，人民出版社1993年版，第142页。

随着社会主义市场经济体制的确立，农村集体经济在社会主义公有制经济中的基础性地位仍然不可动摇。1997年，党的十五大强调，农村集体经济的发展，"对发挥公有制经济的主体作用意义重大"[①]。这表明，农村集体经济的发展状况与公有制经济的主体作用能否充分发挥紧密相连。同时，党的十五大还提出了"混合所有制经济"的概念，明确了混合所有制经济中的公有成分，是具有社会主义属性的。这既是对社会主义公有制经济内涵的深入解读，也表明了混合所有制经济与集体经济间的联系。并且，在混合所有制改革、集体产权制度改革等一系列的改革过程中，党中央都始终将集体资产的保值增值作为改革的基本原则和目标。这一方面充分表明了农村集体经济无论怎样改革，无论采取何种形式发展，都始终以自身的发展壮大为目的，也就是说集体经济性质是不容变更的；另一方面也充分体现了包含混合所有制改革在内的诸多改革，其本身并不代表公有或私有，而是为了推动农村集体经济实现新发展，这非但没有使集体经济的社会主义属性发生改变，反而使其突破了自身的束缚，在形式上进一步得到丰富，进而巩固了社会主义公有制经济在农业农村中的地位。

由此可见，在市场取向改革的过程中，我国的经济体制发生了重大转变，农村的经济也产生了巨大变化，但是农村集体经济在中国特色社会主义公有制经济中的地位却始终没有改变，坚持发展集体经济始终同坚持发展公有制经济以及发展社会主义联系在一起，这种联系深深地影响着社会主义公有制经济主体作用的发挥，农村集体经济的内涵也随之不断深化。

第三，农村集体经济始终在集体所有制的基础上实现发展及创新。农村集体经济是以农村土地等基本生产资料集体所有为基础，其自身的发展及形式的创新同样建立在坚持农村土地等基本生产资料集体所有的基础之上。

首先，农村集体经济发展的基础是坚持农村土地等基本生产资料的集体所有。农村土地等基本生产资料的集体所有是走中国特色农业

[①] 《十五大以来重要文献选编》（上），中央文献出版社2011年版，第18页。

现代化道路的重要保障，是我国基本经济制度的体现。改革开放以来，农村集体经济的实现形式不断创新，但是农村土地集体所有制始终没有改变，并且在实行土地家庭承包经营的基础上，通过不断推进农村集体产权制度的改革，为农业农村的长期稳定发展，以及农民的持续增收提供了有力的支撑。习近平也一再强调要"坚持农村土地集体所有制性质"[1]，"不管怎么改，都不能把农村土地集体所有制改垮了"[2]。这表明，农村土地集体所有制是农业农村的一项根本性制度，也是农业农村发展过程中所应始终坚持的根本性制度。

其次，在坚持农村土地等基本生产资料的集体所有制的基础之上，通过发展各种形式的合作经济，使农村集体经济的形式得以丰富。改革开放后，在党中央的倡导下，农村出现了各种形式的新型合作经济，而发展合作经济的目的正是将分散的生产者联结起来，从而成为社会主义经济的有机组成部分。1997年3月，在中共中央、国务院关于转发农业部《关于我国乡镇企业情况和今后改革与发展意见的报告》的通知中指出："农民举办的各种合作企业，只要留有公共积累，实行按劳分配和民主管理，都是新型的社会主义集体所有制经济"[3]。这表明，一切以集体所有制为前提和基础进行生产经营，并使农民共同获益的经济活动，都属于社会主义集体经济范畴，因而农村集体经济形式的多样化，并未对农村土地及其他生产资料的所有制性质以及社会主义性质产生影响。步入新时代，农村集体经济的形式更加多样化，但无论农村集体经济的形式怎样丰富和发展，集体所有制的基础性地位都始终没有改变。

二　以增进农村集体经济组织成员利益为目的

作为社会主义公有制经济的重要形式，农村集体经济的发展旨在增进农村集体经济组织成员的利益。关于农民的利益问题，恩格斯曾指出，必须"使社会（即首先是国家）保持对生产资料的所有权，

---

[1]《习近平谈治国理政》第3卷，外文出版社2020年版，第261页。
[2]《加大推进新形势下农村改革力度促进农业基础稳固农民安居乐业》，《人民日报》2016年4月29日第1版。
[3]《十四大以来重要文献选编》（下），中央文献出版社2011年版，第443页。

这样合作社的特殊利益就不可能压过全社会的整个利益"①。在此基础上，还应将合作社上升为全社会的普遍形态，从而"使整个合作社及其社员个人的权利和义务跟整个社会其他部分的权利和义务处于平等的地位"②。在此，恩格斯指出了利益是分层的，全社会的整体利益或者说民众之利益是最为重要的。使社会保持对生产资料的所有权旨在维护包含农民在内的全体人民的共同利益，使全体人民享有平等的权益。农村集体经济以增进农村集体经济组织成员利益为目的，无疑彰显了恩格斯关于利益问题的理论阐释。

第一，农村集体经济是建立在充分尊重农民意愿的基础之上而不断发展壮大的。

马克思恩格斯一贯认为，要尊重农民的意愿和诉求。在谈到如何向集体所有制过渡时，马克思就曾指出："不能采取得罪农民的措施"③。恩格斯在谈到由私人生产和占有向合作社生产和占有转变时，也曾着重强调："不是采用暴力，而是通过示范和为此提供社会帮助。"④就我国而言，改革开放前，我国农业集体化过程中的失误就是因为在不少地区采取了行政手段，而未能将自愿互利的原则贯彻始终。改革开放后，农民的意愿和首创精神得到了党和国家的高度重视，家庭承包经营为基础、统分结合的双层经营体制的产生，最初就源于此。伴随着双层经营体制的确立，农村集体经济在新的历史条件下不断发展着。

同时，随着农业生产的不断发展以及农户经营管理水平的不断提高，建立在自愿互利基础之上的多种形式的合作经济，逐渐成为农村集体经济的主要形式。伴随着社会化服务体系建设的不断推进，农村集体经济的服务功能不断得到增强，更好地服务于农户，而这种服务也是建立在农户自愿的基础之上，从而体现了对农户意愿的充分尊重。在发展集体企业以及开辟新路径的过程中，党中央始终强调，绝

---

① 《马克思恩格斯选集》第4卷，人民出版社2012年版，第581页。
② 《马克思恩格斯选集》第4卷，人民出版社2012年版，第371页。
③ 《马克思恩格斯文集》第3卷，人民出版社2009年版，第404页。
④ 《马克思恩格斯选集》第4卷，人民出版社2012年版，第370页。

第二章 农村集体经济的内涵、作用及形式

不能违背农民的意愿。在通过土地流转发展集体经济的过程中，党中央也始终是以尊重农民的意愿为原则，支持农民"发展多种形式的专业合作经济组织"[1]，以此推动农村集体经济不断发展壮大。

在新时代，充分尊重农民的意愿、首创精神和主体地位体现在我国农村集体经济改革过程中。例如，在农村集体产权制度改革中，党中央就高度重视农民意愿问题。2017年1月，汪洋在全国农村集体产权制度改革电视电话会议上的讲话中强调，农民是"推进改革的主体，要充分发挥农民的主体作用，积极支持农民创新、创造，把选择权交给农民"。改革中涉及的重大事项"都应让农民自己做主，让农民商量着办"。政府在其中"可以给出一些原则性、指导性意见，也可以示范引导，但不能越俎代庖、搞包办代替。要相信农民群众的智慧，切实保障好他们的知情权、参与权、表达权、监督权"[2]。可以说，农民既是农村集体经济发展的受益者，也是推动其发展的主体，只有在发展农村集体经济的过程中始终坚持尊重农民的意愿，坚持自愿互利原则，才能更好地维护农民的利益，才能使农民的主体作用和创新精神得到充分的发挥和体现，进而推动农村集体经济创新发展。

第二，发展农村集体经济，就是为了实现农民的共同发展和共同富裕。实现共同富裕，符合广大农民的根本利益和愿望。

实现共同富裕，不仅是社会主义的本质要求，也是人民群众对于社会主义的普遍认知和对于美好生活普遍向往。但是，共同富裕不等于绝对的平均主义，而是在社会主义公有制基础上，贯彻按劳分配原则并最终趋向共产主义按需分配的共同富裕[3]。马克思在谈到部落的集体生产时指出："这种原始类型的合作生产或集体生产显然是单个人的力量太小的结果"[4]。这表明，集体、合作生产的出现或最初产生是源于每个人对于自身利益最大化的追求。反之，也可以理解为发展

---

[1]《十六大以来重要文献选编》（下），中央文献出版社2011年版，第288页。
[2]《〈中共中央国务院关于稳步推进农村集体产权制度改革的意见〉学习手册》，人民出版社2017年版，第24—25页。
[3]《共同富裕是社会主义的本质》，《光明日报》2013年1月7日第15版。
[4]《马克思恩格斯选集》第3卷，人民出版社2012年版，第824页。

合作或集体生产的目的就是使集体内部的每个人都能从中获得最大收益。恩格斯在《反杜林论》中曾指出，通过社会化生产，不仅能够保证一切社会成员的物质生活越来越富裕，还能"保证他们的体力和智力获得充分的自由的发展和运用"①。列宁也认为，只有社会主义才可能"使所有劳动者过最美好的、最幸福的生活"②。这充分证明了只有依靠社会主义才能实现人民的共同富裕和共同发展。而作为通过合作与联合实现共同发展的经济形态，以及社会主义公有制经济的重要形式和在农村的主要体现形式，也只有发展集体经济才能确保每位集体成员都能从中受益，才能引领和支撑农民实现共同发展和共同富裕。这一点在中国共产党的重要文献中也得到了充分的体现。

在农业合作化时期，毛泽东就曾言："人们看见了大型社和高级社比较小型社和初级社更为有利的时候……他们就会同意并社和升级的。"③ 也就是说，农民确信通过具有社会主义性质的高级社的发展，可以从中受益。改革开放后，邓小平也指出："我们总的方向是发展集体经济，引导农民走共同富裕的道路。"④ 1991年11月，《农业和农村工作的决定》强调，发展农村集体经济能够"推动全体农户共同发展"，是"促进共同富裕，巩固农村社会主义阵地的根本途径"⑤。这是在总结了20世纪80年代农村改革的成功经验的基础之上所做的阐释，一方面表明了通过发展农村集体经济既能够为农户提供各项服务，又能够组织集体资源的开发和基本设施的建设，还能够协调各方面的利益关系，从而解决农民群众想要办但不好办的事；另一方面也表明了实现农民的共同发展和共同富裕始终是党在农村的工作目标和方向，而这一目标和方向则需要通过不断壮大农村集体经济的实力来实现。随后，2002年，党的十六大明确提出了集体经济对于实现共同富裕所具有的重要作用。2016年12月，《意见》又明确指出了农村

---

① 《马克思恩格斯选集》第3卷，人民出版社2012年版，第670页。
② 《列宁选集》第3卷，人民出版社2012年版，第546页。
③ 《建国以来重要文献选编》第7册，中央文献出版社2011年版，第182页。
④ 《十三大以来重要文献选编》（中），中央文献出版社2011年版，第550页。
⑤ 《十三大以来重要文献选编》（下），中央文献出版社2011年版，第283—284页。

第二章 农村集体经济的内涵、作用及形式

集体经济作为一种经济形式,其目的就是实现集体成员的共同发展,并提出了通过构建农村集体经济治理体系等一系列举措,为农民逐步实现共同富裕和共同发展创造条件。

第三,农村集体经济的主体是农村集体经济组织成员,这也就表明了农村集体经济的发展是为了增进农村集体经济组织成员的利益。

2016年12月,《意见》不仅在对农村集体经济内涵的表述中,提到"集体成员"一词,在进一步论及农村集体经济的受益主体时,其所用词语也为"集体成员",而不是"农民"。这反映了党和国家对农村集体经济受益主体边界认识上的提升。农村集体经济组织是农村集体经济发展的载体,也就意味着其主体应为"集体成员"。同时,农村集体产权制度改革后,经过对农村集体经济组织成员的认定,"集体成员"进一步被明确为改革后所认定的农村集体经济组织的全体成员,从而也就将农村集体经济的主体明确为农村集体经济组织的全体成员。

在此基础上,党和国家进一步明确了农村集体经济组织成员身份及其权益。马克思认为,"土地公有制,是构成集体生产和集体占有的自然基础"[1]。也就是说,土地等生产资料的公有或集体所有,是社会主义集体经济形成的基本前提,使土地等基本生产资料与集体成员形成直接的关联。这意味着集体经济组织经营运作的成果,为其全体成员所共享。农村集体经济的发展也就是为了增进和维护农村集体经济组织全体成员的利益。正因如此,如何确认农村集体经济组织成员便显得尤为重要。为此,党和国家提出了一系列政策主张。例如,在明确成员身份上提出了以法律法规为依据,以"尊重历史、兼顾现实、程序规范、群众认可"为原则,并参考"户籍关系、农村土地承包关系、对集体积累的贡献等因素"[2],科学确认集体成员身份。在明晰集体产权关系上提出了"把农村集体资产的所有权确权到不同层级

---

[1] 《马克思恩格斯选集》第3卷,人民出版社2012年版,第828页。
[2] 《〈中共中央国务院关于稳步推进农村集体产权制度改革的意见〉学习手册》,人民出版社2017年版,第9页。

的农村集体经济组织成员集体"①，即以乡镇一级、村一级、村内部等不同层级的集体经济组织作为其成员的代表，对其成员所有的集体资产行使所有权。并且，在实行集体资产股份合作制改革的村庄中，集体资产已量化至成员个人，从而在确保成员享有对集体资产的占有、收益、继承等各项权利的同时，充分凸显了集体经济组织成员这一身份。此外，在党的文献中还提出，要因地制宜地做好集体经济组织成员身份的确认工作，"明晰农村集体资产归属"以及"赋予农民对集体资产更多权能"②等要求，力求使集体中的每位成员都成为集体资产的实实在在的所有者、管理者和受益者。正是在党和国家的不懈努力下，农村集体经济逐渐成为建立在集体经济组织成员身份明确，集体产权关系明晰基础之上的经济形态。

三　彰显合作与联合的经济形式

马克思主义经典作家在对农村集体经济的相关论述中，无不将"合作与联合"作为发展农村集体经济的基本手段。在我国，"合作与联合"也已成为农村集体经济的形式、经营方式等方面实现创新的主要手段。

第一，农村集体经济的形成与确立源于农民的合作与联合。20世纪50年代末，中国共产党领导人民对农业进行了社会主义改造，通过农民的合作与联合，在广大农村确立起集体经济。

作为社会主义公有制经济的重要形式，农村集体经济不是自发形成的，而是社会主义革命的结果。在我国，农村集体经济是经过社会主义改造建立起来的。同时，我国的农业社会主义改造又是通过合作化途径完成的。农业合作社具体表现为党引导农民采取自愿互利、典型示范的原则，走互助合作道路。最初是农民互助组，后来互助组发展为初级形式和高级形式的农业生产合作社。到1956年年底，我国农业社会主义改造任务完成，农民自有的土地转为农民集体所有，个

---

① 《〈中共中央国务院关于稳步推进农村集体产权制度改革的意见〉学习手册》，人民出版社2017年版，第7页。
② 《〈中共中央国务院关于稳步推进农村集体产权制度改革的意见〉学习手册》，人民出版社2017年版，第22页。

第二章 农村集体经济的内涵、作用及形式

体农民改造成为社会主义集体条件下的农民,社会主义集体所有制在我国农村确立起来。历史证明,农民的合作与联合是农村集体经济确立的主要途径。

此外,农民的合作与联合离不开农民的意愿,这种自愿或意愿的深层因素则是农民的利益。当农民自愿合作与联合时,应然地受到共同的利益驱动。同时,农民的自愿合作与联合,能够长养他们的合作意识、协作能力乃至集体意识,而这些又与集体经济相容不悖。

第二,农民的合作与联合是农村集体经济实现形式创新的主要手段。正是通过农民的合作与联合,促使农村集体经济的形式不断创新,并朝着多样化的方向发展。

在1982年中央一号文件中,鼓励劳动者通过各种形式的协作与联合从事生产活动。随后,1982年,党的十二大明确了"在农村,劳动人民集体所有制的合作经济是主要经济形式"[①]。在此基础上,1997年,党的十五大提出了"两个联合"的主张。1998年1月,在《中共中央、国务院关于一九九八年农业和农村工作的意见》中又进一步提出了发展多种形式的协作与联合,鼓励和支持农民自主建立各种形式的合作与联合组织。这表明,在农村,集体经济与合作经济紧密相连,合作经济实际上是作为农村集体经济的一种形式而存在,或者说,农村集体经济是劳动群众在生产和流通等不同领域的劳动与资金的合作与联合,并且以不同的形式呈现出来。所以,在改革开放新时期,农户的自愿合作与联合是推动农村集体经济形式不断创新的主要手段。同时,根据经济发展的需要,党和国家将新型合作经济融入农村集体经济发展之中,以更加专业化和多样化的农业合作不断创新农村集体经济组织形式。

第三,农民的合作与联合贯穿于农村集体经济的整个创新发展过程。不论是从历史由来、未来发展取向,还是从基本经营制度本身,或是从实现形式来看,农村集体经济总是彰显出农民的合作与联合。

首先,从历史由来以及未来发展趋向来看。在我国农业社会主义

---

① 《十二大以来重要文献选编》(上),中央文献出版社2011年版,第17页。

改造过程中，中国共产党引导农民走互助合作道路，先后经历了农民互助组、初级社、高级社等不同阶段，直至农村集体经济确立。改革开放后，党中央提倡发展劳动者的劳动联合和劳动者的资本联合为主的农村集体经济。2018年9月，《规划》提出，发展新型农村集体经济，其中着重强调要发展多种形式的股份合作。这都充分表明了无论是过去，还是现在，农村集体经济始终彰显着农民的合作与联合。

其次，从农村基本经营制度的层面来看。农村基本经营制度是党和国家的长期既定方针。坚持农村基本经营制度体现了党和国家在重视家庭经营的基础地位的同时，仍然强调统一经营，之所以如此，是因为家庭分散经营需要与现代农业发展衔接，是因为许多问题只靠一家一户难以解决，必须通过集体的力量，通过组织引导农民的合作与联合，才能解决。因此，农民的合作与联合也正是农村基本经营制度所着重强调的内容。

最后，作为农村集体经济的主要实现形式之一，合作经济所体现的正是农民的合作与联合。《宪法》规定："农村中的生产、销售、信用、消费等各种形式的合作经济，是社会主义劳动群众集体所有制经济。"这表明了合作经济——代表着农民的合作与联合的经济形式，在一定程度上从属于农村集体经济，是其主要实现形式之一。因此，农村集体经济彰显了农民在生产、销售等领域的合作与联合。

第二节 农村集体经济的主要作用

农村集体经济是中国特色社会主义公有制经济的重要形式，也是农村的主要经济形式。发展农村集体经济既有助于在农村巩固社会主义制度，又有助于确保乡村振兴战略全面推进，还有助于促进农民农村共同富裕。

一 在农村巩固社会主义制度

集体经济是中国特色社会主义公有制经济的重要形式，是巩固中国特色社会主义制度的物质基础，始终与建设和发展中国特色社会主义事业紧密相连。在我国农村，集体经济是主要的经济形式，关乎着农村各项事业的发展能否与我国社会主义现代化建设相适应。所以，只有坚持发展农村集体经济，才能推动农村政治、经济、文化、社会各领域的可持续发展，才能在农村进一步巩固社会主义制度。

第一，壮大农村集体经济，就是在农村坚持和发展社会主义。20世纪50年代末，我国农村经过社会主义改造，实现了从个体经济向集体经济的转变，也使个体农民转变为社会主义条件下的"新农民"，农民的生产和生活方式也随之发生了根本性改变。因此，在农村发展集体经济就是在引导农民走社会主义道路，就是在农村坚持和发展社会主义。我国是社会主义国家，以公有制为基础是我国基本经济制度的核心内容。农村集体经济是建立在生产资料公有制基础之上的，壮大农村集体经济，即坚持和发展社会主义。

第二，壮大农村集体经济，就是巩固中国共产党在农村执政的物质基础。中国共产党的领导是中国特色社会主义最本质特征，通过壮大农村集体经济，能够使集体的统一经营更好地发挥其服务功能，从而服务于农户的家庭经营的发展，进而解决农户在生产生活中所遇到的问题。除了服务功能外，集体经济还具有组织功能，可以通过集体经营或合作经营的方式，把农民组织起来以资金联合或劳动联合的形式，结成互利共赢的利益共同体。通过发挥农村集体经济的服务和组织功能，既能够为农民排忧解难，又能够提高农民的收入，使农民群众紧紧地团结在党的周围，从而很好地巩固了党在农村执政的群众基础。

第三，壮大农村集体经济，是坚持农业农村公有制经济主体地位的必然要求。如上所述，公有制是社会主义经济制度的基础，坚持社会主义方向就是坚持以公有制为主体的经济。作为公有制经济的重要形式，集体经济的发展壮大对于巩固社会主义经济制度起着重要作用。集体经济也是公有制经济在农村的主要体现形式。改革开放后，以家庭承包经营为基础的集体所有制经济得以形成，并极大地推动了我国农业农村经济社会的发展。同时，我国确立以公有制为主体、多种所有制经济共同发展的基本经济制度后，个体经济、民营经济等非公有制经济得到较大的发展。但是，社会主义并非以非公有制经济为基础，要在农村坚持公有制经济的主体地位，就必须壮大集体经济。随着中国特色社会主义进入新时代，农村集体经济被赋予更为重要的战略地位。在农村坚持发展壮大集体经济，就是坚持公有制经济，也就是坚持社会主义基本经济制度，而发展农村集体经济也就实现了我国农村与中国特色社会主义在制度属性上的衔接。

第四，壮大农村集体经济，有利于在农村构建和谐的文化氛围。改革开放后，非公有制经济的发展，在一定程度上助长了农村社会中的个人主义，冲击了基于地缘和血缘的农村熟人社会的集体意识。农村集体经济在发展中一直坚持以农村土地集体所有为根本，以维护集体利益和实现集体利益最大化为目标；一直坚持自愿联合、按劳分配等基本原则。这一方面有助于维护集体经济组织成员地位的平等，使成员间关系趋于和谐，进而有利于推动成员间的合作与联合，从而唤醒成员的集体意识；另一方面也有助于维护集体利益，实现集体利益的公平分配，避免两极分化现象的出现，为构建农村和谐文化创造条件。

第五，壮大农村集体经济，为在农村巩固社会主义制度创造良好的社会环境。农村经济发展的滞后，使大量农村劳动力不断涌入城镇。在推动城镇发展的同时，也加重了城镇的交通堵塞、环境污染、社会安全等一系列的社会问题，这同样也是引发农村社会问题和社会矛盾的主要原因。劳动力的大量外流，直接造成了农村人口的"空心化"以及道德、安全等方面的一系列社会隐患，如留守老人、留守儿童等问题。并且，农村公共服务的开展情况，也直接关系到农户的生活质量和幸福指数。通过发展农村集体经济，一方面能够为农村劳动力提供就业岗位，避免劳动力过度外流，有助于缓解农村社会问题和社会矛盾，为农村社会治理减轻负担；另一方面也能够提高村集体可支配的资金数量，有助于农村公共服务的全面开展，从而提升农户的生活质量和幸福指数。

二 确保乡村振兴战略全面推进

"在实施乡村振兴战略的伟大实践中，壮大新型集体经济，是关键性的一招"①。在2017年党的十九大首次提出实施乡村振兴战略之时，就将"壮大集体经济"同实现乡村振兴总要求联系在一起，赋予集体经济以更为重要的战略意义。随后在2018年《中共中央国务院关于实施乡村振兴战略的意见》以及《规划》等有关乡村振兴的党的重要文献中，又进一步提出了"探索农村集体经济新的实现形式和运行机制""发展新型农村集体经济"等政策主张。这充分表明了农村集体经济的创新发展，在实施乡村振兴战略中占据重要地位。而2020年党的十九届五中全会在"全面推进乡村振兴"部分再次强调了"发展新型农村集体经济"，从而意味着农村集体经济在新时期乡村振兴战略实施中仍将占据重要地位。

第一，壮大农村集体经济，对实现农村产业兴旺具有重要意义。农村集体经济的发展，既有助于实现小农户与现代农业的衔接，推动现代农业的发展，又有助于提高农民的生产积极性和生产效率，还有助于推进第一、第二、第三产业融合发展。

首先，通过壮大农村集体经济，有助于实现小农户与现代农业的衔接，推动现代农业的发展。发展集体经济是邓小平关于农业"两个飞跃"思想的核心内容。改革开放以来，农村集体经济是在新的历史条件及新的经营体制下运作发展的。通过发展农村集体经济，一方面可以为农户提供现代的科学技术和管理方法；另一方面也可以带动农户间的联系，并由此形成因联结起来农户所致的规模化生产，实现农户与市场以及小生产与大市场的有效对接。这既有利于提高农户在市场中的生存力和竞争力，也有利于吸引资金、技术和人才等要素向农村的充分涌入，从而推动农业产业化体系的形成，进而提高农业现代化水平，为实现社会主义农业的"第二个飞跃"做好准备。

其次，壮大农村集体经济，有助于提高农民的生产积极性和生产效率。在农村，农民是发展现代农业和农业产业化经营的主体。所以，要想在农村实现现代农业和农业产业化，就需要充分调动农民的

---

① 赵智奎、龚云等：《实施乡村振兴战略，壮大集体经济（笔谈）》，《河南社会科学》2020年第5期。

生产积极性，而壮大集体经济恰恰在调动农民生产积极性上能够发挥作用。通过发展集体经济能够为农户提供所必需的产前、产中、产后的生产、技术等全方位的服务。同时，随着集体经济实力的不断增强，服务的水平和种类也会随之不断提高和扩大，从而将集体统一经营的优越性与家庭承包经营的积极性结合起来，既能充分激发和调动农民的生产积极性，又在一定程度上弥补了家庭经营的不足，为家庭经营增添活力，提高生产经营效率，夯实乡村物质基础。

最后，壮大农村集体经济，有助于推进第一、第二、第三产业融合发展。最初传统的集体经济主要集中在农业领域，然而传统的集体经济自身所存在的低效率问题，影响了农业的发展，也影响了集体经济的发展，这促使党中央将家庭经营引入集体经济，从而解放了农村生产力，提高了农业劳动生产率和农产品的商品率。随着集体企业和各类经济实体的产生，农村集体经济的发展开始转向非农业领域，并在非农业领域取得了巨大成功。以乡镇企业为代表的农村集体经济的组织形式，在一定时期内不但成为农村经济的核心力量，更成为国民经济的一大支柱。至今农村集体经济已涉足于农业与非农业的多个领域，并以合作社、企业等多种组织形式为载体，向加工、流通等各个产业领域持续拓展。这无疑为推进第一、第二、第三产业的融合发展起到了重要作用。

第二，壮大农村集体经济，对实现农村生态宜居、乡风文明、治理有效、生活富裕具有重要意义。

首先，壮大农村集体经济，对实现农村生态宜居具有重要意义。一方面，农村水利、电力、道路、通信等基础设施的建设，既需要国家的扶持，也需要个体的参与，更需要集体的力量，尤其是小型的基础设施建设，主要依赖于集体来完成，取决于集体经济的实力。壮大集体经济，能够为农村各类基础设施的建设和维护提供有力支撑，使农村基础设施建设能够与经济发展水平相适应，避免基础设施出现年久失修、功能退化、配套缺失等问题。同时，通过集体经营或合作经营，能够充分发挥各类基础设施的作用，为农村的发展和农民的生活提供便利，从而形成国家、集体、个人的共同经营、共同管理、共同

第二章 农村集体经济的内涵、作用及形式

受益的新格局。另一方面,与传统模式相比,新型农村集体经济更加重视绿色、低碳、循环、可持续的发展模式,通过把农户组织起来开发新型资源,开展以保护自然生态环境为前提的乡村生态旅游和休闲生态农业,从而将经济发展同生态保护结合起来,以绿色发展带动集体经济增长,进而在确保农村集体经济可持续发展的同时,为农民带来生态宜居的良好环境。

其次,壮大农村集体经济,对实现农村乡风文明具有重要意义。一方面,通过结合各地特色民俗文化资源,发展多种形式的集体经济,能够在保护各地独特文化的基础上,进一步推动和发展农耕文明,从而更好地适应现代文明的发展需要。另一方面,发展社会事业是农村物质文明、精神文明、政治文明、生态文明建设的重要内容,而促进农村文化、教育、医疗、卫生、养老、公益等各项社会事业的充分发展,需要以集体经济为依托。集体经济的发展程度则决定着村集体对于农村社会事业的投入程度,在一定程度上影响着农村社会事业能否实现可持续发展。

再次,壮大农村集体经济,对实现农村治理有效具有重要意义。一方面,村级自治组织作为乡村治理的主体发挥着主要作用,而这种作用能否充分发挥,很大程度上是由村级集体经济的实力所决定的。只有集体经济壮大了,村级自治组织才有足够的物质基础作为保障,才能更好地为集体经济组织成员的生产与生活提供相应的服务,真正做到"有钱办事",进而提高村级自治组织的号召力以及村干部的威信,使得与乡村治理有关的制度机制能够更好地得到组织成员的执行和贯彻,从而有效治理乡村。另一方面,农村集体经济的状况与村干部的补贴有着一定程度的关联。农村集体经济发展越好的地区,村干部的补贴往往越高。较高的收入不但能够激发村干部的工作热情,还能够减少以权谋私现象的发生,从而使村级自治组织更具凝聚力和号召力,更好地发挥自身在治理中的职能,真正做到"有人管事"。

最后,壮大农村集体经济,对实现农村生活富裕具有重要意义。一方面,通过家庭经营、集体经营、合作经营等多种方式发展集体经济,不但能直接为农民创造收益,为农民实现增收创造条件,还能为

63

农民创造就业机会，拓展就业渠道，从而保障农民收入的稳定性和持续性，进而实现生活富裕。另一方面，当前农村集体经济正逐渐向制度规范和产权明晰的方向发展。通过农村集体产权制度改革进一步明确了农村集体经济组织成员的身份和权益，使成员的财产权利得到进一步保障。同时，通过利用集体所有的资源要素，采取股份制、股份合作制等多种形式，发展以农户的合作与联合为基础的农村集体经济，实现了资源变资产，资金变股金，农民变股东。这既为农村集体经济组织成员创造了财产性收入，又在一定程度上使成员的收入得到制度化和规范化的保障。

三 促进农民农村共同富裕

共同富裕是社会主义的基本原则，是社会主义本质的内在要求。当前，我国已经到了扎实推动共同富裕的历史阶段，促进农民农村共同富裕是其中的重点，也是难点。为此，2021年8月，习近平在中央财经委员会第十次会议上的讲话中不仅强调了"促进农民农村共同富裕"的重要性和迫切性，也强调"要坚持公有制为主体、多种所有制经济共同发展，大力发挥公有制经济在促进共同富裕中的重要作用"[1]。作为公有制经济的重要形式和在农村的主要体现形式，集体经济必然对促进农民农村共同富裕起着决定性作用。

第一，发展和壮大农村集体经济有利于避免农村的两极分化现象的出现，并确保效率与公平的兼顾。

首先，壮大农村集体经济组织的经济实力，有利于避免农村的两极分化现象的出现。在党的重要文献中就曾明确指出："在我国条件下，不能设想可以在一家一户的小农经济的基础上，建立起现代化的农业，可以实现较高的劳动生产率和商品率，可以使农村根本摆脱贫困和达到共同富裕。"[2] 所以，发展农村集体经济，与我国的基本国情以及现代农业的发展相适应，是促进农民农村共同富裕的根本路径。农村集体经济是以家庭承包经营为基础，或者采取集体统一经营，或

---

[1] 习近平：《扎实推动共同富裕》，《求是》2021年第20期。
[2] 《三中全会以来重要文献选编》（上），中央文献出版社2011年版，第471页。

第二章 农村集体经济的内涵、作用及形式

者采取合作经营。这一方面可以避免两极分化现象的出现,确保了公有制的主体地位;另一方面也能有效地将分散的农户组织起来,通过劳动力和资金的联合,实现发展成果共享。

其次,采取按劳分配与按生产要素分配并存的分配结构,确保了效率与公平的兼顾。农村集体经济采取农民的合作与联合的形式,这种合作与联合既包括劳动的联合,也包括资金等其他生产要素的联合。在合作与联合的过程中,一方面农民可以按照劳动量获得相应的报酬;另一方面由经营所得的利润不是被个人占有,而是归集体共同所有,共同参与分配。所以,农民不仅能够按劳获得报酬,也能够共同分享一切经营成果。虽然农民也会因劳动能力等方面的不同,而存在一定的收入差距,但是与个体经济相比这种差距还是较小的。同时,当前正在全国范围积极推行的农村集体产权制度改革,明晰了集体产权的边界,集体财产归属更加清晰,在利益分配中更加有效地兼顾了效率与公平,使集体、个人的收入分配更加公平、公正与公开,为实现共同富裕创造了条件。

第二,发展和壮大农村集体经济有助于推动农村社会事业的发展,以及更好地开展社会化服务和实现"以工补农"。

首先,农村集体经济在一定程度上承担了农村社会公益性责任,推动了农村社会事业的发展,减轻了农民的负担。利用集体经济的收入可以为集体经济组织成员办理财产、灾害、医疗等各项保险,也可以为成员子女入学提供奖励和扶持,还可以为成员支付各类税费等。这在很大程度上减轻了成员的经济负担。同时,集体经济的收入也可以直接用于改善与集体经济组织成员相关的住房、交通、医院、学校等基础设施建设。农村集体经济在公益事业的投入改善了成员的物质条件,提高了其生活质量,节省了开支,也就能将这笔节省的开支投入再生产之中,进而间接地为成员带来增收。

其次,发展农村集体经济有助于更好地开展社会化服务。农村基本经营制度的确立,实现了集体利益与农户利益、家庭经营与社会化服务的融合与统一。随着家庭经营不断向采用先进科技和生产手段的方向发展,也对集体的服务能力提出了更高的要求。只有农村集体经

济的不断壮大,才能形成多元化、多层次、多形式经营服务体系,从而提高集体的服务能力,充分发挥服务功能,解决农户在生产中的难题,实现小生产与大市场、小农户与现代农业的有机衔接,从而更好地把家庭经营的积极性与集体经营的优越性结合起来,在巩固和完善农村基本经营制度的同时,使农户生产能够得到均衡发展,促进农民农村共同富裕。

最后,通过发展农村集体经济能够更好地实现"以工补农"。集体经营与家庭经营之间存在着密切的联系和相互促进的关系,二者是农村集体经济内部互为依存的两个经营层次。同时,发展农村集体经济,不只限于为农民家庭经营提供服务,部分农村地区还发展了集体性质的工业,这意味着在"以工补农"的问题上,集体企业及农村合作组织与农户之间有着更加直接的利益关联。所以,对于集体企业及农村合作组织来说,"以工补农"一方面是实现农村集体经济自我发展的一种手段;另一方面也属于其经济职能权责范围,是其义不容辞的责任。因此,农村集体经济越壮大,"以工补农"的能力和效果就越强,农业农村生产就能得到越快的发展,也就越能促进农民农村共同富裕。

第三,发展和壮大农村集体经济能够为农村劳动力提供就业和再就业机会。农村劳动力分配问题,与农村经济发展的关系极为密切,维护农民劳动的权益,也是促进农民共同富裕的基本保障。

首先,农村集体经济的壮大能够为农村富余劳动力提供更多的就业渠道和就业岗位。例如,新冠肺炎疫情的突然暴发,不仅对农村生产经营活动造成影响,也使许多本应外出务工的农村人口遭受失业或暂时滞留在当地,从而产生了一定数量的富余劳动力。而集体经济发展较好的村庄,往往具有一定的产业规模和组织规模,能够为富余劳动力提供足够的就业或临时就业岗位。同时,农村集体经济的发展,也能够吸引更多农村劳动力就地就业、就近就业,在一定程度上能防止本地人才的外流。人才的驻守对推动农村经济发展起到极大的促进作用,也能进一步为农民提供更多的就业机会,带来更高的收入。

其次,农村集体经济的壮大能够帮助农村弱势群体实现再就业。

为顺应现代农业的规模化经营的要求,部分农村地区对土地进行了流转,也因此产生了一定数量的"失地"农民,这一群体主要以老人和妇女为主,往往具有年龄较大、文化程度较低、劳动能力较弱等特征,也是就业困难的群体。通过发展农村集体经济所创造的就业岗位,能够为这一群体提供再就业的机会,进而有效地解决养老、留守老人和妇女等问题,在提高农民收入的同时,也在一定程度上避免了农村社会问题的出现。

第三节 农村集体经济的主要形式

我国农村集体经济的产生源自农业社会主义改造。改革开放后,建立在农村土地集体所有基础上,农村集体经济的形式逐渐分化形成了以农民家庭为生产单位的数量众多的农户经济和各种形式的合作经济。

一 数量众多的农户经济

农户是一个经济意义上的概念,指的是农业农村的一种经济组织。农户经济是以农民家庭为生产单位的经济形式。人民公社时期,作为集体经济的重要补充,农户经济体现在有限的农民家庭副业上[1]。改革开放后,农村集体经济组织实行家庭承包经营为基础、统分结合的双层经营体制,农户作为经济组织在全国逐步普遍化,已然成为我国数量最多的农村经济组织。本书所指的数量众多的农户经济即为改革开放后建立在农村土地集体所有基础上的,以农民家庭为生产单位的农业农村经济形式。

第一,农户经济从属性上看是我国农村集体经济的主要形式,这主要在于,农户经济以主要生产资料即农村土地的集体所有为基础,并且相对于农村其他集体经济组织形式,农户经济最为普遍,数量众多。自人民公社时期,经过社会主义改造后的农户经济就已与个体小

---

[1] 辛逸:《农村人民公社家庭副业研究》,《中共党史研究》2000年第5期。

农经济有着本质的区别①。改革开放后，农户经济的内涵更是发生了质的变化。建立在私有制基础上的个体小农经济虽然也以家庭为生产组织单位，但其是旧有生产关系的体现。而农户经济建立在农村土地集体所有的基础之上，农户对土地只拥有承包权、经营权，以及相应的收益权，并留有公共积累，且归集体所有。因此，从所有权的角度来看，农村土地集体所有基础之上的农户经济是集体经济的一种形式。这也体现在党和国家的重要文献及法律之中。1982年中央一号文件明确指出："目前实行的各种责任制，包括……包产到户、到组，包干到户、到组，等等，都是社会主义集体经济的生产责任制。"1993年，《中华人民共和国宪法修正案》将"农村人民公社、农业生产合作社和其他生产、供销、信用、消费等各种形式的合作经济，是社会主义劳动群众集体所有制经济"修改为"农村中的家庭联产承包为主的责任制和生产、供销、信用、消费等各种形式的合作经济，是社会主义劳动群众集体所有制经济"。1999年，《中华人民共和国宪法修正案》将这一条款进一步修改为"农村集体经济组织实行家庭承包经营为基础、统分结合的双层经营体制。农村中的生产、供销、信用、消费等各种形式的合作经济，是社会主义劳动群众集体所有制经济。"并沿用至今。

　　第二，农户经济的运作经营特点主要体现在家庭的"分散经营"，而家庭分散经营与集体统一经营密不可分。家庭承包经营为基础、统分结合的双层经营体制是农村的基本经营制度。农户经济虽然以家庭承包经营为基础，但也离不开集体统一经营的支持，主要体现在其组织和服务等功能的发挥上。并且，随着集体统一经营向发展农户合作与联合，形成多元化、多层次、多形式经营服务体系的方向转变，其组织和服务功能也会不断加强，从而为家庭经营提供更加全面的帮助。这种不可分割性，也就决定了农户经济的集体属性。同时，农户经济的集体属性也不只表现在经营层面，更为重要的是，一方面农户

---

① 刘诗白：《关于农村人民公社社员家庭副业性质的探讨》，《经济研究》1961年第7期。

经济是以农村土地等基本生产资料的社会主义集体所有为基础；另一方面农村土地集体所有关系及农村集体关系决定了村集体与农户的紧密关系，或者说农户之间由此构成了一个相互依存的共同体。所以，从这个意义上说，农户经济属于集体经济实现形式之一。

概言之，农村土地等基本生产资料的集体所有决定了农村土地集体所有基础之上的农户经济是农村集体经济的主要形式。这种形式能否有效实现的关键在于家庭分散经营与集体统一经营的良性互动。而实现这种良好结合则必须在坚持以家庭经营为基础的同时，充分发挥集体统一经营在服务和组织上的优势。

二 各种形式的合作经济

改革开放后，随着农村经济的发展，为完善家庭承包经营为基础、统分结合的双层经营体制，党和国家逐步探索发展多种形式的合作经济。各种形式的合作经济也有效地弥补了家庭经营的分散所带来的局限性。

第一，党中央始终关注农业合作在农村集体经济发展中的重要价值。由于农民家庭承包经营的普遍实行，人民公社制度已失去它存在的价值而走向解体，党中央以新的思路推动农业合作化，使农业农村的合作经济实现多样化发展，各种形式的合作经济组织逐步成为农村集体经济的重要组织形式。

改革开放后，为调动农民的生产积极性，党和国家始终关注农业农村合作经济的发展，并通过发展各种形式的合作经济，来加快推动农村集体经济的发展。在《八二宪法》中，合作经济的形式被概括为生产、信用、供销、消费等，并将其统一明确为"社会主义劳动群众集体所有制经济"。1984年中央一号文件又提出了"应设置以土地公有为基础的地区性合作经济组织。这种组织，可以叫农业合作社、经济联合社或群众选定的其他名称；可以以村（大队或联队）为范围设置，也可以以生产队为单位设置；可以同村民委员会分立，也可以一套班子两块牌子……此外，农民还可不受地区限制，自愿参加或组成不同形式、不同规模的各种专业合作经济组织"①。此后，党中央还先后提出了"两个联合"和"两个转变"的思想，一方面鼓励发展"劳动者的劳动联合和劳动者的资本联合为主的集体经济"②；另一方面主张"统一经营要向发展农户合作与联合，形成多元化、多层次、多形式经营服务体系的方向转变"③。这表明，在改革开放后，党和国家不但将发展合作经济作为推动农村集体经济发展的重要手段，将合作经济组织作为农村集体经济的重要组织形式，而且在如何发展合作经济上，思路清晰，策略灵活，即以多样化、多层次的合作，推动合作经济发展。

自2012年党的十八大召开以来，党中央仍然将发展多种形式的合作经济作为壮大农村集体经济的主要途径。一方面坚持家庭经营在农业中的基础性地位，鼓励创新农业经营方式，不断推动农业经营方式向着更加多样化的方向发展；另一方面又提出了"以不变应万变"的思想，即"以农村土地集体所有、家庭经营基础性地位、现有土地承包关系的不变，来适应土地经营权流转、农业经营方式的多样化"④。现如今，合作经济的组织形式不断丰富，并涉足农村多个产业领域。从组织形式上看，有农民专业合作社、农业综合服务组织、社区型合作经济组织等；从产业领域上看，有农业、农村工业及农村服务业等。在2018年9月《规划》提出了推动多种形式的股份合作，发展新型农村集体经济的政策主张后，"以农村社区股份合作社为主要形式的新型集体经济"⑤逐步建立并普及。这种新型农村集体经济组织普遍具有所有权关系明晰化、所有者成员主体清晰化、组织治理民主化、分配制度灵活化以及组织机构去行政化等特征⑥，从而使农

---

① 《中共中央国务院关于"三农"工作的一号文件汇编：1982—2014》，人民出版社2014年版，第43页。
② 《十五大以来重要文献选编》（上），中央文献出版社2011年版，第19页。
③ 《十七大以来重要文献选编》（上），中央文献出版社2009年版，第674页。
④ 《十八大以来重要文献选编》（上），中央文献出版社2014年版，第671页。
⑤ 苑鹏、陆雷：《俄国村社制度变迁及其对我国农村集体产权制度改革的启示》，《东岳论丛》2018年第7期。
⑥ 苑鹏、刘同山：《发展农村新型集体经济的路径和政策建议——基于我国部分村庄的调查》，《毛泽东邓小平理论研究》2016年第10期。

村集体经济组织形式得到进一步丰富。

第二，合作经济之所以是农村集体经济的主要形式，从根本上说是因为合作经济在一定程度上从属并体现农村集体经济，或者说，合作经济是建立在农村土地集体所有基础上的，是社会主义劳动群众集体所有制经济。

首先，合作经济是集体所有制经济的重要形式。从经营的角度看，在坚持基本生产资料集体所有的基础上，发展农村集体经济可以通过集体经营实现，也可以通过家庭经营实现，还可以通过合作经营实现。所以，合作经济属于集体经济的形式之一。合作经济强调组织成员的协作、合作，坚持自愿互利、自主经营、民主管理等原则。作为发展农村集体经济的重要形式，合作经济富有优势：一是能够将农民组织起来，发挥组织力的重要作用，以利于农业农村经济发展；二是具备自愿互利、自主经营、民主管理等特征，有利于发挥农民在生产经营中的主体作用，与以人民为中心的发展思想相呼应，也有利于农村基层民主的发展与进步。有鉴于此，合作经济长期为党和国家所重视，并成为农村集体经济的重要形式。

其次，合作经济的运作对农村集体经济的发展具有重要意义。从分配的角度看，合作经济组织的分配大多以成员与合作经济组织的交易额度为依据，其中交易额度越大，成员获得的收益也越大，这是合作经济组织的初次分配原则。此外，合作经济组织还实行二次分配返还以及公共积累。可以说，合作经济组织的分配方式体现了按劳分配原则，而公共积累用于合作经济组织扩大经营，提高生产效率等，这些都富有社会主义取向。

此外，合作经济的发展有利于涵养广大农民的协作意识，有利于农村合作文化的发展，这与集体主义精神及思想相呼应。

第三，合作经济作为集体经济的主要形式，在产权、利益、需求等方面本身就具有关联性，能够将农户紧密地组织在一起从事生产经营活动。在这一点上与私有制的合作经济有着明显的差别。又因为其成规模经营，采取现代企业管理理念，符合第一、第二、第三产业相融合的现代化发展趋势，并建立在产权清晰及成员身份明确的基础之上，在经营管理决策等方面采取民主的原则，在分配上采取按股份分红的方式，符合组织成员的意愿。因此，与以农村土地集体所有为基础的农户经济相比，合作经济具有独特优势。

首先，以产权清晰为前提。合作经济是在农村土地等基本生产资料归集体所有的同时，将集体资产以股权的形式明晰到户、量化到人。所以，在这类集体经济组织中，组织成员是作为平等的产权主体而存在，凭股权参与管理决策、享有收益分配、承担经营风险等，而这类组织只是作为集体经济的载体，代表组织成员对集体资产行使所有权。

其次，以成员身份明确为基础，充分尊重成员的意愿。这类农村集体经济组织内部成员的边界是清晰的，成员身份不单纯以血缘关系或家庭关系作为凭证，也由个人的劳动、资金、农村土地等生产资料的参与程度所决定。而退出合作也是在尊重农民意愿的基础之上的自愿行为。

最后，采取多种经营方式，并在管理、监督、决策和选举等方面充分贯彻民主原则。在经营方式上，采取家庭经营、集体经营、合作经营、股份经营等多种经营方式。在生产经营活动方面，实行民主管理、民主监督和民主决策。这类集体经济组织既可以由其组织成员来组织承办，也可以由集体统一组织承办。组织的领导班子可以同行政组织一致，但必须经过组织全体成员民主选举产生。

第三章

农村集体经济治理体系的内涵、目标及构成

"农村集体经济治理体系"是党和国家提出的一个全新概念，其所内含的制度、结构、机制及其中涵盖的内容和涉及的主体错综复杂。因此，为如实洞悉我国农村集体经济治理体系现状，寻找完善我国农村集体经济治理体系的有效途径，首先必须对农村集体经济治理体系的内涵、目标及构成有精准和全面的把握。

第一节 农村集体经济治理及治理体系的内涵

农村集体经济治理体系这一概念内含治理、治理体系、农村集体经济治理等子概念，因而研究农村集体经济治理体系，必须从这些子概念入手进行准确界定和比较分析，从而对农村集体经济治理体系的内涵进行全面深刻的理解和阐释。

一 治理与治理体系的含义

治理体系是由"治理"与"体系"两个词共同构成。要想准确掌握治理体系的基本内涵，就需要在深刻把握治理内涵的基础上，结合对体系这一概念的理解，进而对治理体系的基本内涵进行全面阐释。

（一）治理的基本内涵

治理"governance"一词的出现最早源于拉丁文，其拉丁词根

"gubernare"可译为控制、指导、指引、引导和操纵的行动或方式。这表明了治理包含着治理的主体和对象，是治理主体通过指导、控制等行动方式作用于治理对象，从而达到所想要实现的效果或目标。并且，在很长的一段时间内治理一直与统治"government"一词交替使用。具体而言，"治理"具有统治、管理、理政的含义，是公共或私人领域内个人和机构管理其共同事务的诸多方式的总和[①]。作为动词，治理的含义可理解为"政治权威通过权力运作使'乱'的状态变成'治'，即有序的状态"[②]。因此，治理最早都是具有统治意义，即由统治机构作为唯一主体采取控制等手段对国家的公共事务进行管理的制度化过程，以此达到治国理政的目的。

治理这一概念在公共行政及国际公共事务中的践行，是人类现代化进程中政治文明发展的结果，同时与20世纪80年代以来许多国家民众主体意识的增强以及经济全球化等因素紧密相连。80年代后，当政府运用传统的管理方式已经难以有效地处理公共事务或公共活动，由此导致了政府管理低效甚至失效的现象频繁出现时，社会多方开始积极参与到对国家公共事务或活动的管理过程中，并且逐渐发挥作用。因此，90年代后，"治理"逐渐兴起，管理与治理间的差异也越发显著。

"管理"可理解为支配在日常生活中的运用和执行，其中的"支配"则意指"一群人会服从某些特定的（或所有的）命令的可能性"[③]。同时，管理产生于委托代理关系。这种关系的确立需要合乎法律规范的契约制度，因而管理也是一个制度性的概念[④]。具体而言，管理的主体是一元的；管理的手段是在委托代理关系下，单一向度运用权力自上而下地支配被管理的对象；管理的对象是具体的事物或事务，或者说是管理主体权力所涉及的领域范围内的具体事物或事务；

---

① 夏征农等：《辞海》（第六版彩图本），上海辞书出版社2009年版，第2953页。
② 张凤阳等：《政治哲学关键词》，江苏人民出版社2006年版，第311页。
③ ［德］马克斯·韦伯：《经济与历史：支配的类型》，康乐、吴乃德等译，广西师范大学出版社2004年版，第297、312页。
④ 程杞国：《从管理到治理：观念、逻辑、方法》，《南京社会科学》2001年第9期。

管理的目标即为实现组织的目标,如财务管理目标主要取决于公司管理目标[1]。

治理则不同。一是治理反对"支配",强调"调和"。二是治理不是一个静态的规则系统,而是一种动态的活动[2]。在这种活动过程中,不同的利益能够得到调和并以此实现合作[3]。三是"治理确实属于制度的范畴,但其性质较为一般化"。具体而言,在治理活动中,通过行使权威,对秩序以及经济与社会进行管控和调节的主体是多元的,包括个人、政府性和非政府性组织等[4];治理手段是通过多元的和相互的权力运行向度,运用权力去协调并形成持续互动,这种协调及互动不仅依靠国家法律,还依靠各种非正式制度来进行;治理对象是以公共领域为边界的事务和活动等,其中的公共领域既可以理解为一个"交往网络"或一种"交往结构"——"在交往行动中产生的社会空间"[5],也可以理解为"一种介于市民社会中日常生活的私人利益与国家权力领域之间的机构空间和实践"[6];治理目标是调和公共事务或公共活动中的不同利益,从而起到维持公共秩序,满足公共需求,以及增进公共利益等效果。所以,治理强调的是参与公共事务主体的多元性,反映的是治理主体与治理对象的互动关系。可见,与管理相比,治理是一个内容更为丰富,包容性更强的概念[7],起到对经济与社会秩序的调和功能,而这种调和是由多元主体,通过民主、参与和互动的方式予以实现。

治理与管理虽然有着众多的差异,但差异之中也蕴含着高度关

---

[1] 张茵仙、张嵩:《论财务管理的目标与指标》,《保险研究》2002年第6期。
[2] [法]玛丽-克劳德·斯莫茨:《治理在国际关系中的正确运用》,肖孝毛译,《国际社会科学杂志》(中文版)1999年第1期。
[3] 俞可平:《论国家治理现代化》,社会科学文献出版社2015年版,第23页。
[4] [瑞士]彼埃尔·德·塞纳克伦斯:《治理与国际调节机制的危机》,冯炳昆译,《国际社会科学杂志》(中文版)1999年第1期。
[5] [德]哈贝马斯:《在事实与规范之间:关于法律和民主法治国的商谈理论》(修订译本),童世骏译,生活·读书·新知三联书店2003年版,第445页。
[6] 汪民安:《文化研究关键词》,江苏人民出版社2007年版,第91页。
[7] 周晓菲:《治理体系和治理能力如何实现现代化》,《光明日报》2013年12月4日第4版。

联，进而使二者趋于统一。一是治理与管理的主体及手段间的关联性。制度作为治理的手段贯穿于治理活动之中，因而治理活动的过程，也可以理解为制度运行的过程。而管理行为起始于合法的契约制度所形成的委托代理关系下，也就是说这种关系建立在制度合法运行的前提下。而治理有效，也就意味着制度运行的合理化和合法化。所以，治理活动是对管理行为做出安排的前提，也决定着管理者是谁，如管理者是一元的，而决定管理者的对象是多元的，管理者是谁就要通过治理活动来决定，同时也决定着管理如何进行，即管理行为所体现的是管理者对管理对象的完全支配，而用什么方式来支配，则通过治理活动来决定，是多元的治理主体通过运用制度赋予的权利，进而赋予管理者对管理对象的支配权力。就像在一个公司中，治理活动决定着公司的决策，而管理行为则决定着公司的运营①。二是治理与管理的对象间的关联性。治理对于公共领域——社会空间的调和效果，只能通过对具体事务或事物的处理效果来体现，而对具体事务或事物的处理，则是管理的分内之事。同时，接受管理的众多事务或事物，又存在于接受治理的社会空间之中。三是治理与管理的总体目标趋于一致，即实现社会共同利益②。

综上所述，完全的管理行为是自上而下的一元支配，而治理与管理的统一则体现了由多元治理到一元管理的合法转化，是多元调和下的一元支配。所以，管理应当建立在治理的基础之上，通过多元治理主体行使自身的权利，对管理行为做出安排，因而只有治理完善，各主体权利得到规范与保障，管理行为才能被合理安排，进而才能避免管理中的问题，达到有效管理。同时，也只有通过管理产生的效果，才能直观地反映治理的效果③。

（二）治理体系的基本内涵

从体系的视角理解治理即治理体系，因而准确地掌握"体系"的

---

① 李维安：《治理与管理：如何实现和谐运转?》，《南开管理评论》2009年第3期。
② 罗烜：《从"管理"到"治理"：执政理念的战略转型》，《吉首大学学报（社会科学版）》2014年第S2期。
③ 杜志雄、崔超：《衔接过渡期扶贫资产差异化治理研究》，《农业经济问题》2022年第1期。

概念，对于理解和分析"治理体系"的内涵尤为重要。"体系"一词源于希腊文"systema"，意思是有组织的整体。17世纪以后，它常被用作描述特别的组织或系统。或者被解释为若干相关事物，呈现出一个特别的、复杂的整体里的组织系统与内部相互关系。甚至被看作与一个组织、系统的基本构成特质有关的结构性①。因此，在西方，系统与体系都用"system"来表示，并且体系也常常与结构"structure"一词的内涵重叠。所以，结构"structure"一词的应用要明显多于体系"system"。在我国，"体系"一词可解释为"若干有关事物互相联系、互相制约而构成的一个整体"②，或是"由许多相关事物共同构成的有条理的整体系统"③，并在各种领域被反复使用。所以，体系实际上所体现的是若干事物间的关系，这种关系是一种组合关系，也是一种建立在组合关系之上的互动关系，更是一种规范和有序的互动关系，从而使其自身呈现为一个整体，其中组合关系构成了体系的结构，互动关系构成了体系的机制，而规范和有序的产生则是因为制度的作用。因此，体系也可以理解为与制度相联系的，由结构和机制共同构成的规范、有机的整体，具有规范性、整体性和有机性的特征。同样地，治理体系也可以理解为与制度相联系的，由结构和机制共同构成的规范、有机的整体。同时，结合治理的内涵来看，治理体系自身又呈现出有别于其他体系的特征。

第一，治理体系是以一系列的正式和非正式制度安排为基础的制度体系。"制度"可以解释为"在一定历史条件下形成的政治、经济、文化等方面的体系"；"要求大家共同遵守的办事规程或行动准则"；"规格"或"格局"④，或是"在一定历史条件下形成的法令、

---

① ［英］雷蒙·威廉斯：《关键词：文化与社会的词汇》，刘建基译，生活·读书·新知三联书店2016年版，第513页。
② 夏征农等：《辞海》（第六版彩图本），上海辞书出版社2009年版，第2237页。
③ 龚学胜：《商务国际现代汉语大词典》，商务印书馆国际有限公司2015年版，第1430页。
④ 夏征农等：《辞海》（第六版彩图本），上海辞书出版社2009年版，第2949页。

礼俗等规范"①；等等。这一方面表明了制度可以被看作为体系，也就是说体系本身就带有制度属性，因而治理体系首先是一个制度体系；另一方面也表明了制度是人们共同遵守的规范和准则，或者说是一种规矩，而"治理一个国家、一个社会，关键是要立规矩、讲规矩、守规矩"②。在党的重要文献中，也对此有着明确的表述。2013年，党的十八届三中全会明确指出："国家治理体系是在党领导下管理国家的制度体系"。这也充分表明了治理体系首先是一个制度体系，以一系列的制度安排为基础。通过制度安排，既能够使各治理主体的行为得到规范，也能够使各治理主体之间的关系得以协调，从而确保体系的有效运转，具体体现在体系结构的稳定和机制的有效运行。

第二，治理体系的结构表现为与权责相联系的各治理主体之间的关系，并通过各自权责反映出它们在体系中的地位。"结构"是"构成事物整体的搭配、排列或架构"③，是"系统内各组成要素之间的相互联系、相互作用的方式"。它既是"系统组织化、有序化的重要标志"，又是"系统的存在方式"和"基本属性"④。同时，系统的结构可分为空间结构和时间结构。从空间结构来看，又可分为三个层次：一是中层结构，即系统内部各要素间相互联系和作用的方式；二是深层结构，即系统内各要素的内部结构；三是外部结构，即该系统与其他系统间通过相互联系和作用所形成的较大系统结构。内部结构与外部结构是相对的，可以互相转化。时间结构指系统的要素相互作用所经历的历时态的变化结构⑤。

系统是自成体系的组织，又可称之为体系。所以，结构也可以理解为治理体系内各组成要素之间的相互联系和作用的方式。作为治理

---

① 阮智富、郭忠新：《现代汉语大词典》上册，上海辞书出版社2009年版，第246页。
② 《习近平关于协调推进"四个全面"战略布局论述摘编》，中央文献出版社2015年版，第100页。
③ 龚学胜：《商务国际现代汉语大词典》，商务印书馆国际有限公司2015年版，第710页。
④ 夏征农等：《辞海》（第六版彩图本），上海辞书出版社2009年版，第1109页。
⑤ 金炳华：《马克思主义哲学大辞典》，上海辞书出版社2003年版，第179页。

体系,其中的各组成要素实际上就是体系中的各主体。因此,治理体系的结构是由若干治理主体构成的,表现为若干治理主体的搭配和排列,以及由此形成的相互关系,是治理体系的整体性的重要表现。其中搭配、排列或架构所反映的是各主体在治理体系中的地位,而相互联系、相互作用的方式所体现的是与权责相联系的各主体之间的关系。所以,治理体系的结构也可以理解为是一种权责关系。

第三,治理体系的机制表现为构成体系结构的各治理主体的互动关系。"机制"可以理解为用机器制造的;有机体的构造、功能和相互关系;一个工作系统的组织或部分之间相互作用的过程和方式等[1]。18世纪后,"机制"一词开始逐渐被借用到生物学和医学之中,用来指构成生物机体结构的各部分间的相互关系,以及在此期间发生变化过程的物理或化学等运动性质和相互关系。现已广泛地运用于自然科学与社会科学领域。从哲学角度来看,可将"机制"理解为制约及引起事物运动、转化、发展的内在的结构和作用方式[2]。由此可见,一方面机制本身所发挥的是一种导向性的作用,表现为制约及引起事物或系统的运动、转化、发展的作用方式;另一方面机制本身表现为事物或系统在运动中所呈现的一种动态的结构关系,即构成事物或系统结构的各要素的相互关系,以及发生变化的运动性质和相互关系,体现为一种功能价值。对于事物或系统的机制的揭示,也就意味着对事物或系统本身的认识已不再拘泥于现象,而是深入本质。

通过对机制的分析不难看出,治理体系的机制,一方面,是一种制约及引起治理体系运动、转化、发展的作用方式;另一方面,其本身表现为构成治理体系结构的各要素——治理主体,在运动中所呈现的动态关系,即各治理主体建立在相互依赖基础之上,并围绕着权责形成的互动关系,因而也可以理解为各治理主体建立在权责关系之上的互动关系,是治理体系的动态运作机理的重要表现。机制能否有效运行,直接影响到治理体系的运转效果。同时,由于在治理体系的外

---

[1] 夏征农等:《辞海》(第六版彩图本),上海辞书出版社2009年版,第1000页。
[2] 高清海:《文史哲百科辞典》,吉林大学出版社1988年版,第232页。

部、中层、深层各结构中分别存在着不同主体之间的互动关系，也就由此形成了相应的外部机制、中层机制以及深层机制。

概言之，治理和治理体系是两个不同的概念，各有其内涵和指向。治理的内涵是包含个人、政府性和非政府性组织等在内的多元治理主体，通过多元的和相互的权力运行向度运用正式或非正式制度，共同调和公共事务或公共活动中的不同利益，从而起到维持公共秩序，满足公共需求，以及增进公共利益等效果的一种动态活动。所以，治理侧重于强调动态过程。而治理体系则是为实现特定的目标，由制度、结构和机制所构成的规范、有机的整体。其中制度包含正式或非正式制度；结构是与权责相联系的各治理主体之间的关系，并通过各自权责反映出它们在体系中的地位；机制是构成体系结构的各治理主体之间的互动关系。因此，与治理不同，治理体系更强调整体，其本身不仅是动态的和有机的，更是一个规范、有序的整体。

二 农村集体经济治理释义

治理是多元主体运用正式或非正式制度调和公共事务或公共活动中的不同利益的一种动态活动，其中包含治理主体、治理手段、治理对象、治理目标等要素。农村集体经济治理是治理理论在我国农村经济领域的具体运用和进一步发展。因此，想要准确理解农村集体经济治理的内涵，就必须对农村集体经济治理的主体、手段、对象及目标予以把握。

第一，关于农村集体经济治理的主体。根据治理的内涵不难理解，农村集体经济治理所呈现的，也应是一种多元共治的局面，因而其治理主体既包括政府，也包括与农村集体经济事务相关的组织和个人。在农村集体产权制度改革后，各地普遍建立了农村社区股份合作社等农村集体经济组织，组织成员身份也普遍得到确认[1]。因此，改革后建立的农村集体经济组织及其成员，也是农村集体经济治理的重要主体，具体来看：在农村集体经济治理中，农村集体经济组织成员

---

[1] 截至2020年年底，全国94.9%的村庄完成了改革；全国乡、村、组三级共确认集体经济组织成员约9亿人。

第三章 农村集体经济治理体系的内涵、目标及构成

处于主导地位,扮演着"划桨者"的角色;政府则发挥着指导、引导、支持等协同作用,扮演着"掌舵者"的角色;农村集体经济组织作为政府和组织成员的"中介",在行使独立运营权的同时,又发挥着"上传下达"的作用。因此,农村集体经济治理所呈现的是以农村集体经济组织成员共同参与治理为基础的,或者说是以民主治理为基础的多元共治格局。

第二,就治理手段而言,农村集体经济治理的手段包括一整套的正式和非正式的制度安排。从类型进行划分,又可分为产权治理、法治治理和德治治理。其中,产权治理是通过构建"归属清晰、权能完整、流转顺畅、保护严格的中国特色社会主义农村集体产权制度"[①],明晰集体所有产权关系,作用于增强对集体资产的管理,维护农村集体经济组织成员所应享有的权利;法治治理是在农村树立法律制度的权威地位,通过加强法治素养和法律意识的培养,使农村集体经济组织成员能够运用法律制度来规范农村集体经济所涉及的公共事务和活动中的运营、决策、管理和监督等各个环节,从而维护其权益,保护集体资产,化解农村集体经济组织的内外部矛盾;德治治理是依托农村熟人社会所独具的村规民约而形成的道德规范,并结合时代要求不断创新,强化道德教化作用,广泛开展道德表彰活动,深入宣传和弘扬道德模范及典型事迹,传播社会正能量,引导农村集体经济组织成员形成良好的道德意识,从而形成和谐的共同治理格局,以此化解公共经济事务和活动中的利益纠纷。

第三,关于农村集体经济治理的对象及目标。根据对治理内涵的理解,可将农村集体经济治理对象界定为农村集体经济领域的事务,又可从两个层面进行细分。从浅层次看,农村集体经济的治理主要针对农村集体资产的决策、管理与监督,如农村集体资产的清产核资、农村集体资产财务的管理等;从深层次看,更是针对农村集体经济组织在经营管理中,内外部权责的明晰与权力的运行,或者说是对权利

[①] 《〈中共中央国务院关于稳步推进农村集体产权制度改革的意见〉学习手册》,人民出版社2017年版,第5页。

义务的配置和权力运行的监督,如集体资产所有权的行使、农民集体资产股份权利的明确等。因此,农村集体经济治理对象可理解为与农村集体经济紧密联系的事务及其运作,既包括农村集体资产方面的决策、管理与监督,更包括暗含其中的权责配置和权力运行。农村集体经济治理的目标则始终以维护农村集体经济组织成员的权利,确保农村集体资产保值增值,以及推动农村集体经济实现新发展为出发点和落脚点。

第四,坚持和维护中国共产党在农村集体经济治理中的核心领导地位。我国是社会主义国家,坚持党的领导是科学社会主义的基本原则,是我国社会主义事业发展的内在要求。党的领导是我国最大的制度优势,是中国特色社会主义最本质特征,党的领导所具有的政治优势及核心作用,是解决农村问题的重要保障。习近平多次强调:"党管农村工作是我们的传统,这个传统不能丢。"[1]《中国共产党农村基层组织工作条例》(以下简称《农村基层组织工作条例》)规定,村党组织应当"领导和支持集体经济组织管理集体资产,协调利益关系,组织生产服务和集体资源合理开发"。2019年4月,《中共中央国务院关于建立健全城乡融合发展体制机制和政策体系的意见》也提出:"全面推行村党组织书记通过法定程序担任村委会主任和村级集体经济组织、合作经济组织负责人"[2]。因此,农村集体经济治理活动应当在中国共产党的领导下开展。通过发挥党的领导核心作用,化解在治理过程中所存在的诸多矛盾问题,确保治理的顺利进行。

一言以蔽之,农村集体经济治理是在党的领导下,以农村集体经济组织成员共同治理为基础,以政府协同治理为保障,通过运用产权、法治和德治的制度手段,对农村集体经济所涉及的公共事务或公共活动,以及其中的权利义务和权力运行进行协调、配置、监督和管

---

[1] 《加大推进新形势下农村改革力度促进农业基础稳固农民安居乐业》,《人民日报》2016年4月29日第1版。
[2] 《中共中央国务院关于建立健全城乡融合发展体制机制和政策体系的意见》,中华人民共和国中央人民政府网站,2019年5月5日,http://www.gov.cn/zhengce/2019-05/05/content_5388880.htm。

理等，以此解决农村集体资产的决策、管理、监督和农村集体经济组织内外部权力运行等问题，从而达成维护农村集体经济组织成员的权利，确保农村集体资产保值增值和推动农村集体经济实现新发展等目标的一个持续互动的过程。

三 农村集体经济治理体系的内涵

在理解和分析治理、治理体系、农村集体经济治理基本内涵的基础上，可以对农村集体经济治理体系的内涵有一个更加准确且全面的把握。农村集体经济治理体系作为治理体系的一种，具有治理体系的内涵特征。也就是说，相对于农村集体经济治理而言，农村集体经济治理体系更强调整体性，即由制度、结构和机制共同构成。

第一，制度是农村集体经济治理体系的重要构成部分，主要用于规范农村集体经济治理体系内部治理主体的行为，维持治理体系的正常运转。

农村集体经济治理体系作为治理体系的一种类型，或者说是国家治理体系在基层的实践场域，其本身也是一个在党领导下的制度体系，以一整套制度安排为基础，既包括与农村集体经济相关的国家及地方法律、法规、政策和农村集体经济组织内部章程及各项制度规范等正式制度，也包括村规民约等非正式制度。由正式与非正式制度产生了各治理主体的权责，规范农村集体经济治理体系内部各治理主体的行为，使各治理主体能够依照自身应享有的权责参与到农村集体经济的相关事务中，形成良好的互动关系，从而确保治理体系的结构的稳定和机制的有效运行，进而为治理体系的运转提供保障。因此，一套完善的制度是农村集体经济治理体系得以良好运转的前提。

第二，农村集体经济治理体系的结构是在党的领导下，与权责相联系的政府、农村集体经济组织及其成员之间的关系，并通过各自权责反映出它们在体系中的地位。从空间结构看，农村集体经济治理体系的结构又可划分为中层、深层和外部结构。

农村集体经济治理体系的结构可简单地看作在党的领导下，体系中的各主体及其搭配、排列或架构，并且相互联系、相互作用的方式，其中搭配、排列或架构所反映的是政府、农村集体经济组织及其成员在治理体系中的地位，而相互联系、相互作用的方式所体现的是与权责相联系的政府、农村集体经济组织及其成员之间的关系。所以，农村集体经济治理体系的结构可定义为在党的领导下，与权责相联系的政府、农村集体经济组织及其成员之间的关系，并通过各自权责反映出它们在体系中的地位。

按照空间结构再次划分，又可将农村集体经济治理体系的结构划分为外部、中层和深层结构。而不同层次的结构又分别由不同的治理主体构成。如果将中层结构看作集体层面，那外部结构就可看作国家层面，而深层结构就可看作个人层面。对外集体与国家相互联系、相互作用，对内集体与其成员相互联系、相互作用。进一步来看，外部、中层和深层结构分别表现为：与权责相联系的政府与农村集体经济组织间、农村集体经济组织内部各机构间、农村集体经济组织或者说其内部各机构与其成员间的关系，并通过各自权责反映出它们在体系中的地位。同时，随着各治理主体相互作用所经历的历时态的变化，农村集体经济治理体系的中层、深层及外部结构也会发生相应改变。也就是说，其治理结构既可能会趋于完善，又可能会出现问题。

第三，农村集体经济治理体系的机制是在党的领导下，围绕农村集体经济的发展，政府、农村集体经济组织及其成员之间的互动关系，而这种互动关系是围绕权责形成的。同时，由于结构是机制运行的载体，因而各治理主体间的互动也是在结构之中展开的。所以，在农村集体经济治理体系的外部、中层和深层结构中也分别存在各治理主体之间的互动关系，也由此形成了相应的外部机制、中层机制以及深层机制，具体来看：在外部结构中体现为政府与农村集体经济组织之间围绕权责所形成的互动关系；在中层结构中体现为农村集体经济组织内部各机构，即决策机构、执行机构和监督机构之间围绕权责所形成的互动关系；在深层结构中体现为农村集体经济组织成员与组织内部的决策机构、执行机构、监督机构之间围绕权责所形成的互动关系。并且，在不同结构中的各治理主体间的互动关系都是围绕权责形成的。

第四，构成农村集体经济治理体系的制度、结构和机制间有着密

第三章　农村集体经济治理体系的内涵、目标及构成

不可分的联系,即制度是结构和机制产生的前提,结构与机制之间既互为影响,又共同为制度的巩固提供保障。

农村集体经济治理体系的结构是其机制运行的载体,而机制运行的有效性又决定了结构架构的稳定性。治理体系的机制是否能够有效运行,并以此推动治理体系实现目标,主要取决于治理体系的结构是否合理。农村集体经济治理体系的机制是体系中各主体之间的互动关系,这种互动是发生在一定结构之内的。因此,治理体系的机制其运行状况如何,一方面取决于治理主体本身;另一方面更取决于治理体系的结构的架构,只有结构合理才能为各主体之间的良好互动创造条件。同样地,治理主体之间的良好互动也能够使主体之间的关系趋于协调,从而巩固主体之间的关系。因此,机制的良好运行也是实现结构合理化的关键。

农村集体经济治理体系的制度决定了其外部、中层、深层结构的形成,也为机制的运行提供了可能。农村集体经济治理体系的结构,或者说,政府、农村集体经济组织及其成员之间的关系是与权责相联系的,它们在治理体系中的地位也是通过各自权责所反映出的,而这其中的权责是因制度形成的,因而制度是结构产生的前提。这里的制度可能是正式制度,如法律、法规、政策等,也可能是非正式制度,如村规民约等。在此基础之上,结合结构与机制的关系不难看出,机制的存在从根本而言是基于制度,制度为机制的运行架构了载体即结构,间接地为机制的运行提供了可能。同时,制度也直接作用于机制。机制是各主体之间的互动关系,而这种互动关系是围绕着权责形成的,也就是说,机制的运行也是以制度为前提的。因此,如果农村集体经济治理体系的相关制度发生了改变,其自身的结构和机制也必定会随之发生改变。同样地,结构的稳定性和机制运行的有效性,也会为制度的巩固提供重要保障。

概言之,农村集体经济治理体系是由制度、结构和机制共同构成,是在党的领导下,因制度形成的政府、农村集体经济组织及其成员的权责,以及政府、农村集体经济组织及其成员,在推动农村集体经济发展中,围绕权责形成的互动关系的规范、有机的整体。

第二节　农村集体经济治理体系的目标

农村集体经济的发展对于农村集体经济组织成员权利的实现起着重要影响，而发展农村集体经济既需要通过集体资产的保值增值来实现，也需要通过集体经济的制度创新、形式创新和管理创新来实现。从实现农村集体经济发展的手段及其作用的角度，农村集体经济治理体系始终以维护农村集体经济组织成员的权利，确保农村集体资产保值增值，推动农村集体经济实现新发展为主要目标。

一　维护农村集体经济组织成员权利

"权利"是"自然人或法人依法行使的权能与享受的利益。是社会经济关系的一种法律形式"[1]。农村集体经济组织成员的权利也可理解为一种法律形式，具体表现为组织成员依法行使的权能与享受的利益。我国《宪法》明确规定："中华人民共和国的一切权力属于人民。"关于农民的权利，在我国现有的法律和党的重要文献中都明确规定了要尊重农民的人身权利、民主权利和合法的财产权利。习近平在不同场合也多次强调，要"保证农民直接行使民主权利"[2]"赋予农民更多财产权利"[3]。随着2018年9月《规划》提出："推动资源变资产、资金变股金、农民变股东，发展多种形式的股份合作。"[4] 这表明，伴随着改革进程的不断推进，农民也将转变成为农村集体经济组织的股东。这种新的身份将赋予作为农村集体经济组织成员的农民以更加具体的权利。按照《中华人民共和国公司法》（以下简称《公司法》）规定："股东依法享有资产收益、参与重大决策和选择管理者等权利。"故而，既可以从股东权利的角度将农村集体经济组织成员权利划分为自益权和共益权，其中自益权包括生产经营设施使用

---

[1]　夏征农等：《辞海》（第六版彩图本），上海辞书出版社2009年版，第1857页。
[2]　《十八大以来重要文献选编》（上），中央文献出版社2014年版，第685页。
[3]　《十八大以来重要文献选编》（上），中央文献出版社2014年版，第503页。
[4]　《乡村振兴战略规划：2018—2022年》，人民出版社2018年版，第35页。

第三章 农村集体经济治理体系的内涵、目标及构成

权、土地承包经营权、宅基地使用权、征地补偿款分配权、股份分红权等；共益权包括表决权、召集权、知情权、选举权等[1]，也可从实体权利和程序权利的角度划分为财产权和参与权，其中财产权包括请求权、经营权和分配权；参与权包括知情权、表决权、监督权和退出权[2]。按照现有的法律规定和党的文献相关内容并结合学术界的相关研究，本书将农村集体经济组织成员的权利划分为民主权利和财产权利。

第一，关于农村集体经济组织成员的民主权利。我国《宪法》明确规定："集体经济组织实行民主管理，依照法律规定选举和罢免管理人员，决定经营管理的重大问题。"这表明，农村集体经济组织成员的民主权利主要涉及三个方面：一是农村集体经济组织的民主管理；二是农村集体经济组织管理人员[3]的选举和罢免；三是决定农村集体经济组织经营管理等重大问题。《中华人民共和国农民专业合作社法》（以下简称《农民专业合作社法》）规定：合作社成员"享有表决权、选举权和被选举权，按照章程规定对本社实行民主管理"。同时，在《中华人民共和国物权法》（以下简称《物权法》）等法律中也都明确规定，土地发包、所有权变动、费用的使用和分配以及承包方案等事项都需要经本村集体经济组织成员同意决定。此外，在《土地管理法》中，对于农村集体经济组织成员在征收土地的补偿费用的收支状况等方面的监督权也有明确的规定。这些现有法律为农村集体经济组织成员民主权利的权威性提供了保障。并且，在党的文献中多次提到维护农民的民主权利。因此，农村集体经济组织成员的民主权利可理解为组织成员依法行使权能参与集体经济组织管理人员选举以及集体经济事务的决策、管理、监督，进而从中受益的一种法律形式，主要包括：选举权、决策权、管理权和监督权等。

---

[1] 臧之页、孙永军：《农村集体经济组织成员权的构建：基于"股东权"视角分析》，《南京农业大学学报》（社会科学版）2018年第3期。

[2] 陈小君等：《我国农村集体经济有效实现的法律制度研究》第3卷，法律出版社2016年版，第120—121页。

[3] 本书中所指的农村集体经济组织管理人员主要包括：法定代表人、理事长、监事会主席等。

第二，关于农村集体经济组织成员的财产权利。财产权利可理解为"具有一定物质内容并直接体现为经济利益的权利"①。从法学的角度看，财产权利是"民事权利主体所享有的具有经济利益的权利"②。在我国的法律条文中对于农村集体经济组织成员的财产权利有着明确的规定。《民法典》规定："农村集体经济组织的成员，依法取得农村土地承包经营权"。《中华人民共和国乡镇企业法》（以下简称《乡镇企业法》）规定："农村集体经济组织投资设立的乡镇企业，其企业财产权属于设立该企业的全体农民集体所有。"《中华人民共和国农村土地承包法》（以下简称《农村土地承包法》）规定，农村集体经济组织成员依法享有承包由本组织发包的农村土地的权利，对于土地承包经营权的流转，本组织成员拥有优先权。此外，在《农民专业合作社法》中也有规定，合作社成员拥有"利用本社提供的服务和生产经营设施"的权利以及参与分配合作社盈余的权利。

同时，在党的文献中也明确指出："土地承包经营权、宅基地使用权、集体收益分配权是法律赋予农民的财产权利"③。2014年7月，在《国务院关于进一步推进户籍制度改革的意见》中，将土地承包经营权和宅基地使用权明确为农户的用益物权。因此，可以将农村集体经济组织成员的财产权利理解为组织成员依法享有对农村集体经济组织财产本身及由其所产生一切收益的一种法律形式，主要包括：用益物权和集体收益分配权等。

第三，农村集体经济治理体系以维护农村集体经济组织成员权利为目标是因为，作为国家治理体系的重要组成部分，农村集体经济治理体系与国家治理体系的目标功能相一致，其根本上旨在为民谋利。同时，农村集体经济组织成员作为农村集体经济治理体系的参与主体，维护其权利是农村集体经济治理体系实现自身良好运转的内在要求。

首先，农村集体经济治理体系与国家治理体系的目标功能相一

---

① 夏征农等：《辞海》（第六版彩图本），上海辞书出版社2009年版，第211页。
② 《中国大百科全书》第3卷，中国大百科全书出版社2009年版，第100页。
③ 《十七大以来重要文献选编》（下），中央文献出版社2013年版，第863页。

致，都旨在为民谋利。国家治理体系作为一个"在党领导下管理国家的制度体系"，其目标功能就是要把我国建设成为社会主义现代化强国。而建设社会主义现代化强国的指向之一就是"富民"，就是为人民群众谋取最大利益。农村集体经济治理体系是国家治理体系的组成部分，其目标功能与国家治理体系的目标功能相一致，都旨在为民谋利。农村集体经济治理体系所指向的民众是农村集体经济组织全体成员。为农村集体经济组织全体成员谋取利益就要维护其权利不受侵害。因此，农村集体经济治理体系的目标旨在维护农村集体经济组织成员的权利。

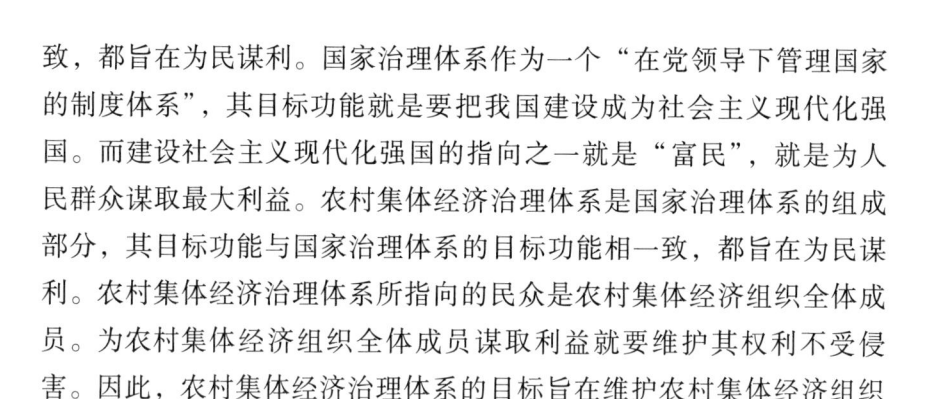

其次，作为农村集体经济治理体系的主体，农村集体经济组织成员是构成治理体系的结构和机制的重要组成部分，因而治理体系的正常运转得益于组织成员主体作用的发挥。而要想充分发挥主体作用，则需要组织成员通过行使法定的权利参与到农村集体经济的治理之中得以体现。所以，想要确保农村集体经济组织成员的主体地位，使其发挥主体作用以确保治理体系的良好运转，就必须维护成员的权利。因此，完善农村集体经济治理体系的目标旨在维护成员的权利，这不仅是成员自身的要求，更是治理体系实现自身良好运转的内在要求。

二 确保农村集体资产保值增值

"资产"是"某一主体由于过去的交易或事项而获得或控制的可预期的未来经济利益"[1]，也可以理解为"经济组织拥有或者实际控制的能以货币计量的经济资源"[2]。从权利的角度来看，资产是作为一种法律或对等的权利，为某个或某些人所拥有的，处于货币形态的，或可转换为货币的所有未来有助于实现利益的服务或收益[3]。这表明了资产具有四个主要特征：一是资产表现为货币形态或非货币形态，也就是说，既可以是货币资金，也可以是自然资产、实物资产、金融

---

[1] 夏征农等：《辞海》（第六版彩图本），上海辞书出版社2009年版，第3052页。
[2] 俞文青：《会计辞典》，立信会计出版社2005年版，第70页。
[3] ［美］约翰·B. 坎宁：《会计中的经济学》，宋小明、谢盛纹译，立信会计出版社2014年版，第9—16页。

资产、人力资产、社会资产等[①]有形或无形的非货币形态；二是资产之所以称之为资产，是因为它是有用的，这种作用体现在它有助于实现利益的服务或能够产生货币形态的收益；三是获得这种收益需要拥有对资产的所有权，而所有权作为所有制的法律形式，其涉及和反映着许多派生权利，如占有权、使用权、收益权和处分权；四是所有权主体既可以是个人也可以是集体，也就是说，既存在个人资产，也存在集体资产。所以，个体或集体享有货币形态或非货币形态所产生的货币形态收益，可以从法律意义上理解为对其享有收益权，或者更准确地理解为享有支配收益权的权利——所有权。可见，资产是在法律和经济行为共同作用下的产物。因此，农村集体资产可理解为，农村集体经济组织由于交易及事项而获得或控制的，能以货币计量的经济资源和可预期的未来经济利益。集体资产的特征主要体现在：一是表现为货币形态和非货币形态，可以是由集体资金以及由集体资金投入形成的资产构成，也可以是由集体所有的非货币形态资源要素带来的效益转化而成的新的收入流，以及这些收入流转化为的资产构成，如通过激活闲置集体资产而产生的收入所形成的资产。二是集体资产的所有权主体只能是农民集体[②]。三是集体资产的作用体现在为农民集体带来货币形态或非货币形态的收益。四是获得这种收益的前提是对其拥有和控制，即掌握所有权，由于所有权者只可能是农民集体，因而能够获得收益的主体也就只能是农民集体。此外，根据农村集体资产的经济内容和经济用途又可对其进行划分。

第一，根据农村集体资产经济内容可将其划分为流动资产和非流动资产，也可以根据其经济用途划分为经营性资产和非经营性资产。

关于农村集体资产，《宪法》有着最具权威的规定，即宅基地、自留地和自留山以及农村和城市郊区的土地（法定属于国家所有的除外）都属于集体所有。但这只是就农村集体资产中的资源性资产而

[①] 邹薇、屈广玉：《"资产贫困"与"资产扶贫"——基于精准扶贫的新视角》，《宏观经济研究》2017年第5期。

[②] 通过农村集体产权制度改革，虽然将集体的经营性资产确权到户，但农户只是享有对集体资产的占有使用和收益分配的权利，所有权仍然归属于集体。

言。在2016年12月《意见》中，又将农村集体资产明确划分为资源性资产、经营性资产以及非经营性资产三种类型。在此基础上，农村集体资产还包括现金、物资、债券等。因此，农村集体资产又可按照其经济内容和经济用途进行种类划分。

根据经济内容，农村集体资产可划分为流动资产和非流动资产。如果按照经济内容和周转方式，通常将资产分为"流动资产、长期投资、固定资产、无形资产、递延资产、其他资产等"[①] 几种类别，其中流动资产是指在一年内能够变现或耗用的资产，而其余种类的资产都属于不能在一年内变现或耗用的资产。为此，可以将除流动资产外的其余资产都看作为非流动资产，如土地等资源性资产也属于非流动资产类别。按照农村集体资产经济内容，也可将其划分为流动资产和非流动资产两种类型。就流动资产而言，主要包括：一是现金和存款；二是短期投资，如可以随时兑现的证券类投资；三是应收和预付的各类款项，如票据、账款、货款等；四是为进行生产经营而储备的物资，如生产资料及各类原材料等。就非流动资产而言，主要包括：一是资源性资产，如农民集体所有的土地、山岭、滩涂等可以利用的自然资源；二是长期投资，如不能随时兑现的股票、债券类投资；三是固定资产，如归农村集体经济组织所有的建筑物、动植物、农业基础设施等实物形态的资产；四是无形资产，如包含土地使用权、专利权在内的各种权利，以及商誉、各类技术等非实物形态的资产；五是递延资产，即在之后的每年内都需要摊销的各类费用，如开办费、基本建设支出、损失支出等。

根据经济用途，农村集体资产可划分为经营性资产和非经营性资产。具体而言，经营性资产是指农村集体经济组织直接投入到生产经营上的资产，主要包括建筑物、农业基础设施、投资、无形资产等。非经营性资产则是指农村集体经济组织不直接用于生产经营的资产，主要包括用于公共服务的文化、卫生、体育等方面的资产。

第二，农村集体资产管理问题一直备受党和国家关注，尤其2015

---

① 俞文青：《会计辞典》，立信会计出版社2005年版，第70页。

年以来，随着大量扶贫资金流向农村，农村集体资产的数量也在不断上升，使得党和国家更加重视集体资产管理问题。2016年12月，《意见》提出，要管好用好集体资产，促进集体资产保值增值。随后，2017—2020年中央一号文件持续强调，要加强集体资产的管理，防止和整治集体资产管理中的腐败及非法侵占等。同时，在《规划》《指导意见》等政策文献以及《乡村振兴促进法》等法律法规中，也将加强对集体资产的管理作为发展农村集体经济的重要任务。这也表明了确保农村集体资产保值增值将是农村集体经济治理体系的主要目标之一。

首先，集体资产是农村集体经济的主要治理对象，农村集体资产的保值增值是农村集体经济发展壮大的具体体现。在农村集体经济的系列改革中，党中央都始终将确保农村集体资产的保值增值作为改革的重要指向。例如，在20世纪90年代推动乡镇企业实行股份合作制改革中，党中央就多次强调，要"确保集体资产保值增值"[1]。又如，在近几年推动农村集体产权制度改革的过程中，党中央反复强调，要"促进集体资产保值增值"[2]。可见，确保农村集体资产保值增值是农村集体经济发展壮大的重要问题和具体体现，决定着农村集体经济能否在国民经济中发挥应有作用。如果将农村集体经济的治理对象简单看作为"农村集体经济"，那么完善农村集体经济治理体系的目的就是实现农村集体经济的发展壮大。因此，完善农村集体经济治理体系，也就是旨在维护集体资产的保值增值。

其次，农村集体经济治理体系作为一个在党领导下的制度体系，是以解决农村集体经济发展中的问题为目标，而目前当务之急就是如何确保集体资产保值增值。农村集体经济治理体系可以看作在中国共产党领导下的制度体系。作为制度而言，无论哪一项制度的设计和制定都是为了解决问题，为了实现既定的目标。农村集体经济治理体系作为一套制度体系，其中包括法律、法规、政策等，它是由制度应有

---

[1] 《十四大以来重要文献选编》（下），中央文献出版社2011年版，第344页。
[2] 《〈中共中央国务院关于稳步推进农村集体产权制度改革的意见〉学习手册》，人民出版社2017年版，第6页。

的功能决定的，也是为了解决问题和实现既定的目标。农村集体经济治理体系的构建，其目的是解决农村集体经济的发展壮大问题，而壮大农村集体经济的集中体现是集体资产的保值增值。因此，从农村集体经济治理体系自身的角度来看，完善农村集体经济治理体系的目标可以说就是确保农村集体资产的保值增值。

此外，农村集体资产可以看作农村集体经济组织成员最稳定的收入来源。农村集体资产是否能够保值增值决定了农村集体经济组织成员能否获得稳定收入，决定了组织成员的利益能否得到保障，也就意味着组织成员的财产权利能否得到维护。因此，确保农村集体资产的保值增值实质上也是在维护农村集体经济组织成员的权利。完善农村集体经济治理体系是以维护农村集体经济组织成员的权利为目标的，也就意味着完善农村集体经济治理体系也同样以确保集体资产的保值增值为目标。

三 推动农村集体经济实现新发展

2016年12月，在《意见》中，党中央提出了"发展新型集体经济"的政策主张，并在随后的《规划》中，针对发展新型农村集体经济提出了一系列的战略举措，其中包含"完善农民对集体资产股份的占有、收益、有偿退出及抵押、担保、继承等权能和管理办法"，以及"防止内部少数人控制和外部资本侵占集体资产"等与农村集体经济治理有关的内容[1]。这意味着农村集体经济治理已成为农村集体经济实现新发展的重要环节，从而表明了农村集体经济治理体系的重要目标之一即为推动农村集体经济实现新发展。这种"新"主要体现在制度、形式和管理等多个方面。

第一，推动农村集体经济实现新发展应以制度创新为基础。2017年党的十九大以来，党中央在强调发展新型集体经济的同时，一直对农村集体经济相关制度的完善与创新保持关注，一方面持续推动农村集体产权制度改革，以及农用地、农村集体经营性建设用地、宅基地等一系列改革；另一方面与农村集体经济相关的制度正在不断完善和

---

[1] 《乡村振兴战略规划：2018—2022年》，人民出版社2018年版，第35页。

创新。例如，在《民法典》中明确了农村集体经济组织的特别法人地位，为确保其在市场中的主体地位提供了法律支撑，同时还明确规定，只有在未设立集体经济组织的情况下村委会才能代行其责；在《乡村振兴促进法》中规定，要"保障农村集体经济组织的独立运营"，从而巩固了农村集体经济组织在经济活动中的独立运营权；在《章程》中明确了农村集体经济组织内部的机构设置和机构职能，集体资产管理制度、会计制度和财务制度，以及经营性资产量化与收益分配方式等。又如2018年、2019年中央一号文件以及2018年《规划》，都鼓励推动发展多种形式的股份合作，使农村集体经济组织在某种程度上具备了企业、合作社等经济组织的特征，从而为组织内部规章制度的制定提供了更多可供参考的制度规范，便于实现内部制度的创新。并且，国家正在加快农村集体经济组织法立法工作的推进。这表明了农村集体经济实现新发展离不开制度的保障。农村集体经济治理体系作为一个在党领导下的制度体系，其自身的完善所代表的就是农村集体经济相关制度的完善和创新。因此，完善农村集体经济治理体系旨在实现农村集体经济制度创新的同时，推动农村集体经济实现新发展。

第二，推动农村集体经济实现新发展应以形式创新为动力。在党的重要文献中多次提出探索农村集体经济的有效实现形式。2016年12月，《意见》提出了"通过入股或者参股农业产业化龙头企业、村与村合作、村企联手共建、扶贫开发等多种形式发展集体经济"[①]。2018年9月，《规划》提出了发展多种形式的股份合作。而形式的创新需要制度作为保障，在制度安排下，通过开展农村集体经济组织成员身份确认以及股东身份确认等工作，农村集体经济的形式得到创新，各种股份合作形式得以出现。例如，随着农村集体产权制度改革在全国范围的不断推进，农村集体经济组织成员边界不清晰、集体产权关系不明确等问题逐步得到解决，为发展多种形式的农村集体经济

---

① 《〈中共中央国务院关于稳步推进农村集体产权制度改革的意见〉学习手册》，人民出版社2017年版，第13页。

创造了有利条件。在此基础上，我国多地农村出现了通过流转量化到户的集体土地，使组织成员能够以股东的身份获得相应的股份收益的土地股份合作形式；通过将集体资产以股权形式量化到组织成员或成员自愿入股的股份合作形式；通过把农村集体土地及政府扶持资金量化入股到新型农业经营主体即"集体经济+其他"的股份合作形式等多种形式。这表明，只有以制度为保障，才能带来形式的创新。农村集体经济治理体系作为一个在党领导下的制度体系，其自身的完善能够为形式创新提供保障。因此，完善农村集体经济治理体系亦旨在实现农村集体经济的形式创新。通过形式创新，能够提升农村集体经济组织的各项功能和收入，从而有效推动农村集体经济实现新发展。

第三，推动农村集体经济实现新发展应以管理创新为保障。党的文献多次提出加强对农村集体经济的管理。2016年12月，《意见》提出，要加强对集体资产的监督管理，构建监督管理平台，推动农村集体经济管理的制度化、规范化、信息化[1]。2018年9月，《规划》提出，要完善农民对集体资产股份的占有、收益等权能和管理办法[2]。这表明了农村集体经济实现新发展需要管理上的创新。而实现对农村集体经济的有效管理，需要农村集体经济组织成员通过行使自身权利参与到与农村集体经济紧密联系的事务及其运作之中。完善农村集体经济治理体系旨在维护农村集体经济组织成员的民主权利，从而确保组织成员能够参与到与农村集体经济紧密联系的事务及其运作之中，这无疑为管理创新提供保障。一是在制度安排方面，通过完善农村集体经济治理体系，使农村集体经济组织的规章制度得以完善，其内部决策机构、执行机构和监督机构的制度逐步创新。二是在程序规范方面，通过完善农村集体经济治理体系，农村集体经济组织成员的权利得到更好的维护，能够规范地参与到农村集体经济组织领导班子的选举以及集体经济相关事务的决策、管理和监督等各个环节。三是在信息服务方面，在政府的努力下，多地建立了具备"分级管理、实时监

---

[1] 《〈中共中央国务院关于稳步推进农村集体产权制度改革的意见〉学习手册》，人民出版社2017年版，第8页。

[2] 《乡村振兴战略规划：2018—2022年》，人民出版社2018年版，第35页。

控、预警纠错、数据共享、信息服务"等功能的农村集体资产管理信息化系统平台，使集体资产监督管理水平得到了全面的提升。因此，完善农村集体经济治理体系同样旨在实现农村集体经济的管理创新，推动农村集体经济管理向制度化、规范化和信息化的方向发展，从而防止内部少数人控制和外部资本侵占集体资产的现象，以及侵害农民利益的不正之风和腐败问题的出现，以此为农村集体经济实现新的发展提供保障。

第三节 农村集体经济治理体系的构成

农村集体经济治理体系是在中国共产党的领导下，由制度、结构和机制共同构成的规范、有机的整体，其中制度是体系的重要构成部分，既包括法律、法规、政策等正式制度，也包括村规民约等非正式制度；结构是与权责相联系的政府、农村集体经济组织及其成员之间的关系，并通过各自权责反映出它们在体系中的地位；机制是围绕农村集体经济的发展，政府、农村集体经济组织及其成员之间的互动关系，而这种互动关系是围绕权责形成的。在农村集体经济治理体系中，制度是结构和机制形成的前提，结构是机制运行的载体，机制运行的有效性影响着结构的稳定性，而结构和机制的合理和有效又共同为巩固和确立制度提供重要保证。

一 农村集体经济治理体系的制度

农村集体经济治理体系首先是一个在中国共产党领导下的制度体系。作为农村集体经济治理体系的重要构成部分，制度主要用于规范治理主体的行为，调解治理主体之间的关系，从而确保治理体系结构的稳定和机制的有效运行。按照制度的产生、运行和变迁来划分，农村集体经济治理体系的制度包括正式制度与非正式制度。其中正式制度主要包括法律、法规、政策等，而非正式制度则主要包括村规民约等，从而形成了法治、德治与产权治理有机结合的制度体系。

从制度产生的角度看，正式制度是经人为设计而产生的，而非正

第三章 农村集体经济治理体系的内涵、目标及构成

式制度是在长期的社会生活中逐步自发形成的。从制度运行的角度看，正式制度是依靠权威机构强制推行，用来约束人们行为的规则。人们如若违反正式制度，对其惩处也须交由权威机构予以强制执行。而非正式制度是被人们一致认同并共同遵守的，对人们行为产生约束的规则，对违反非正式制度的惩处只须自发执行。所以，正式制度的产生、执行和惩处都受权威机构的控制，带有强制性。而非正式制度的产生、执行和惩处则不受权威机构的控制，带有自发性。从制度变迁的角度来看，正式制度由于受到人为性和强制性的影响，往往在短时间内便可以发生巨大改变，而非正式制度则由于受到长期性和自发性的影响，造成其演化的速度比较缓慢。因此，所谓正式制度可理解为人们为实现特定目标而有意识设计的，由权威机构强制推行的，用于约束人们行为的各种制度的总称，其实施和更改都由权威机构所决定，具有人为性和强制性特征。非正式制度是在长期的社会生活中自生自发逐步形成的，被人们一致认同并共同遵守的对人们行为产生约束的各种制度的总称，其实施和更改都是自发完成的，具有长期性和自发性特征。

在农村集体经济治理体系中，正式制度是国家权威机构制定并颁布的，并由其强制实施供给到集体经济事务领域，用来规范农村集体经济治理体系中的人们，或者说，治理主体的行为，从而维持其正常有效运转的各种制度的总称。对于农村社会而言，正式制度是外来的。无论任何人，只要违反或破坏正式制度，都会受到来自国家权威机构的强制性惩罚。非正式制度是农村集体经济组织成员在长期处理农村集体经济相关事务中所自发形成的，并且得到一致认同而共同遵守的，用于规范农村集体经济治理体系中人们的行为，调节人与人及人与集体间的关系，从而维持治理体系正常有效运转的各种制度的总称。它产生于农村集体内部的生产、生活与交往，是成员内化于心的行为准则。如若有人违反或破坏，便会受到成员共同的惩处。所以，相较于正式制度而言，非正式制度在一定程度上更容易被组织成员所接受。对于农村集体经济治理体系而言，非正式制度与正式制度是否相容便显得至关重要。因此，不仅要看农村集体经济治理体系中的正

式制度安排是否完善，还要看非正式制度与正式制度是否相容。

第一，农村集体经济治理体系的正式制度主要包括国家及地方制定的法律、法规、政策等。一是关于法律。法律是有国家立法权的机关按照立法程序所制定和颁布的，由国家政权保证执行的规范性文件。习近平指出："法律是治国理政最大最重要的规矩"[①]，"社会主义市场经济本质上是法治经济"，应当"依法调控和治理经济"[②]。目前，涉及农村集体经济治理体系的法律很多，主要包括《宪法》《民法典》《土地管理法》《农村土地承包法》《物权法》《中华人民共和国农业法》（以下简称《农业法》）、《村民委员会组织法》《乡村振兴促进法》等。二是关于法规。法规是指国家行政机关在职权范围内制定和发布的具有规范性内容和普遍效力的法律文件，包括中央及地方的国家行政机关所发布的各类条例、规章等。目前，涉及农村集体经济治理体系的行政法规主要包括《中华人民共和国乡村集体所有制企业条例》（以下简称《乡村集体所有制企业条例》）、《农村集体经济组织财务公开规定》等。三是关于政策。政策是指党和国家为实现一定历史时期的目标和任务而制定的行动方针或准则。目前，涉及农村集体经济治理体系的政策规定主要包括《意见》《指导意见》《深化农村改革综合性实施方案》等。

第二，农村集体经济治理体系的非正式制度主要是指村规民约等。村规民约，又称"乡规民约"，是"群众自发制定和自愿执行的各种道德守则和公约"[③]。所以，村规民约本身也是一种道德规范。作为道德规范，村规民约是在农村道德实践中所普遍遵循的行为准则。它产生于村民的观念之中，反映了农村一定社会经济关系，是在不违背国家法律、法规和政策，并以此为指导的前提下，由村民结合本村实际情况，共同约定的村民自治行为规范，是村民实现自我教育、自我约束、自我监督的重要形式，用于指导村民的行为，以及维护和满

[①] 《习近平关于协调推进"四个全面"战略布局论述摘编》，中央文献出版社2015年版，第100页。

[②] 《习近平关于全面依法治国论述摘编》，中央文献出版社2015年版，第115页。

[③] 夏征农等：《辞海》（第六版彩图本），上海辞书出版社2009年版，第2494页。

足村民的共同利益和要求。为此，在2016年、2018年、2019年、2020年中央一号文件以及《规划》《指导意见》等党的重要文献中，都着重强调了村规民约在农村基层治理中的独特功能和积极作用，并要求农村应普遍制定村规民约。

二 农村集体经济治理体系的结构

农村集体经济治理体系的结构是在党的领导下，与权责相联系的政府、农村集体经济组织及其成员之间的关系，并通过各自权责反映出它们在体系中的地位。结构体现着农村集体经济治理体系的整体性，它是机制的载体，因而机制能否有效运行，并以此推动体系实现目标，主要取决于结构是否合理，并且，结构的合理和稳定也对制度的巩固提供重要保障。同时，农村集体经济治理体系的结构又可进一步细分为中层、深层和外部结构，各结构又是建立在治理主体间相互联系、相互作用的基础之上，而这种相互联系和相互作用的形成与治理主体的权责定位密切相关。

第一，农村集体经济组织本身依法享有特别法人地位和独立运营权，其对外与政府构成体系的外部结构，对内与组织成员构成体系的深层结构。农村集体经济组织内设有决策机构、执行机构、监督机构，分别承担决策、管理、监督职责，并且三个机构存在相互联系、相互制约的关系，共同构成了体系的中层结构，具体来看：一是决策机构，如社员（代表）大会、成员（代表）大会、股民（代表）大会等，是集体经济组织的主要权力机构，一般由18周岁以上的集体经济组织成员组成，主要职责包括：选举、罢免执行机构和监督机构成员；听取、审查执行机构和监督机构的工作报告等。二是执行机构，如理事会、董事会、社管会等，对决策机构负责，主要职责包括：定期安排决策机构会议并报告工作；拟订组织的经营管理方案和投资决策方案；制定内部规章制度等。三是监督机构，如监事会、社监会等，对决策机构负责，主要职责包括：监督决策机构决议的执行；监督执行机构的职责履行及日常工作等。

同时，在未设立集体经济组织的村庄，村委会可以依法代替集体经济组织行使其职责。即便如此，凡是涉及集体经济相关事项的办理，也需要经过村民会议的讨论后决定。但只要设有集体经济组织，村委会就应当尊重集体经济组织依法进行经济活动的独立运营权。这在《民法典》《村民委员会组织法》《乡村振兴促进法》等法律中都有着明确的规定。

第二，农村集体经济组织成员享有财产权利和民主权利。财产权利主要包括用益物权和集体收益分配权。其中，用益物权主要是指土地承包经营权、宅基地使用权以及集体其他资产的经营和使用权等；集体收益分配权主要是指农村集体土地及其他集体资产的收益分配权，如集体土地承包、租赁、征收所获得的收益，利用集体资源获得的收益以及集体企业的收益等。民主权利主要包括选举权、决策权、管理权和监督权。其中，选举权是农村集体经济组织成员选举组织内部管理人员的权利，是作为组织成员的一项基本权利；决策权是农村集体经济组织成员讨论决定与集体经济紧密联系的事务及其运作的权利，是彰显组织成员身份的重要标志；管理权是农村集体经济组织成员管理和协调与集体经济紧密联系的事务及其运作的权利；监督权是在农村集体经济组织成员权利中起到保障作用的权利，能有效防止组织内部工作人员[①]的渎职行为。同时，农村集体经济组织的工作人员承担与组织运作相关的工作职责[②]，如召集会议、收发文件、传达消息以及为组织成员提供各种规定内的服务等，旨在为组织成员参与到与集体经济紧密联系的事务及其运作之中创造良好的环境。

第三，政府分别承担指导、服务和监督等职责。这些职责在我国现有的法律、法规及政策之中都有着明确的规定。例如，《宪法》规定："国家保护城乡集体经济组织的合法的权利和利益，鼓励、指导和帮助集体经济的发展"；《乡村振兴促进法》规定，各级人民政府应当引导和支持农村集体经济组织发挥依法管理集体资产、开发集体资源、服务集体成员等方面的作用，保障农村集体经济组织的独立运

---

① 除特别说明以外，本书所指的农村集体经济组织的工作人员包括管理人员和非管理层人员。

② 农村集体经济组织的工作人员可能是认定后的组织成员或非组织成员，如果是组织成员，除承担与组织运作相关的工作职责外，还享有作为组织成员所应享有的一切权利。

第三章　农村集体经济治理体系的内涵、目标及构成

营和发展壮大。又如,1997年12月,农业部、监察部印发的《农村集体经济组织财务公开规定》指出,政府对于农村集体经济组织财务公开的实行和制度的建立健全行使指导和监督职责,并对其中存在的问题进行查处;2016年12月,《意见》指出:"对集体财务管理混乱的村,县级党委和政府要及时组织力量进行整顿,防止和纠正发生在群众身边的腐败行为"[1];等等。

三　农村集体经济治理体系的机制

农村集体经济治理体系的机制是在党的领导下,围绕农村集体经济的发展,政府、农村集体经济组织及其成员之间的互动关系,而这种互动关系又是围绕着权责形成的。如果说农村集体经济治理体系的结构是与权责相联系的各主体之间的关系,那么农村集体经济治理体系的机制所体现的就是各主体在结构中的互动关系。所以,在农村集体经济治理体系的外部、中层、深层的各结构中,也分别存在不同主体之间的互动关系,也由此形成了相应的外部机制、中层机制以及深层机制。

第一,关于农村集体经济治理体系的外部机制。在农村集体经济治理体系的外部结构中,政府与农村集体经济组织间的关系表现为,政府承担包括指导、服务、监督等在内的职责,农村集体经济组织享有独立运营权。而农村集体经济治理体系的机制所体现的则是主体之间的互动关系,在这种互动关系中,政府行使指导、服务、监督等职责,农村集体经济组织行使独立运营权。

第二,关于农村集体经济治理体系的中层机制。农村集体经济治理体系的中层结构表现为与权责相联系的农村集体经济组织内部各机构之间的关系,并通过各自权责反映出它们在体系的中层结构中的地位。因此,农村集体经济治理体系的中层机制所体现的即为农村集体经济组织内部各机构之间的互动关系。这种互动关系围绕权责展开,其中决策机构行使决策职责,如决定执行机构和监督机构的人员安排

---

[1] 《〈中共中央国务院关于稳步推进农村集体产权制度改革的意见〉学习手册》,人民出版社2017年版,第8页。

等；执行机构行使管理职责，如组织召开决策机构会议以及为监督机构制定规章制度等；监督机构行使监督职责，如对决策机构决议执行的监督，以及对执行机构的职责履行和日常工作的监督等。

第三，关于农村集体经济治理体系的深层机制。农村集体经济治理体系的深层结构表现为与权责相联系的农村集体经济组织，或者说是其内部各机构与其成员之间的关系，并通过各自权责反映出它们在体系的深层结构中的地位。因此，农村集体经济治理体系的深层机制所体现的即为农村集体经济组织，或者说是其内部各机构与其成员之间的互动关系，这种互动关系围绕权责形成，其中组织成员行使财产权利与民主权利，而组织内部各机构行使决策、管理和监督职责。同时，组织成员中的工作人员，由于其身份的特殊性，一方面，作为组织成员，通过行使成员应享有的权利，参与到组织内部各个机构之中，与组织内部各机构间形成互动关系；另一方面，作为组织的工作人员，需要履行工作职责，通过为组织成员提供制度规定内的各类服务，与组织成员间形成互动关系。

农村集体经济治理体系的机制是政府、农村集体经济组织及其成员之间的互动关系，而形成这种互动关系的主体是政府、农村集体经济组织及其成员，因而各主体对机制的形成和运作起着重要影响。农村集体经济治理体系的机制建立在其结构的基础之上，可划分为外部、中层和深层机制。同时，存在于不同结构中的机制只是体现了机制自身的一个运作范围，而运作于不同范围的体系的外部、中层和深层机制所作用的内容又是具体的。所以，从机制作用的具体内容的角度，本书又将农村集体经济治理体系的机制具体划分为政府长效帮扶机制、农村集体经济组织独立运营机制及其成员分配与参与机制。

第四章

农村集体经济治理体系的现状

研究农村集体经济治理体系也需要对其现状有清晰的认识。为此，在查阅党和国家的相关权威报告和政策文件的基础上，借鉴了相关研究者的调研资料，同时还分别选取了不同省份的典型村庄进行调研。通过收集和整理相关数据，对农村集体经济治理体系的现状进行全面分析，阐释了目前农村集体经济治理体系发展程度和现存问题，并且进一步剖析了问题产生因由，为提出完善农村集体经济治理体系的思路提供现实依据。

第一节 农村集体经济治理体系的资料与数据分析

本书主要通过对国家农业农村部的相关统计数据进行分析，以此获得全国农村集体经济治理体系的概况，并做出一般性判断。同时，为了准确说明当前农村集体经济治理体系的存在状况，还采取问卷和访谈的方法对山东省、江苏省、广东省、辽宁省的典型村庄进行调研，对相关的调研材料进行整理和分析。

一 基于文献资料的统计分析

本书所依据的相关文献资料的主要来源：一是国家的相关权威报告，即国家农业农村部组织编写的《中国农业发展报告》《中国农村经营管理统计年报》《中国农村政策与改革统计年报》以及国家统计局公布的《国民经济和社会发展统计公报》等;二是党和国家的相关政策文件;三是研究者整理的相关数据资料。

第一,关于农村集体经济发展的基本状况。农村集体经济的发展状况直接体现着农村集体经济治理体系对其作用的结果,因而从中也能反映出治理体系的基本情况。近几年来,我国农村集体经济得到了一定程度的发展,集体经济组织收入呈现上涨的趋势,有收入的集体经济组织也逐渐增多。

根据国家统计局公布的《2020年国民经济和社会发展统计公报》显示:2020年全年我国农村居民人均可支配收入超过1.7万元,比2019年提高6.9%,其中贫困地区农村居民人均可支配收入接近1.3万元,较2019年增长8.8%[1]。根据2020年《中国农村政策与改革统计年报》(以下简称《年报》)显示:截至2020年年底,我国村级集体经济组织的数量超过53.1万个,比2019年增长28.6%[2],基本实现村级集体经济组织全覆盖。2020年我国村级集体经济组织总收入达到6320.2亿元,比2019年增长11.2%,其中,经营收入1935.8亿元,占总收入的30.6%;各级财政补助收入1731.3亿元,占总收入的27.4%;发包及上交收入945.5亿元,占总收入的15.0%;投资收益258亿元,占总收入的4.1%;其他收入1449.6亿元,占总收入的22.9%。从区域分布来看,2020年我国东部、中部、西部地区村集体经济组织总收入分别为4130.4亿元、1449.1亿元、740.7亿元[3],其中广东、江苏、山东等地的农村集体经济组织总收入均已超过500亿元[4]。从经营收益分布来看,根据2020年《年报》显示:截至2020年年底,在纳入统计的54万个村庄中,"空壳村"[5]有24.6万个,比2019年减少7.4万个,占总村数的45.6%,比2019年下降12.1%,其中当年无经营收益的村有12.1万个,比2019年减少

---

[1]《2020年国民经济和社会发展统计公报》,中华人民共和国国家统计局门户网,2021年2月28日,http://www.stats.gov.cn/tjsj/zxfb/202102/t20210227_1814154.html。
[2]《中国农村政策与改革统计年报(2020年)》,中国农业出版社2021年版,第3页。
[3]《中国农村政策与改革统计年报(2020年)》,中国农业出版社2021年版,第143页。
[4]《中国农村政策与改革统计年报(2020年)》,中国农业出版社2021年版,第33页。
[5] "空壳村"指:村集体经济组织经营收益在5万元以下的村庄。

24.0%；经营收益在5万元以上的村有29.4万个，比2019年增长25.2%，占总村数的54.5%，比2019年提高12.0%，其中5万元至10万元的村庄数量增长速度尤为明显，比2019年增长41.0%①。

此外，根据2020年《年报》显示：截至2020年年底，全国农村集体资产总额持续增长，全国乡、村、组三级集体经济组织资产总额（不包括土地等资源性资产）达到7.7万亿元，比2017②年增长18.8%，其中经营性资产3.5万亿元，占总资产的45.0%。从区域分布来看，我国东部、中部、西部地区资产总额分别为5万亿元、1.4万亿元、1.3万亿元，分别占总资产的65.5%、17.6%、16.9%。东部、中部、西部农村集体资产总额比为3.88:1.04:1，其中北京、广东、山东、浙江、上海、江苏6省份农村集体资产总额均已突破5000亿元，合计达到4.3万亿元，占全国农村集体资产总额的55.8%③。可见，在党和国家的关注与政策扶持下，我国农村集体经济组织收入和集体资产总额不断增长，有经营收益的农村集体经济组织占比已达到78.0%，且经营收益金额提升明显，农村集体经济整体发展状况良好并呈上升趋势。同时，实施脱贫攻坚战略以来，随着国家经济实力的不断提高，扶贫资金的规模不断扩大。1980年至2010年，中央财政扶贫资金累计达2203.22亿元；2010年到2020年，中央财政专项扶贫资金更是由222.7亿元增加到1461亿元④；2021年中央财政预算安排衔接推进乡村振兴补助资金1561亿元⑤，从而形成了大量的扶贫资产、集体资产。而集体资产的保值增值既是农村集体

---

① 《中国农村政策与改革统计年报（2020年）》，中国农业出版社2021年版，第32、144页。

② 全国农村集体资产清产核资工作以2017年为清查时点，并于2019年完成，因而将2020年与2017年的数据相比较。

③ 《中国农村政策与改革统计年报（2020年）》，中国农业出版社2021年版，第146—147页。

④ 于树一等：《我国贫困治理现代化："精准"取向下的财政扶贫资金发展》，《山东社会科学》2020年第11期。

⑤ 2021年《中央财政衔接推进乡村振兴补助资金管理办法》提出，为支持巩固拓展脱贫攻坚成果同乡村振兴有效衔接，原"中央财政专项扶贫资金"调整优化为"中央财政衔接推进乡村振兴补助资金"。

经济收益提高的具体体现，也是农民收入提高的重要前提。为此，党中央高度重视农村集体资产的管理问题，提出了"盘活农村集体资产，构建集体经济治理体系"①的政策主张。

第二，关于农村集体资产管理的基本状况。农村集体资产的管理现状是农村集体经济治理体系的结构构成和机制运行的具体体现，反映了农村集体经济治理体系的运转状况。加强农村集体资产管理的相关内容多次出现在关于"三农"工作的中央一号文件中。在2018年中央一号文件中再次提出了加强集体资产管理，"全面开展农村集体资产清产核资"以及"防止内部少数人控制和外部资本侵占集体资产"等要求②。在此基础上，2019年中央一号文件进一步指出："加快农村集体资产监督管理平台建设，建立健全集体资产各项管理制度"③。2020年中央一号文件又着重提出，"强化集体资产管理"，充实集体资产管理工作力量，"严厉打击非法侵占农村集体资产"④。这充分表明了党和国家对农村集体资产管理工作的高度重视，同时也提出了一系列的举措和要求，不断推动农村集体资产管理水平的提高。

首先，创建农村集体资产管理示范县。2017年《中国农业发展报告》显示，在2012年和2014年的第一、第二批全国农村集体"三资"管理示范县的创建工作中，共认定示范县310个⑤。2017年又将包括北京市昌平区在内的190个县（市、区）认定为第三批示范县⑥。实践证明，示范县的创建，在健全治理机构，完善管理制度，强化监督功能等方面发挥了重要的典型带动功能，从而对推进全国农

---

① 《〈中共中央国务院关于稳步推进农村集体产权制度改革的意见〉学习手册》，人民出版社2017年版，第2页。

② 《十九大以来重要文献选编》（上），中央文献出版社2019年版，第174—175页。

③ 《中共中央国务院关于坚持农业农村优先发展做好"三农"工作的若干意见》，《人民日报》2019年2月20日第1版。

④ 《中共中央国务院关于抓好"三农"领域重点工作确保如期实现全面小康的意见》，《人民日报》2020年2月6日第1版。

⑤ 《中国农业发展报告（2017）》，中国农业出版社2017年版，第109页。

⑥ 《农业部关于认定第三批全国农村集体"三资"管理示范县的通知》，中华人民共和国农业农村部门户网，2017年1月20日，http://www.moa.gov.cn/nybgb/2017/dyiq/201712/t20171227_6130209.htm。

村集体资产管理的制度化、规范化、信息化，提升农村集体资产管理水平起到了重要的推动作用。

其次，加强农村集体资产管理的顶层设计。一是清产核资。对集体所有的各类资产进行全面清产核资，摸清集体家底，健全管理制度，防止资产流失。二是明晰集体资产所有权。在清产核资基础上，把农村集体资产的所有权确权到不同层级的农村集体经济组织成员集体，并依法代表集体行使所有权。三是强化集体资产财务管理。强化乡镇农村经营管理体系建设、农村集体资产监督管理平台建设和农村集体经济组织审计监督，修订完善农村集体经济组织财务会计制度，维护成员的监督管理权。这一系列的举措无疑为化解农村干群矛盾，增强成员参与监管的积极性，以及维护成员权益创造了条件。

最后，搭建农村集体资产管理信息化系统平台。各地在清产核资的基础上，建立了具备"分级管理、实时监控、预警纠错、数据共享、信息服务"等功能的农村集体资产管理信息化系统平台。2016年全国已有40个地市、499个县、2262个乡镇自主建立了相应层级的农村集体资产监督管理平台。北京、黑龙江、上海、甘肃等省份在全省（市）范围内实现了由省（市）到村的集体资产信息化管理[1]。同时，由农村集体资产清产核资管理系统、农村集体产权管理系统、农村集体经济组织登记赋码管理系统、农村集体资产财务管理系统、农村集体经济组织信用评价系统、农村集体资产监督管理数据服务等构成的全国农村集体资产监督管理平台的建设工作也正在顺利推进，为农村集体资产监管水平的全面提升提供重要保障。

第三，关于农村集体产权制度改革的基本状况。农村集体产权制度改革为农村集体经济治理体系提供了重要的制度支撑，也是治理体系自我完善的重要表现。2021年中央一号文件提出，"2021年基本完成农村集体产权制度改革阶段性任务"[2]。这表明了农村集体产权制度改革已经进入到关键时期。通过改革充分发挥了制度的功能，为完善

---

[1] 《中国农业发展报告（2017）》，中国农业出版社2017年版，第110页。
[2] 《中共中央国务院关于全面推进乡村振兴加快农业农村现代化的意见》，《人民日报》2021年2月22日第1版。

农村集体经济治理体系，推动农村集体经济发展创造了条件。

首先，明确农村集体产权制度改革思路。2015年中央一号文件提出了农村集体产权制度改革的具体方案，其中"对土地等资源性资产，重点是抓紧抓实土地承包经营权确权登记颁证工作，扩大整省推进试点范围，总体上要确地到户，从严掌握确权确股不确地的范围。对非经营性资产，重点是探索有利于提高公共服务能力的集体统一运营管理有效机制。对经营性资产，重点是明晰产权归属，将资产折股量化到本集体经济组织成员，发展多种形式的股份合作"①。2016年中央一号文件中又进一步指出："到二〇二〇年基本完成土地等农村集体资源性资产确权登记颁证、经营性资产折股量化到本集体经济组织成员，健全非经营性资产集体统一运营管理机制。"② 随后在2016年的《意见》中，对农村集体产权制度的改革思路进行了系统的阐释。2021年4月，农业农村部在安徽省凤阳县小岗村召开了全国农村集体产权制度改革工作推进会，会议提出："加快构建现代农村产权制度，把握好确权、赋权、活权关键环节，进一步明晰各类资产的产权归属，丰富产权权能"，并强调"今年要基本完成农村集体产权制度改革阶段性任务"③。

其次，设立农村集体产权制度改革试点。2015年年初，正式确定北京市大兴区等29个县（市、区）为改革试点单位。各试点从实际出发，普遍开展了集体经济组织成员身份界定、清产核资等工作，摸清了集体资产的存量、分布和结构情况。各试点还普遍开展了以资产量化、股权设置、股权管理、收益分配等为主要内容的集体经营性资产股份合作制改革，组建了农民股份经济合作社，并落实了成员的占有权、收益权和继承权等各项权益④。2017年确定北京市海淀区等

---

① 《十八大以来重要文献选编》（中），中央文献出版社2016年版，第285页。
② 《十八大以来重要文献选编》（下），中央文献出版社2018年版，第120页。
③ 《全国农村集体产权制度改革工作推进会暨农业农村政策与改革工作会议在安徽召开，会议强调系统谋划推动新发展阶段农村改革加快健全全面推进乡村振兴体制机制》，中华人民共和国农业农村部门户网，2021年4月26日，http://www.moa.gov.cn/jg/leaders/lingdhd/202104/t20210426_6366643.htm。
④ 《中国农业发展报告（2016）》，中国农业出版社2016年版，第121—122页。

100个县（市、区）为新一轮农村集体产权制度改革试点单位，并要求各试点按期完成"两个全面""五个探索"①的任务目标。2018年和2019年又分别确定吉林、江苏、山东3个省份，河北省石家庄市等50个地市，天津市武清区等150个县（市、区）②，以及天津等12个省份，山西省运城市等39个地市，内蒙古自治区托克托县等163个县（市、区）③作为第三批和第四批农村集体产权制度改革试点单位。

最后，推进农村集体产权制度改革进程。随着农村集体产权制度改革试点工作逐步深入，完成改革的村组数量、村量化资产额度、确认农村集体经济组织成员数量都有显著提升。截至2020年年底，全国完成产权制度改革的村由2017年的8.1万个上升到53.1万个，全国94.9%的村庄都完成了改革，完成改革的村民小组由4.9万个上升到44.7万个。分区域来看，2017年我国东部、中部、西部地区完成改革的村庄分别有6.6万个、0.4万个、1.1万个，到2020年则分别上升到22.8万个、17.8万个、12.5万个，分别占各地区村数的97.6%、99.8%、84.5%；2017年完成改革的村民小组分别为1万个、0.3万个和3.5万个，到2020年则分别上升到15.5万个、4.3万个、24.9万个，分别占各地区村民小组数量的9.5%、2.6%、20.2%。2017年完成改革的村、组量化资产总额分别为5671.8亿元和680.7亿元，到2020年则分别上升到2.5万亿元和3832.2亿元。分区域来看，2017年东部、中部、西部地区量化资产总额分别为5716.3亿元、574.2亿元、364.7亿元，到2020年则分别为1.6万亿

---

① "两个全面"是全面开展农村集体资产清产核资和全面强化农村集体资产财务管理；"五个探索"是在确认农村集体成员身份、有序推进经营性资产股份合作制改革、赋予农民对集体资产股份权能、发挥农村集体经济组织功能作用、多种形式发展集体经济五个方面进行积极探索。

② 《农业农村部关于确定农村集体产权制度改革试点单位的函》，中华人民共和国农业农村部门户网，2018年7月12日，http://www.zcggs.moa.gov.cn/tzgg/201906/t20190614_6317506.htm。

③ 《中央农村工作领导小组办公室农业农村部关于确定农村集体产权制度改革试点单位的函》，中华人民共和国农业农村部门户网，2019年5月21日，http://www.zcggs.moa.gov.cn/ncjtzcjdgl/201905/t20190521_6313363.htm。

元、5153.9亿元、3375.1亿元。此外，截至2020年年底，全国乡、村、组三级共确认集体经济组织成员约9亿人。2020年完成改革的村庄当年分红达到435.6亿元，人均分红54元[①][②]。

第四，有关农村集体经济治理的法律、法规及政策。目前为止，国家制定颁布的与农村集体经济治理相关的法律、法规及政策主要包括：《宪法》《农业法》《村民委员会组织法》《农民专业合作社法》《民法典》《乡村振兴促进法》《农村基层组织工作条例》《农民专业合作社登记管理条例》《章程》《意见》《关于加强乡镇政府服务能力建设的意见》《指导意见》等。这些现有制度是农村集体经济治理体系得以初步形成的前提和保障。

通过以上统计资料可以看出，党和国家十分注重农村集体经济治理体系的构建与完善，通过不断强化农村集体资产管理，推进农村集体产权制度改革，完善农村集体经济相关制度，使农村集体产权关系得到明晰，农村集体经济组织成员的权利得到维护，成员收益不断增加。正是在党和国家的不懈努力下，农村集体经济治理体系已经初见端倪。

二 基于实地调研的数据分析

根据文献资料显示，我国东部地区农村集体经济组织收入状况好于中部和西部地区，且发展较为成熟。为确证农村集体经济治理体系的现实状况，笔者在山东省、江苏省、广东省、辽宁省分别选取一个典型村庄[③]，并对村庄中的集体经济组织成员[④]进行问卷调查，共发放600份问卷，回收问卷582份，其中有效问卷506份，回收率和有效率分别为97.0%和84.3%。

（一）农村集体经济组织成员基本情况

在接受问卷调查的成员中，35岁及以下的有91人，占总人数的

---

① 《中国农村经营管理统计年报（2017年）》，中国农业出版社2018年版，第172—173页。

② 《中国农村政策与改革统计年报（2020年）》，中国农业出版社2021年版，第136—137页。

③ 对其中的山东省济南市W村和辽宁省大连市Z村进行了访谈调查。

④ 被调查人员均为常住于农村（社区）、较少外出务工的人员。

18.0%；36 岁至 45 岁的有 151 人，占总人数的 29.8%；46 岁到 55 岁的有 121 人，占总人数的 23.9%；56 岁到 65 岁的有 92 人，占总人数的 18.2%；66 岁及以上的有 51 人，占总人数的 10.1%（见表 4-1）。

表 4-1　　农村集体经济组织成员年龄及性别状况　　单位：岁

年龄	性别 男（N,%）	性别 女（N,%）	合计（N,%）
0—35 岁	35, 16.5	56, 19.1	91, 18.0
36—45 岁	63, 29.7	88, 29.9	151, 29.8
46—55 岁	49, 23.1	72, 24.5	121, 23.9
56—65 岁	42, 19.8	50, 17.0	92, 18.2
66 岁及以上	23, 10.9	28, 9.5	51, 10.1
0—66 岁及以上	212, 100.0	294, 100.0	506, 100.0

从性别比例来看，男性与女性的总体比例为 41.9%∶58.1%，其中 35 岁及以下为 38.5%∶61.5%、36 岁到 45 岁为 41.7%∶58.3%、46 岁到 55 岁为 40.5%∶59.5%、56 岁到 65 岁为 45.7%∶54.3%、66 岁及以上为 45.1%∶54.9%（见表 4-2）。

表 4-2　　农村集体经济组织成员年龄及性别状况　　单位：岁

性别	35 岁及以下（N,%）	36—45 岁（N,%）	46—55 岁（N,%）	56—65 岁（N,%）	66 岁及以上（N,%）	合计（N,%）
男	35, 38.5	63, 41.7	49, 40.5	42, 45.7	23, 45.1	212, 41.9
女	56, 61.5	88, 58.3	72, 59.5	50, 54.3	28, 54.9	294, 58.1
男和女	91, 100.0	151, 100.0	121, 100.0	92, 100.0	51, 100.0	506, 100.0

由以上数据可见，在所调查村庄的集体经济组织中，女性人数明显高于男性人数，并且在年龄分布上，45 岁以上的成员人数较多。

（二）农村集体经济治理体系的制度安排总体状况

关于相关法律法规及政策。根据对农村集体经济的相关法律、法规、政策的健全程度及了解程度的调查显示：在被调查的成员中，分别有384人和390人认为相关法律法规和政策是完善的，占总人数的75.9%和77.1%，其中分别有273人和267人认为非常完善，占总人数的54.0%和52.8%。同时，仍分别有114名和106名成员表示现有法律法规和政策的完善程度一般，占总人数的22.5%和20.9%。并且，对于现有法律法规和政策不了解的成员也分别有8人和10人，占总人数的1.6%和2.0%。同时，所调查村庄的集体经济组织都已进行了集体产权制度改革，并在改革后建立了农村集体经济组织。根据对集体产权制度改革满意程度及了解程度的相关调查显示：被调查的成员中有472人认为实行集体产权制度改革的意义重大，占总人数的93.3%，其中有264人认为意义非常大，占总人数的52.2%，但仍有3人认为改革没有意义，占总人数的0.6%，并且还有15名成员表示对改革情况完全不了解，占总人数的3.0%。

关于农村集体经济组织章程及村规民约。所调查村庄的村委会及集体经济组织都制定了农村集体经济组织章程及村规民约。根据调查显示：被调查的成员中有391人对现有的农村集体经济组织章程及村规民约表示满意，占总人数的77.3%，其中有272人表示非常满意，占总人数的53.8%；认为一般的有106人，占总人数的20.9%；表示不了解的有9人，占总人数的1.8%。

以上数据反映了在现有的相关法律法规和政策、农村集体经济组织章程及村规民约的安排方面，虽然整体状况较好，但仍然存在完善空间。

（三）农村集体经济治理体系的结构构成总体状况

在外部结构方面，根据对农村集体经济组织与政府的关系状况的相关调查显示：被调查的成员中有223人认为关系好，占总人数的44.1%，认为关系不好的有268人，占总人数的53.0%，另有15人表示不清楚，占总人数的3.0%。同时，关于农村集体经济组织与政府间关系的重要程度的调查显示：被调查的成员中有192人认为组织与政府之间建立良好的关系十分重要，占总人数的37.9%，而超过半数的成员则认为不重要，占总人数的58.3%，另有19人表示不清楚，占总人数的3.8%。可见，在部分农村集体经济组织成员看来，农村集体经济组织与政府间的关系并不是很理想，并且农村集体经济组织成员对其组织与政府是否应该建立良好关系也持截然相反的态度。

就中层结构而言，根据对农村集体经济组织内部机构构成的了解程度的相关调查显示：在被调查的成员中，有455人对决策机构比较了解，占总人数的89.9%；有257人对执行机构比较了解，占总人数的50.8%；有241人对监督机构比较了解，占总人数的47.6%。同时，在对农村集体经济组织内部机构权责的了解程度上，在被调查的成员中，有353人表示了解组织内部各机构的权责，占总人数的69.8%；有153人表示不了解，占总人数的30.2%。可见，在农村集体经济组织内部的各个机构中，成员对决策机构最为了解，对于执行机构和监督机构了解程度相对较低，而对于组织内部各机构的权责，大部分成员表示了解，但仍有相当比例的成员表示不了解。

在深层结构方面，根据对农村集体经济组织成员参与农村集体经济相关事务状况的调查显示：在被调查的成员中，有450人表示会参与，占总人数的88.9%，从不参与的有56人，占总人数的11.1%。在参与的成员中，有430人是因为他们认为参与是自己的权利，占总参与人数的95.6%，另有20人是因为从众、不放心、村干部要求等其他原因而选择参与，占总参与人数的4.4%。在关于农村集体经济组织成员对自身权利的了解及行使情况的相关调查中，有481人表示了解自己有哪些权利，占总人数的95.0%，其中除1人外，其余人等均表示自己的权利能够正常行使。而不了解自己有哪些权利的成员共25名，占总人数的5.0%。此外，在对农村集体经济组织与其成员的联系程度的相关调查中，有471人表示有联系，占总人数的93.1%，其中表示经常有联系的有371人，占总人数的73.3%，另有35人表示没有联系，占总人数的6.9%。可见，农村集体经济组织成员对集体经济相关事务的参与度较高。同时，从成员的参与原因中可以看出，成员的权利意识很强，而且绝大多数成员认为自己了解并能正常行使自己的权利。此外，农村集体经济组织的工作人员与成员间的沟通和联系也较为频繁。

(四) 农村集体经济治理体系的机制运行总体状况

就外部机制而言，在关于政府对农村集体经济组织的影响程度的调查中，有348人认为有影响，占总人数的68.8%，其中有218人认为影响非常大，占总人数的43.1%，认为没有影响的有117人，占总人数的23.1%。可见，在政府与农村集体经济组织的互动中，政府行为在一定程度上影响着农村集体经济组织的运行。

就中层机制而言，根据对农村集体经济组织是否能够对集体资产资金进行有效监管的整体情况的调查显示：被调查的成员中，有484人表示能够有效监管，占总人数的95.7%；认为从来不能的只有5人，占总人数的1.0%。在对农村集体经济组织决策权、管理权和监督权行使状况的调查中，有275人认为农村集体经济组织能够独立行使决策权，占总人数的54.3%，其余的大部分成员认为行使决策权的是政府及村"两委"（见图4-1）。在管理权和监督权行使方面，分别有254名和306名成员认为农村集体经济组织能够行使管理权和监督权，分别占总人数的50.2%和60.5%。在其余的成员中，分别有236人和184人表示村"两委"在管理和监督集体经济事务中发挥主要作用，分别占总人数的46.6%和36.4%。可见，大多数农村集体经济组织成员对集体资产的监管状况表示满意。但是，具体到农村集体经济组织内部各机构的决策权、管理权和监督权的行使方面，只有一半左右的成员认为组织内部各机构能够自主处理与集体经济相关的事务，其他成员则认为村"两委"和政府会代替农村集体经济组织处理相关事务。

就深层机制而言，根据对农村集体经济组织成员参与各项事务的分类调查显示：在被调查的成员中，有290人表示会参与本村集体经济组织决策机构的事务，主要参与讨论村集体资产、资金、资源的运用，占总人数的57.3%；参与执行机构事务的有370人次，其中，有252人表示会对集体经济管理提建议，占总人数的49.8%，有118人表示会参与规章制度的制定，占总人数的23.3%；参与监督机构事务的有450人次，其中，有202人表示会参与监督集体经济组织工作人员的工作，占总人数的39.9%，有248人表示会参与监督集体资产、资金、资源的去向，占总人数的49.1%（见图4-2）。可见，在农村集体经济组织中，相对于执行机构和监督机构，更多的成员会参与到决策机构的事务之中。

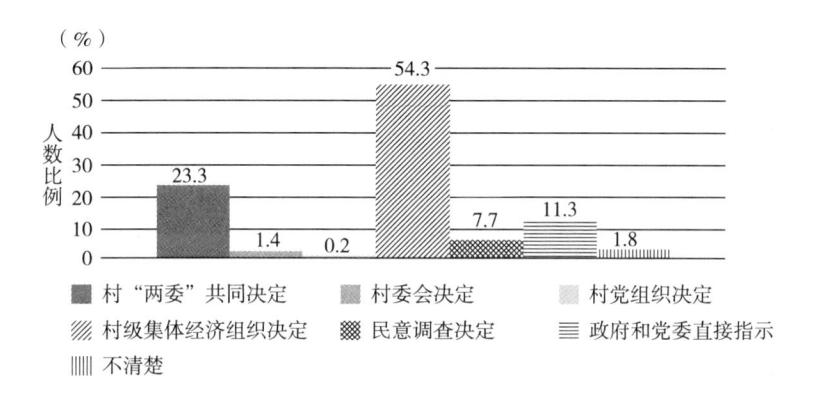

图4-1　本村集体经济重大事务的决策情况

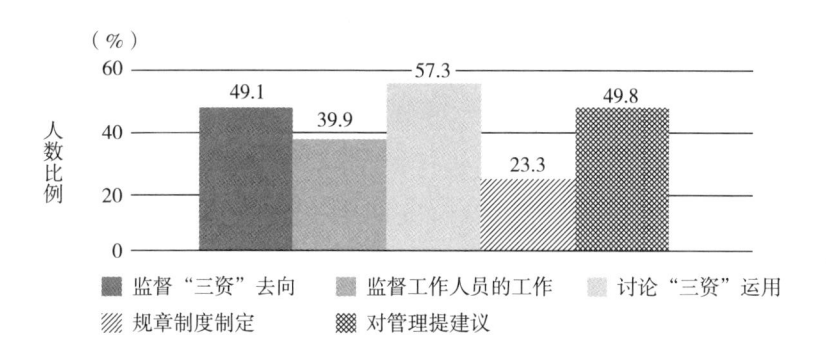

图4-2　农村集体经济组织成员参与的事项

第二节　农村集体经济治理体系的发展程度及问题

党和国家一直重视农村集体经济的发展，为此制定了一系列的制度，并采取了诸多举措，为构建农村集体经济治理体系奠定了基础。

但是由于农村集体经济治理体系尚处于初步形成期,其中还存在亟待解决的问题。只有对农村集体经济治理体系的发展程度和现存问题都有清醒的认识,才能够准确地抓住关键点,从而对其加以完善。

一 农村集体经济治理体系的发展程度

随着农村集体经济治理体系相关制度的不断完善,在现有的制度规范下,农村集体经济治理体系的外部、中层和深层结构及其相应的机制已初步形成。这也为进一步完善农村集体经济治理体系奠定了基础。

第一,农村集体经济治理体系的外部、中层和深层机制初步形成,其中外部机制是农村集体经济组织与政府间的互动关系;中层机制是农村集体经济组织内部各机构间的互动关系;深层机制是农村集体经济组织与其成员间的互动关系。因此,农村集体经济组织无疑在农村集体经济治理体系的机制运行中处于上传下达的核心地位。根据调查显示,集体经济组织成员对于本村集体经济在决策、管理和监督方面的总体满意度较高,有超过一半的成员表示非常满意,约占总人数的57.9%。

首先,在外部机制运行中,政府占据重要的地位,是推动外部机制运行的重要推力,对农村集体经济组织起到一定的指导、服务和监督作用。通过访谈了解到,政府在与农村集体经济组织的互动中,能够履行一定的监督职责。通过严格执行监管程序充分确保了农村集体经济组织每位成员的权益。

在各级政府中,基层政府是与农村集体经济组织关系最为紧密的国家行政单位,因而其职能的发挥也最为直接和明显。在所调查的村庄中,集体经济组织都与基层政府有着一定的互动,并且基层政府对农村集体经济的发展也较为关注,时常参与指导。例如,根据资料显示:X社区在召开集体经济股份合作社股东代表大会时,街道办事处的领导都会一同参加,帮助监督合作社选举包括理事长和监事会主席在内的理事会和监事会成员,听取理事会、监事会工作报告及相关章程、规章制度的制定情况,并对合作社今后的工作和发展给予指导意见、提出具体的要求。这一方面体现了政府对于指导和监督职能的履

第四章 农村集体经济治理体系的现状

行;另一方面表明了政府对于农村集体经济组织决策权的尊重。可见,农村集体经济治理体系的外部机制运行中,政府能够履行制度所规定的权责并行使指导、服务和监督职能,农村集体经济组织也能够行使自己的决策、管理和监督权。

其次,在中层机制运行中,农村集体经济组织内部各机构基本能够行使自身的权责。例如,根据资料显示:X社区通过股东代表大会,由全体代表审议理事会、监事会工作报告及相关章程、规章制度,并采取举手表决的方式,选举产生理事会成员和监事会成员,之后再由理事、监事分别召开理事会会议和监事会会议选举产生理事长和监事会主席。这体现出了农村集体经济组织的决策机构在决定农村集体经济相关事务中的地位——"最高权力机构"。又如,Z村集体经济组织为了方便管理,还特别成立了小规模的以户为单位的会议。同时,根据分类调查显示:在涉及与集体经济相关的事务由谁决策、执行和监督的问题上,有275人认为农村集体经济组织中的决策机构能够决定相关事务;有254人认为执行机构能够行使自身的权责;有306人认为监督机构能够行使自身的权责,分别占总人数的54.3%、50.2%和60.5%,均已超过半数。另外,被调查的成员中也有71.7%的成员表示本村集体经济组织能对集体资产资金进行有效监管。

最后,从深层机制来看,农村集体经济组织与其成员间的互动联系比较频繁,在被调查的成员中,有73.3%的成员表示能够与组织经常保持联系;有74.5%的成员表示组织会经常召集成员参与本村集体经济相关事务的管理工作。

就农村集体经济组织成员财产权利和民主权利的行使状况而言,根据调查显示:农村集体经济组织中的大部分成员能够从集体经济发展中受益,惠及村民的方式包括分红、兴办公益事业以及扩大再生产等,其中在分红方面,收入在1000元以下的成员人数占35.0%、1000元至5000元的成员人数占53.8%。农村集体经济组织也会利用各种渠道向其成员公开其内部事务信息。在分类调查中,有475人表示对本村集体经济组织财务支出情况了解;有340人表示对本村土地使用情况了解;有261人表示对本村集体资产出租转让情况了解;有

150人表示对本村集体资产存量与价值情况了解，分别占总人数的93.9%、67.2%、51.6%和29.6%，都接近或超出总人数的一半。在信息获取渠道方面也呈现多样化，有407人表示能够通过村民会议获知；有447人表示能够通过村务公开栏获知；有84人表示能够通过村务公开网站获知；有65人表示能够通过村里广播获知；还有15人表示能够通过信函方式获知。同时，农村集体经济组织成员也会参与到组织内部各机构的事务处理中，有290人表示会参与讨论村集体资产、资金、资源的运用；有252人表示会对集体经济管理提建议；有202人表示会参与监督集体经济组织工作人员的工作；有248人表示会参与监督集体资产、资金、资源的去向；有118人表示会参与规章制度的制定等，分别占总人数的57.3%、49.8%、39.9%、49.1%、23.3%，都接近或超出总人数的一半。

第二，农村集体经济治理体系已经初步形成了包括外部结构、中层结构和深层结构在内的结构框架，其中外部结构由政府与农村集体经济组织构成，中层结构由农村集体经济组织内部各机构构成，深层结构由农村集体经济组织内部各机构与其成员构成。

首先，从外部结构来看，政府比较注重对农村集体经济的指导、服务和监督。例如，山东省将原有的代理服务机构进行整合，在原农村会计委托代理服务中心基础上，设立了由各乡（镇、街道）农村经济管理部门负责的农村集体"三资"委托代理服务中心，用以实现农村集体"三资"管理的规范化、制度化、民主化。辽宁省实行"村会计委托代理制"，由乡（镇、街道）农村经济经营管理机构对村集体经济组织的会计核算进行监督管理，并在农村经济经营管理机构下设"村会计委托代理"办公室来负责村集体经济组织会计核算的日常管理工作。这些机构的设立无疑为政府发挥指导、帮助和监督等职能提供了一个良好的平台。此外，在政府的指导、帮助和监督下，农村集体经济组织内部也都分别建立了决策机构、执行机构和监督机构，以其作为行使独立运营权的载体。例如，在所调查村庄的集体经济组织中都设有决策机构、执行机构和监督机构。根据调查显示：有44.1%的成员认为政府与农村集体经济组织的关系比较密切，并认为通过这种良好的关系能够给本村集体经济的发展带来帮助。这一方面表现出政府对自身权责的明确，便于为农村集体经济组织提供指导、帮助和监督；另一方面也能够使农村集体经济组织自身的权责得到明晰，为其正常行使独立运营权创造条件。

其次，就中层结构来看，我国农村治理的基本框架是由农村集体经济组织制度与村民自治组织制度交织构成。在《民法典》中，农村集体经济组织与村委会都被明确赋予了法人资格。这意味着农村集体经济组织与村委会都应是职能独立的组织。在所调查的村庄中，都设有独立的集体经济组织，如集体经济股份合作社、股份专业合作社等。

农村集体经济组织的设立意味着经济职能已经从村委会中分离，农村集体经济组织将承担农村集体经济相关事务，行使经济职能，村委会则只需承担村民自治相关事务，行使行政职能，而村党组织对农村集体经济组织和村委会行使领导职能。在调查中，有60.7%的成员表示村"两委"在处理集体经济相关事务中能够发挥应有作用。正因如此，农村集体经济组织与村"两委"的联系也比较紧密。在所调查的村庄中，有54.7%的成员认为农村集体经济组织与村"两委"之间的关系良好，认为关系不好的只有0.6%。同时，按照党和国家的法律、法规和相关政策要求，农村集体经济组织内部都设有决策机构、执行机构和监督机构，并且按照集体经济组织统一制定的规章制度各负其责。

最后，就深层结构而言，农村集体经济组织内部各机构基本能够尊重和维护集体经济组织成员的权利。在所调查的成员中，只有1人表示自己的权利从来不能得到维护。通过访谈也了解到，在农村集体经济组织的董事会和监事会中也有非村干部成员，各村也会经常组织各种会议来讨论集体经济的相关事宜。并且，在调查中也能看出，被调查的成员中的大多数能够参与到本村集体经济组织内部各机构的各项事务之中，而且绝大多数成员也都认可现任领导班子，认为他们能够听取大家意见，愿意为大家争取利益。

同时，农村集体经济组织成员对本组织的相关事务也有较高的参与热情。通过调查农村集体经济组织成员对本组织事务的参与情况发现，绝大多数成员会参与到本组织的事务中，其中有88.9%的成员表示会参与本组织的事务管理，有91.7%的成员表示会参与管理人员的选举，而不参与的原因也大多是因为年龄大和临时有事等，而且，农村集体经济组织成员也有较强的权利意识。例如，在调查中，有95.6%的成员表示参与是自己应当享有的权利，也有95.1%的成员表示了解自己应当享有哪些权利。此外，农村集体经济成员对于本组织内部的机构种类也较为清楚。在分类调查中，有89.9%的成员表示了解决策机构的存在，了解执行机构和监督机构存在的成员，也分别占总人数的50.8%和47.6%，且有69.8%的成员表示了解各机构的职能。

第三，农村集体经济治理体系的相关制度正逐步完善。所调查村庄的集体经济组织成员对制度的总体满意度较高，对目前的法律法规、政策及村规民约感到非常满意的人数分别占总人数的54.0%、52.8%和53.8%，均已超过半数。这得益于现有制度能够涉及各治理主体，并在规范各治理主体行为上发挥作用。

首先，我国现有制度对于政府的职责有着较为明确的规定。我国现有制度规定了政府的主要职责是指导、服务、监督以及对遵守或违反相关制度的组织与个人进行奖励、纠正、处分等。例如，《农业法》规定，政府应当加强在指导、协调、监督、服务等方面的职责，对于农村集体经济组织所提出的合理要求，应当按照国家规定及时给予答复；《农村集体经济组织财务公开规定》要求，由农村集体经济组织所在地县级以上农村经营管理部门负责统一确定集体经济组织财务公开的时间，对于财务公开的实行、制度安排以及其中的问题进行指导、监督和查处。又如，《乡村集体所有制企业条例》规定，政府应依法加强对乡村集体所有制企业的指导、监督、管理、服务、协调等，其中指导方面主要涉及企业的技术进步、职工教育和培训，企业的思想政治工作和社会主义精神文明建设以及企业的计划、统计、财务等管理工作；监督方面主要涉及检查企业执行国家法律、法规和政策；管理方面主要涉及制订企业发展规划，协同有关部门制定农村剩余劳动力就业规划以及总结推广企业发展的经验;服务方面主要涉及向企业提供经济、技术咨询和信息服务;协调方面主要涉及帮助企业与有关方面建立良好的关系,为企业开展合作提供助力[1]。

其次,我国现有制度对农村集体经济组织的权责有着较为明确的规定。例如,《宪法》规定,农村集体经济组织应享有自主权,自主决定经营管理中的重大问题;《物权法》规定,农村集体经济组织应代表农民集体对土地等属于集体所有的资产行使所有权,也承担向成员公布集体资产状况的职责;《农业法》规定,农村集体经济组织承担"为其成员提供生产、技术、信息等服务"的职责;《乡村振兴促进法》规定,农村集体经济组织发挥依法管理集体资产、开发集体资源、服务集体成员等方面的作用;《民法典》规定,农村集体经济组织为特别法人,享有独立的法人地位,"未设立村集体经济组织的,村民委员会可以依法代行村集体经济组织的职能",这意味着,农村集体经济组织具有与村委会同等的法人地位,一经设立,其职能不能任意由村委会代替行使。此外,《乡村集体所有制企业条例》《农村集体经济组织财务公开规定》《意见》等现有法律法规及政策对农村集体经济组织的权责也都有明确的规定。这表明,在我国现有制度规定中,农村集体经济组织不仅依法享有特别法人地位,还享有对集体资产的经营和管理等各种权责,同时也承担着为其成员提供服务并接受其成员监督的职责。

最后,我国现有制度对农村集体经济组织成员应当享有的权利有着较为明确的规定。如《民法典》规定,成员享有土地承包经营权;《农业法》规定,成员享有"向各级人民政府及其有关部门反映情况和提出合法要求的权利";《土地管理法》规定,成员享有征地补偿收支情况的监督权等;《乡镇企业法》规定,成员享有企业财产权;《农民专业合作社法》规定,成员享有选举权、表决权、分配盈余的权利等。此外,《农村土地承包法》《物权法》等法律对于成员的权利也有着明确的规定。在享有权利的同时,《宪法》规定:我国公民

---

[1] 2011年《条例》修改后,这一部分内容仍予以保留。

必须在不损害国家、社会、集体的利益以及其他公民的合法权利的基础上，行使自身的权利。这表明，在我国现有的制度规定中，农村集体经济组织成员依法享有选举权、土地承包经营权、表决权、监督权、分配权等各种权利。

此外，在所调查的村庄中，村委会和集体经济组织都在遵守国家有关的法律法规和政策的前提下，制定了农村集体经济组织章程及村规民约，并经过村民（成员）代表大会审议通过实行，有77.3%的成员对本村的集体经济组织章程及村规民约表示满意。

二 农村集体经济治理体系的现存问题

尽管我国农村集体经济治理体系在构建过程中取得了一定的成绩，但仍然存在诸多问题，如若不加以重视，会影响体系的运转，甚至会危及整个体系的稳定。通过对文献资料与调研数据的分析，挖掘农村集体经济治理体系中所存在的问题，对于整个体系的完善有着重要价值。

第一，有关农村集体经济治理体系的现有制度层面上的问题。在党和国家的文献中，主要是在法律和政策方面，对农村集体经济治理体系所涉及的部分关键概念及权责尚未进行明确界定和划分。同时，在农村集体经济组织章程及村规民约的制定上也不够完善。

首先，农村集体经济组织成员身份仍缺少制度化规范，导致成员身份仍然难以明确界定，其权责也就难以厘清。农村集体资产是集体经济组织成员利益的聚合，内含着每一个成员的个人利益，也代表着全体成员的共同利益。农村集体经济组织成员的身份是享有成员权利的基础，没有成员身份就无法行使成员权利，无法享有作为成员的个人利益。所以，农村集体经济组织的成员身份与集体资产的所有权密不可分。同时，农村集体经济组织成员是农村集体经济治理的直接参与者，实现参与也需要以具有成员身份为前提。但是在国家的现有正式文件中只明确提出了认定成员身份所应遵循的原则和考虑的因素，以及建立健全登记备案制等内容，对于认定标准尚未明确说明。地方上在确认农村集体经济组织成员的具体程序、标准和管理办法方面虽进行了积极探索，大多数县、村也都出台了确认集体经济组织成员身份的指导意见和标准,明确了成员身份确认的基本条件、工作程序和原则,不过仍有部分地区的认定标准不够细化和具体。

在关于什么是农村集体经济组织成员这一问题上,虽然在《物权法》《民法典》《乡村集体所有制企业条例》等法律法规及政策中都规定了农村集体经济组织代表农民集体行使权利,也就意味着农村集体经济组织成员是指农民集体成员。但农村集体经济组织概念和类型尚不清晰,例如,在《意见》中提出了农村集体经济组织也可以称为合作社;在原《中华人民共和国民法通则》(以下简称《民法通则》)中也提到"村农业生产合作社等农业集体经济组织"。由此引发了农村集体经济组织成员与合作社成员之间身份模糊的问题,使成员身份难以界定。因为通过调查发现,在土地已全部流转或大部分流转给村办合作社的地区,其村干部和村民习惯将村办合作社看作集体经济组织,他们认为集体经济组织成员就是合作社成员。而在土地未完全流转给村办合作社的地区,并不是全体村民都加入了合作社。例如,Z村由村集体领办成立的土地股份粮经种植专业合作社,只流转了三百亩土地;又如W村在成立集体经济股份合作社前,还本着自愿入社的原则由村集体领办成立了土地股份合作社、集体资产股份合作社等。未加入合作社的村民自然不属于合作社成员,那他们是否算作集体经济组织成员。所以,在这样的地区中,村干部和村民对于组织成员与合作社成员的身份的认定就非常模糊,往往习惯于将二者分开来看或者只将合作社成员看作集体经济组织成员,这无疑会对权责的具体划分造成影响。

其次,我国现有法律对农村集体经济组织与村委会及农村其他各类组织的权责没有统一的界定。虽然在《宪法》等现有法律中都明确规定,农村集体经济组织应依法享有独立进行经济活动的自主权。并且,关于自主权的具体内容也在各个单行法律、法规以及相关政策中进行了规定。但是,其中的部分法律法规及政策在规定农村集体经济组织代表农民集体对土地等属于集体所有的资产行使所有权,管理集体资产的同时,又规定村委会享有依法管理集体资产的权责,从而使农村集体经济组织的权责难以厘清。

同时，《民法典》虽然规定，在未设立集体经济组织的村庄，村委会可以代行其责，行使经济职能，但村委会并不是依法独立进行经济活动的经济组织主体，这就容易使其在行使经济职能时，处于尴尬的境地，也难以避免地会在与集体经济的相关事务管理以及实际运行中，出现职能交叉重叠。不仅如此，在《土地管理法》等法律法规及政策文件中，还按照组、村、乡（镇）等单位，将代表农民集体对集体资产进行经营管理的主体划分为村民小组、村集体经济组织以及乡（镇）农村集体经济组织等，从而造成权责主体更加宽泛，既包括村委会，又包括各级农村集体经济组织，使农村集体经济组织的权责更加难以界定。

再次，农村集体经济组织章程及村规民约的制定不够完善。我国农村治理的基本框架由农村集体经济组织制度与村民自治组织制度交织构成。农村集体经济组织章程与村民自治章程同属于综合性规范，而村规民约属于某一方面的行为规范[①]。但当前农村集体经济组织章程内容泛化、形式感明显，村规民约的内容较少涉及农村集体经济方面，无法充分发挥其作为综合性规范与行为规范的效用。

从农村集体经济组织章程来看，对于一个社会组织体而言，组织章程在组织内部治理中具有"宪法性"的意义。组织章程既决定了组织本身及其内部机构的存在及形式，也对组织及其内部各机构的活动及职能起到规范和约束的作用。通过访谈了解到，W村和Z村的集体经济组织都按照国家有关的法律法规和政策的要求制定了组织章程和选举办法，并经过成员代表大会审议通过实行。但并没有结合本村的实际情况而制定特别条款。所以，组织章程与国家相关法律制度，如《公司法》《农民专业合作社法》等，在内容上几乎没有差别，未体现地方性。特别是在《章程》出台后，这一问题可能还会更加突出。并且，在具体的权责事项上，相关内容也较为泛化。这极易导致农村集体经济组织章程在实施过程中很难具有针对性，难以起到应有作

[①] 胡若溟：《国家法与村民自治规范的冲突与调适——基于83份援引村民自治规范的裁判文书的实证分析》，《社会主义研究》2018年第3期。

第四章　农村集体经济治理体系的现状

用，极易成为应付制度建设要求的"一纸空文"。

就村规民约而言，所调查的村庄都有自己的村规民约，但是内容都较少涉及集体经济及集体经济组织的相关事宜。例如，根据资料显示：在 X 社区的村规民约中，只提到社区居民委员会接受社区党支部的领导，社区党支部和居民委员会是领导和被领导的关系。在社区党支部的领导下，居民委员会在国家法律、法规政策范围内开展居务管理，按照"四个民主"的原则，实行居民自治，并未具体指向农村集体经济组织及其成员。因此，对于农村集体经济而言，村规民约的存在感较低。这就造成在遇到有关农村集体经济组织的具体问题时，村规民约就难以发挥应有作用。

第二，在农村集体经济治理体系看似完整的结构构架下隐藏着一定的权责不清的问题。在这种情况下所构成的权责关系，不可避免地会影响到体系自身机制的运行，同时也会对农村集体经济治理体系的现有制度造成冲击，从而对体系的运转造成阻碍。

首先，在与权责相联系的政府与农村集体经济组织的关系中，农村集体经济组织受益有限。根据调查显示：有53.0%的成员表示本村集体经济组织与政府之间联系不密切，也有58.3%的成员表示不在乎二者之间的关系是否良好。这表明，虽然政府与农村集体经济组织的权责关系看似明确，结构看似稳定，但是本组织中的成员对于政府权责的行使状况既不看重，也不关心，或者说是认为农村集体经济组织与政府间的权责关系是否正常，不会对本村集体经济发展造成明显影响。

相反地，农村集体经济组织的事务受到政府干涉的现象仍时常出现。比如，根据调查显示：仍有11.3%的成员表示本村集体经济相关事务是由政府和党委直接指示决定，也有68.8%的成员表示政府会对农村集体经济组织的选举工作产生影响。这从一定程度上也能反映出，在实际情况中，政府与农村集体经济组织之间的权责关系，并不像相关制度所规定的那么简单明了，仍存在不少潜在的问题。同时也表明，政府在与农村集体经济组织互动关系中，虽然越权情况的发生已经有所减少，但是并不意味着不存在。权力一旦无法得到约束，由此形成的权责关系也就难以发挥正向作用。因此，政府与农村集体经济组织所构成的外部结构表面看似稳固，实则还是存在一定的隐患，如若忽视，这种结构的隐患不可避免地会在机制运行中被无限放大。

其次，农村集体经济组织与村"两委"之间的职责尚未完全厘清，并且组织内部各机构间也难以形成清晰的权责关系。在所调查的村庄中，尽管都设立了集体经济组织，但农村集体经济组织与村"两委"的职责往往交叉重叠。例如，在调查中，有45.7%的成员认为农村集体经济组织无法独自决定本村集体经济的相关事务，其中有23.3%的成员表示是由村"两委"共同决定；有1.4%的成员表示是由村委会独自决定；有0.2%的成员表示是由村党组织独自决定；有7.7%的成员表示是通过民意调查决定；等等。这表明，处理与集体经济相关事务及运行的主体，并不只是农村集体经济组织或者说其内部的决策机构，这在一定程度上严重削弱了其作为"最高权力机构"的权威。并且也表现出，虽然形式上实现了农村行政组织与经济组织的分离，但是权责上仍然难以厘清。这显然与现有法律中所规定的农村集体经济组织应享有特别法人地位和独立运营权相悖。即便如此，农村集体经济组织成员对决策机构的了解，也远远超过对执行机构和监督机构的了解。例如，在分类调查中发现，了解决策机构、执行机构和监督机构的人数，分别占总人数的89.9%、50.8%、47.6%，其中了解组织内部设有决策机构的人数要远高于了解设有执行或监督机构的人数。可想而知，相比决策机构，执行机构和监督机构更加难以发挥应有的职责。因此，从表面来看，农村集体经济治理体系的中层结构虽已初步形成，但是与权责相联系的组织内部各机构之间的关系并不清晰。所以，各机构在行使职责的过程中也就难免出现问题。

最后，农村集体经济组织成员对于组织内部机构构成以及自身应享有权利的了解仍然较为片面。如上所述，在农村集体经济组织内部机构设置上，不少成员对于决策机构、执行机构和监督机构缺乏基本的了解。组织成员不知道本组织内部各机构的存在，也就无法参与其中行使权责。无法参加，也就意味着难以了解各机构是否履行权责以及履行权责的情况。因此，即便调查显示组织成员的参与度很高，这种高也只是一种虚高,并不具有很大的参考价值。

同样地,虽然大部分成员表示自己的权利能够得到维护,但是在缺少全面参与的前提下,这种权利的维护具有局限性。即便如此,仍有30.2%的成员对本村集体经济组织内部各机构的职能不了解,有22.7%的成员表示只是偶尔能得到维护,甚至还有个别成员表示从来不能得到维护。因此,农村集体经济组织成员对权利的行使实际上是不充分的,因而与权责相联系的组织成员与内部各机构之间的关系,也是不牢固的,尤其是与执行机构和监督机构之间的关系。同时,虽然成员参与度较低的机构,其权责的行使的合法性难以得到保障,但这不代表机构不存在,不代表其不行使权责,也不代表与权责相联系的组织内部各机构之间关系的解体,各个机构在运行中仍然会相互产生影响。所以,即便成员参与决策机构的程度较高,但在缺少合法性的执行机构和监督机构的制约下,其决策权也往往难以得到保障。

第三,虽然农村集体经济治理体系的外部、中层和深层机制基本形成,但是在政府、农村集体经济组织及其成员之间的互动关系中仍然暴露了一些问题。这些问题不仅会导致结构的解体,也掩盖了制度的价值,严重阻碍了农村集体经济治理体系的有效运转。

首先,政府对农村集体经济组织提供帮扶的方式及程序尚有欠缺。在调查中发现,资金短缺问题是目前农村集体经济组织最棘手的问题。为此,各地政府也都在权责范围内向农村集体经济组织提供了一定的政策支撑,不过力度还比较小,对于农村集体经济组织的发展没有很明显的帮助。并且,农村集体经济组织想要获得扶持资金的程序也比较复杂。可见,本来是很好的扶持政策和监督程序,但在实际运行中,却呈现出既无法形成帮扶,也无法实行监督的局面。同时,在指导方面,当有政府人员参加农村集体经济组织的决策机构会议时,与会成员反而会感觉到拘束。这就使本应发挥正向的作用,在实际互动中所呈现的效果却不理想。此外,政府在权责范围内也尚未顾全农村集体经济组织及其成员的切身需求,如集体经济组织希望跟企业合作,但是没有渠道,这也亟须政府给予帮助,提供途径;又如政府通过邀请专家讲课来提供管理或技术支持时,很少有村民愿意去听；等等。

其次，村"两委"在与农村集体经济组织的互动关系中，存在一定程度的越权行为。村"两委"在与农村集体经济组织的互动中不仅发挥了领导、组织、服务等功能，还发挥了本应属于农村集体经济组织的经济功能，如对集体经济相关事务的决策以及对集体资产的监管等。调查显示，分别有46.6%和36.4%的成员表示村"两委"在农村集体经济的相关事务中发挥着管理和监督集体资产的功能。并且，在所调查的村庄中，农村集体经济组织的法人以及内部各机构的主要管理人员都是由村支书或村主任担任。村"两委"与农村集体经济组织采取一套领导班子，很难确保在互动中不出现问题。例如，通常以党员会、群众代表会、全体村民会等作为处理和商议本村集体经济有关事宜的平台，像调查中发现，在遇到集体经济相关问题时，有27.3%的成员会选择向村民大会、村民代表会议或党员会议提出。这表明，村"两委"内设机构或议事平台，实际上行使着与农村集体经济组织决策机构一样的权责或替代农村集体经济组织的内部机构行使权责，而农村集体经济组织也默许了这种现象。在这种情况下，就某种程度而言，村"两委"与集体经济组织之间已不存在互动关系，因为二者的职责已经合二为一。这无疑严重削弱了甚至剥夺了集体经济组织内部各机构的权责，从而造成农村集体经济组织的悬置和虚化。

同时，就农村集体经济组织内部机构间的互动关系而言，内部各机构成员基本由村"两委"领导班子成员兼任，其中只有少数党员代表和村民代表，这就造成一方面本组织成员的权利难以得到充分的发挥；另一方面由于缺少本组织成员的普遍参与，也难以确保各机构能履行其应有的职责，也就很难实现各机构间职责的相互制约，从而导致农村集体经济组织内部出现少数人控制的现象。在调查中，也有23.9%的成员认为本村集体经济组织只是偶尔能够实现对集体资产的有效监管，另有少数成员认为难以实现有效监管。此外，农村集体经济组织与其成员的互动频率也有待加强。在调查中，有19.8%的成员表示与本组织偶尔有联系；有6.9%的成员表示从来没有过联系。关于本村集体经济组织是否经常召集成员参与对本村集体经济相关事务管理的问题上，有20.8%的成员表示只是偶尔组织，另有4.7%的成员表示从来不组织。在当前信息高度发达的社会中，农村集体经济组织作为农村熟人社会中更小的人际圈子，仍然存在没有联系的情况，理应引起重视。

再次，农村集体经济组织成员在与本村集体经济组织及其内部各机构的互动中尚且存在参与质量不高、信息渠道单一以及收入分配等问题。这使农村集体经济组织成员在与本组织的互动中，其自身的权利难以得到保障。根据调查显示：虽然参与到农村集体经济组织相关事务中的本组织成员人数比例较高，但是能够参与全部事项的人数并不高（见图4-2），且除图中所涉事项外，再无其他的参与项目。因此，参与人数虽多，但具体到每一项的参与者却并不多，参与的事项也较少。这就导致成员的一些建议无法被及时采纳，成员权利也就无法完全得到保障，从而直接影响到参与质量。并且，通过调查也可以看出，参与制定集体经济组织内部规章制度的成员只占两成左右。这种不是由大家的共识产生，而是由少数人所制定的制度，极易引发成员与组织在互动中的矛盾及争端。

同时，农村集体经济组织及其成员获取集体经济相关信息的渠道和途径较为单一。通过调查了解到，农村集体经济组织成员主要通过会议和村务公开栏获取本村集体经济相关信息，而广播、网络、信函等渠道的利用率不高。然而，当前农村集体经济组织成员外出务工的现象极为普遍，信息渠道过于单一，就无法使外出务工的成员及时获取本村集体经济的相关信息，也就无法实现成员与组织间的全面互动。并且，农村集体经济组织在信息获取渠道方面也相对单一，更多只能依靠上级政府文件传达，无法及时全面地掌握信息，也就难以确保独立运营顺利进行。

此外，在农村集体经济组织成员的收入分配方面也存在一些问题。由于薪酬制度不够完善，农村集体经济组织管理人员的薪酬标准相对较低，无法体现按劳分配的原则[①]，这既无法激发管理人员的工作热情，也极易引发腐败现象，从而对组织成员的权利造成损害，不利于农村集体经济组织的运行和发展。就普通成员而言，根据调查显示，有10.3%的成员还无法从本村集体经济组织中分得收入。对于有收入的成员来说，其固定收益的增幅也并不明显。并且，对于积极参与本村集体经济相关事务，能够为集体经济组织创造更多收益的成员而言，也并未建立相应的激励机制。这对于促进和维持成员的参与积极性以及建立对本组织的认同感和归属感等都极为不利。

第三节　农村集体经济治理体系存在问题的因由

对农村集体经济治理体系存在问题的原因分析，有助于寻根溯源，为解决问题，进而提出完善策略提供思路。农村集体经济治理体系现存问题的致因是多方面的，其中既有认识上的因素，也有程序和模式方面的原因，更与治理主体自身有关。

一　认识上的因素

对于农村集体经济以及治理体系的深刻认识不是一朝一夕产生的，而是需要一个过程。正因如此，直到2016年12月农村集体经济治理体系的概念才首次被提出。也正因为认识的深化需要过程，因而农村集体经济治理体系定然不尽完美，必然会存在一些问题。

第一，对于农村集体经济治理体系的认识，目前依然处于起步阶段。在党和国家涉及农村集体经济的重要文献中，治理和治理体系概念出现的时间较晚。在概念提出后，社会各界广泛关注国家治理和国家治理体系层面，还很少谈及农村，即便之后提出了乡村治理和乡村治理体系的概念，也很少将治理和治理体系与农村集体经济相联系，

[①] 何剑：《完善农村集体经济组织管理人员薪酬激励机制的探析》，《现代营销》（经营版）2021年第4期。

第四章 农村集体经济治理体系的现状

从而导致农村集体经济治理体系的概念出现较晚。这充分说明我们对于集体经济治理体系的认识尚处在起步阶段。并且，认识都是基于实践，当我们的认识处在初步阶段的时候，实践也是不够深入的。因此，这就导致农村集体经济治理体系在实践中会暴露一些问题。

首先，治理的概念很少出现在农村集体经济领域。改革开放以来，在党和国家的重要文献中，"治理"一词逐步用于国家治理层面、经济领域和集体经济领域，但更多还是用在生态环境及社会治安方面。在国家治理层面，如1983年的《政府工作报告》中指出："新宪法是我国人民治理国家的总章程"[1]；在经济领域，如1988年9月，在党的十三届三中全会会议公报中提出了"治理经济环境"[2]；在集体经济领域，如1990年3月，李鹏在第七届全国人民代表大会第三次会议上的政府工作报告中提出，要对乡镇企业进行治理整顿[3]。随着市场经济的确立，种类繁多的经济组织开始出现，如国有企业、乡镇企业以及各类公司等，"治理"的概念开始更多地用于经济组织。在历年有关"三农"的中央一号文件中，"治理"一词多用于农村信用社和供销合作社。其中2010年中央一号文件在提到完善农村基层治理机制时，着重指出："加强农村集体资金、资产、资源管理"[4]。这是在中央一号文件中首次将集体经济的相关事务纳入农村基层治理机制之中。可见，在党和国家的重要文献中，"治理"一词涉及农村集体经济领域的时间较晚，内容也较少。

其次，治理体系和治理能力现代化问题的提出也较晚。关于治理体系，2011年11月，胡锦涛在法国戛纳举行的二十国集团领导人第六次峰会讲话中提出了"全球经济治理体系"[5]，这是在党和国家的重要文献当中首次出现"治理体系"一词。此后，直到2016年12月，"治理体系"的概念才首次出现在农村集体经济领域。这表明，

---

[1]《十二大以来重要文献选编》（上），中央文献出版社2011年版，第298页。
[2]《十三大以来重要文献选编》（上），中央文献出版社2011年版，第246页。
[3]《十三大以来重要文献选编》（中），中央文献出版社2011年版，第367页。
[4]《中共中央国务院关于"三农"工作的一号文件汇编：1982—2014》，人民出版社2014年版，第218页。
[5]《十七大以来重要文献选编》（下），中央文献出版社2013年版，第594页。

党和国家对于治理体系这一概念的认识，经历了漫长的过程。在提出治理体系概念的同时，党和国家也提出了推进治理体系和治理能力现代化的论断。关于现代化的论述最早要追溯到1954年。在1954年第一届全国人民代表大会中，首次提出了"四个现代化"任务，并将这一任务确定为中国国家发展的总体战略目标。在此基础上，2013年，党的十八届三中全会首次提出了"推进国家治理体系和治理能力现代化"，并将其设定为全面深化改革的总目标。随后，2017年12月，习近平在中央农村工作会议上的讲话中提出了推进乡村治理体系和治理能力现代化的理念。这无疑表明了党和国家对于治理体系的认识在不断深化，已充分认识到构建和完善治理体系的重要性，并将推进治理体系现代化上升到最高的战略地位。但同时也应当看到，从"四个现代化"的提出，到国家治理体系和治理能力现代化的提出，经过了将近60年的时间，而乡村治理体系和治理能力现代化更是直到2017年才首次出现在党的重要文献之中。这一方面表明了党和国家是经过了较长时间才对治理体系有了较为深刻的认识；另一方面也意味着治理体系受到党和国家特别重视的时间还很短，必然在许多方面还不够完善，这也是导致农村集体经济治理体系存在问题的一个重要原因。

第二，对农村集体经济需要有创新性认识。社会主义改造完成后，农村集体经济就成为社会主义经济的基本形式。在新中国成立后的较长时间里，党和国家以及学术界对于农村集体经济的认识不断加深。但在新时代，农村集体经济发展环境发生了变化，农村集体经济本身在发展中也出现了很多变化，面对这些变化，如果缺乏对农村集体经济的创新性认识，就会导致农村集体经济治理体系在运转中出现诸多问题。

首先，党和国家对于农村集体经济认识的深化经历了漫长的过程。中国共产党始终遵循集体经济是我国社会主义公有制经济重要形式的底线和原则，始终把发展和壮大集体经济作为党在农业农村的一项重要政策。改革开放以来，农村集体经济的内涵不断发生变化。2016年12月，在《意见》中，农村集体经济的内涵进一步得到明确。随后在2017年党的十九大中，壮大集体经济成为实施乡村振兴

第四章 农村集体经济治理体系的现状

战略的重要任务。这体现了中国共产党关于农村集体经济的一贯原则，在赋予新时代农村集体经济以新内涵的同时，也反映了党和国家对农村集体经济认识上的重大跃升。从农村集体经济的确立到其内涵在党的文献中得以明确，经历了相当长的时间，必将影响到农村集体经济治理体系的构建及完善，导致其存在一些问题。这同样需要党和国家对农村集体经济在原有基础上有新的认识，从而以新的举措来解决在农村集体经济发展中所出现的新问题，进而不断完善农村集体经济治理体系。

其次，在农村集体经济实现形式的丰富和发展过程中，将会出现新的问题，对其认识也应发生相应的变化和发展，否则将会导致农村集体经济治理体系相关问题的出现。农村基本经营制度确立后，农户经济成为我国农村集体经济的主要实现形式。随着社会主义市场经济体制的确立，为进一步激发农村集体经济的活力，也为适应农业现代化的要求和满足农民诉求，党和国家一直致力于探索和丰富农村集体经济的实现形式。在2018年9月《规划》中也提出了发展多种形式的股份合作。可见，由农村人民公社的集体所有制经济，到数量众多的农户经济，再到各种形式的合作经济，农村集体经济的实现形式在不断发生变化和发展。在这种变化和发展中，农村集体经济必然会出现新问题。如果对这些问题的认识不清，也就会导致农村集体经济治理体系在运转中不断暴露问题。

最后，对于农村集体经济的认识还存在争论。作为中国社会主义改革开放和现代化建设的总设计师，邓小平在改革开放初期回答"包产到户"是否会影响集体经济发展的问题时，就曾明确指出："我们总的方向是发展集体经济。"[①] 包产到户的目的是发展生产，只有生产发展了，集体经济才会得到巩固。1990年，邓小平在谈到中国社会主义农业的发展时，提出了"两个飞跃"思想，其中农业发展的第二个飞跃在于发展和壮大集体经济。他还明确指出："仅是一家一户的耕作，不向集体化集约化经济发展，农业现代化的现实是不可能的。就

[①] 《邓小平文选》第2卷，人民出版社1994年版，第315页。

是过一百年二百年，最终还是要走这条路。"①改革开放开创了中国特色社会主义，坚持发展中国特色社会主义，应在实践中坚持我国基本经济制度，体现在农村工作领域，就是要坚持发展农村集体经济。发展农村集体经济最基本的生产资料是土地，对此，2019年中央一号文件明确指出："坚持农村土地集体所有、不搞私有化"②。但是，在学术界仍然有一些学者倡导农村土地私有化，有的学者认为，只有实行土地私有化才能解决农村现存的诸多问题，才能确保农村社会的和谐稳定。这些在集体经济认识方面的差异，极易对农村集体经济的发展制造障碍。这些障碍也是引发农村集体经济治理体系众多问题出现的直接原因。

二 程序和模式方面的原因

造成农村集体经济治理体系问题的出现，也有程序和模式方面的原因，主要体现在农村集体经济治理体系相关制度制定的程序、农村集体经济在发展中的相关模式以及现有发展模式导致的治理主体关系所带来的影响。

第一，农村集体经济治理体系相关制度制定的程序所带来的影响。现有程序导致国家立法的滞后，以及农村集体经济组织章程和村规民约制定的不够严谨，从而引发农村集体经济治理体系问题的出现。

首先，在现有程序下国家立法存在滞后性。改革开放后，随着我国实现由计划经济向市场经济的转变以及人民公社体制的解体，确立了家庭承包经营为主、统分结合的双层经营体制和新的乡镇政府管理体制，农村集体经济的内涵和外延也不断发生变化。这种迅速的变化是政府在制定法律时所无法预判的，因而也就无法在很短的时间内从立法上给予回应。但是现有法律制度又不能适应农村经济社会的这种变革，这就使农村集体经济的发展遭遇了制度障碍。

---

① 《邓小平年谱1975—1997》（下），中央文献出版社2004年版，第1350页。
② 《中共中央国务院关于坚持农业农村优先发展做好"三农"工作的若干意见》，《人民日报》2019年2月20日第1版。

第四章 农村集体经济治理体系的现状

法律的滞后性也与当前我国的立法程序有关。我国的立法相对繁复，需要经过提出法律草案、审议立法议案、表决通过立法议案三个阶段，最后经全国人民代表大会或人大常委会通过，由国家主席正式公布。所以，一个法律的制定最快也需要三次上会审议，因而立法周期都相对较长。如《村民委员会组织法》由民政部1983年开始起草，到1987年正式诞生，历时四年，反复修改30次（稿）。《农民专业合作社法》的起草工作，也是历时三年，经过三次审议，四易其稿。而《农村集体经济组织法》从2018年第十三届全国人大常委会立法规划将其列为第三类项目，到2021年全国人大常委会法工委公布将其纳入全国人大常委会2022年立法计划，也已经历了3年之久。因此，农村集体经济治理体系在运转中的某些环节，时常会面临暂时的无法可依的局面。法律的制定和修订关系到国家、集体、个人等多方面的利益，必须要做到严谨，这是毋庸置疑的。但是较之我国高速发展的社会经济态势，"我国立法效率确实还不够高，行政机关主导立法的模式在新的经济社会条件下，越来越表现出不适应"[①]。

同时，维持农村集体经济治理体系的良好运转，既需要国家层面的制度供给，也需要符合地方实际，带有地方特色的制度支撑。虽然在我国已经出台的《宪法》《民法典》《农业法》《村民委员会组织法》《农民专业合作社法》《乡村振兴促进法》《农民专业合作社登记管理条例》《关于全面开展农村集体资产清产核资工作的通知》《意见》《关于加强乡镇政府服务能力建设的意见》等法律法规及政策中都或多或少地涉及农村集体经济组织的相关内容，但是目前国家尚未针对农村集体经济组织出台更加细致的专项法律法规。而地方上，目前也只有黑龙江省和四川省出台了《农村集体经济组织条例》。这表明，农村集体经济治理体系在制度安排上更多依赖于国家层面的制度规范，从而将立法滞后所带来的影响进一步放大。

其次，农村集体经济组织章程及村规民约在制定程序上不够严

---

① 吴志攀：《"互联网+"的兴起与法律的滞后性》，《国家行政学院学报》2015年第3期。

谨。为规范农村集体经济组织章程和村规民约，国家先后出台了《关于做好村规民约和居民公约工作的指导意见》《章程》等重要文件。这些规定毫无疑问是具有参考性的，但是又无法完全与各村的集体经济发展状况及其组织本身的特殊性高度契合。同时，参与制定国家或地方性制度的人员往往是专业人员，而参与制定农村集体经济组织章程和村规民约的人员则往往是本村集体经济组织成员，因而难以作出符合自身实际的制度安排，也就无法确保所制定制度的科学性，并极易导致"上行下效"，使章程和村规民约呈现"千篇一律"的现象。

同时，组织章程及村规民约产生的共识性较低。虽然在现有规定中强调制度产生的共识性，如《村民委员会组织法》规定："村民会议可以制定和修改村民自治章程、村规民约"；《章程》规定："修改本社章程，须经理事会或者半数以上具有表决权的成员提议；理事会拟订修改草案并提交成员大会审议通过后，新章程方可生效"。但在现实中，这些制度往往只是由少数人所制定，而不是大多数人的共识。根据调查显示，有76.7%的成员表示自己从未参与过本村集体经济组织规章制度的制定。所以，在这种情况下产生的规章制度往往难以服众，很难发挥制度应有的效力，也就难以有效规范和约束组织内部各机构及其组织成员，从而影响到与权责相联系的农村集体经济组织，或者说，农村集体经济组织内部各机构与其成员之间的联系及互动，使治理主体无法充分发挥应有的作用。

第二，农村集体经济在发展中的相关模式所造成的影响。在现有政策的推动下，村办经济组织种类逐渐增多，政府与农村集体经济组织的联系也日渐紧密，这为农村集体经济的发展创造了有利条件，但由于组织模式、政策执行模式、经营管理模式方面的原因，使农村集体经济治理体系自身的问题在运转中暴露明显。

首先，组织模式的多样性导致部分农村集体经济组织及其内部各机构被悬置，无法行使应有的权责。目前，村办集体经济组织的种类较多，如在所调研的村庄中就分别设有集体经济股份合作社、土地股份合作社、集体资产股份合作社、土地股份粮经种植专业合作社等各种类型的集体经济组织。从全国范围来看，农村集体经济组织主要可

第四章 农村集体经济治理体系的现状

分为四类：一是由原人民公社的基本核算单位演化而来的，并依据地方性的《集体经济组织管理规定》成立的集体经济组织；二是在实行农村集体产权制度改革后所成立的，以集体经济股份合作社为代表的农村集体经济组织；三是在1993年《公司法》实施以前成立的非公司性质的集体独资企业；四是依据《公司法》改制成立的公司制或集团公司制企业。其中前两类是法律意义上的农村集体经济组织，而后两类则是村委会代表村集体出资成立的集体企业，并代表村集体行使经济职能。所以，从组织模式上来讲，后两类经济组织与法律意义的农村集体经济组织还是有所不同，具有"政经合一"的特征[①]。因此，目前在我国许多地区的村庄中，存在大量的，从组织模式上无法判断是不是集体经济组织的，但又行使着集体经济组织职能的经济组织。这些组织很难真正意义上代表集体经济组织行使其权责。

其次，政策执行模式的特殊性导致农村集体经济组织在与政府的互动中难以充分行使自主权。农业税取消后，政府与村级组织间的联系日益稀少，相互间的关系也日渐疏远。但随着国家惠农政策的增多以及村财乡管等制度规定的出台，为了确保政策制度的顺利实施，既需要基层政府主动与村庄建立联系，又需要村庄的积极配合。作为基层农村权力的实际掌控者，村级组织是实行政策制度的主体，这其中就包括农村集体经济组织。因此，政府要想顺利实施现有政策制度，就必须与包括农村集体经济组织在内的村级组织建立紧密联系，介入组织内部的各项事务中。例如，通过对组织领导班子人员的选举和工作的监督以及任务的下达等方式，对农村集体经济组织独立运营权的行使产生影响。在很多时候，农村集体经济组织必须要配合基层政府的工作，如在村里推行农村集体产权制度改革以及乡村振兴战略的具体实施等。在完成这些任务的过程中，农村集体经济组织自身的独立性就难以得到保障，从而成为基层政府治理村庄的单位。

最后，经营管理模式的替代性导致农村集体经济组织容易被少数

[①] 陈小君等：《我国农村集体经济有效实现的法律制度研究》第3卷，法律出版社2016年版，第28页。

人所控制。当前，部分以集体企业为代表的农村集体经济组织会照搬企业经营管理模式。例如，Z村的村办合作社就是由村干部个人注册的公司在经营成熟后转化而来的。同时，由于部分农村集体经济组织的法人及其内部各机构管理人员由村"两委"领导班子成员担任，也会造成管理人员对权力的垄断，加之农村集体经济组织成员以参与决策机构事务为主，因而执行机构和监督机构的事务极易被成员所忽视。这就导致与权责相联系的组织内部各机构之间的关系虽然初步形成，但在真正运行中，三种机构相互之间无法形成有效制约。所以，农村集体经济组织内部治理结构，只是按照组织章程所规定的职责建立了由决策机构、执行机构和监督机构所构成的结构框架，没有真正形成良好的互动关系，也就无法实现权责的相互制约，极易导致"一言堂"或者"内部少数人控制"的现象出现。并且，农村集体经济组织的执行机构和监督机构的管理人员中的绝大多数来自村"两委"的领导班子成员。因此，在管理上习惯沿用村级组织的管理方式，也极易导致政府主导的现象出现。

第三，现有发展模式导致的治理主体关系所产生的影响。现有发展模式下政府仍是推动农村集体经济由弱变强的主要力量，这客观地强化了政府的权威和主导地位。同时，行政化倾向使得农村集体经济组织与村委会"貌离而神合"，成为村委会完成行政任务或实现其他各种目的的辅助组织，从而失去了作为经济组织本应具有的职能。

首先，现有发展模式下政府仍是推动农村集体经济由弱变强的主要力量。在政府的调控下，我国部分地区的村庄经历了合并、搬迁或重新规划，这一系列的变动，一方面是政府为了村庄的长远发展；另一方面也是为了方便管理以及减少管理成本。但是这种变动对于乡土社会造成巨大冲击。在重新规划后的村庄内部，不再只是熟人社会，集体经济组织的成员构成也将会产生变化，领导班子成员也会发生相应的改变。由于改变带来的陌生感，使成员间的关系逐渐淡化，政府的权威随之得到加强。此外，作为我国乡村治理的一大传统，驻村干部制度的存在，也会引发由政绩竞赛而导致的权力"寻租"和滥用的现象出现①。并且，一些集体经济薄弱且负债严重的村庄，村民普遍希望通过政府介入来改善现状②。这些现象都无疑强化了政府在农村集体经济治理体系中的权威和主导地位。

其次，现有发展模式下农村集体经济组织与村委会"貌离而神合"。农村经济社会发展缓慢造成农村集体经济的虚化或萎靡。正因如此，一些地区没有独立的农村集体经济组织，村委会仍然行使着经济职能。即便设有集体经济组织，这类农村集体经济组织也是因村委会出于各种目的而设立的。例如，设立集体企业、合作社等形式的集体经济组织的村庄，往往将这些集体经济组织视作行政组织，即村委会的辅助组织而存在。原因是在我国现有法律中，如《民法典》规定，村委会作为基层政治组织，应行使行政职能，只有在未设有集体经济组织的情况下，才能代为行使经济职能。但我国现有法律却没有明确规定村委会在代行其责时是否享受与农村集体经济组织同等法人地位。因此，在立法缺失的情况下，村委会就只能以设立集体企业、合作社作为集体经济组织的形式进行经济活动。这类集体经济组织在法律上具有独立的法人地位，但是与村委会实际上是"貌离而神合"的关系，因而很难明确划分村委会与农村集体经济组织间的权责，从而造成权责的交叉重叠。这一方面使得农村集体经济组织承担了本应由村委会承担的行政职能，为集体经济的发展增添负担、造成阻碍；另一方面村委会既要顾及行政事务，又要行使经济职能，从而导致权责的混乱不清。

三 治理主体的自身因由

导致农村集体经济治理体系出现问题的原因也在于体系内部各治理主体自身，具体表现为政府在权责履行上存在欠缺、农村集体经济组织内部关系复杂以及农村集体经济组织成员受自身意识和条件所限等方面。

---

① 罗兴佐：《完善驻村干部制度助推乡村振兴》，《中国农业大学学报》（社会科学版）2019年第3期。

② 莫光辉、张菁：《精准扶贫第三方评估长效机制建构策略——2020年后中国减贫与发展前瞻探索系列研究之一》，《苏州大学学报》（哲学社会科学版）2018年第6期。

第一，政府作为农村集体经济治理体系的治理主体，在权责履行方面存在短板。政府作为推动农村集体经济复苏的主要力量，其所承担的相关职责也越来越多。2017年，党的十九大提出"建设人民满意的服务型政府"。但是在推动农村集体经济的发展过程中，政府在权责履行上，缺乏与农村集体经济组织间的沟通，极易导致自身的"越权"和农村集体经济组织的"失权"。

首先，政府在农村集体经济相关事务方面对自身职责认识不到位，且在职责行使中容易脱离实际。"当政府成为农村发展的直接推动者以后，政府的规则与村庄的规则就产生了许多矛盾"①，或者说，与村庄的实际情况存在矛盾或冲突。例如，在被调查村庄所反映的贷款政策的实施问题上，一方面政府要求农村集体经济组织征求每位成员的同意，并提供详细的证明；另一方面农村集体经济组织及其领导班子又基于自身的各种考量，难免在政策执行时出现各种问题。这不仅会导致政策制度本身的价值无法得到体现，还会引起农村集体经济组织内部的怨言，从而使政府与村集体之间产生隔阂和疏远。同时，这种现象又反映出在发展壮大集体经济的过程中，政府承担着重要的职责，这种职责的行使需要一系列的制度加以保障。所以，这些制度也会直接影响到农村集体经济组织的事务管理。随着乡村振兴战略全面推进，政府所承担的职责也会越来越多，相应的制度也会越来越具体。在制度要求下，农村集体经济组织很可能只是作为政府政策或制度的执行者，而丧失自身的独立性，无法形成政府与农村集体经济组织之间建立在各自权责范围之内的正常、合理的关系。

其次，政府与农村集体经济组织在互动中的沟通不足。由于缺乏足够的沟通，政府对于农村集体经济组织真正需要什么，或者说存在什么困难需要解决，往往缺乏足够的了解和重视，因而也就无法提供精准帮扶。例如，在调查中所提到的补贴政策，其实际给予集体经济组织的帮助较小，且获得补贴的门槛较高，这无疑为政策落地制造了

---

① 王晓毅：《完善乡村治理结构，实现乡村振兴战略》，《中国农业大学学报》（社会科学版）2018年第3期。

障碍。可见，政府在政策的制定上，如果无法与农村集体经济组织的实际需求相符合，不但难以解决农村集体经济组织的困难，也难以体现政策的价值，对政府与农村集体经济组织之间的关系产生负面影响。

第二，农村集体经济组织内部关系复杂。农村集体经济组织在农村集体经济治理体系中处于"上传下达"的重要位置，但是由于其内部关系错综复杂，容易被少数人所控制，且内部事务主要围绕完成行政任务而开展，也无法达到完全透明，从而难以行使应有的权责。

首先，农村集体经济组织内部事务难以达到完全透明。由于村级组织的运转经费主要来源于本村的集体经济（见表4-3），一些村庄在设立集体经济组织后，并未真正将村委会和集体经济组织的经费分开管理和使用。同时，关于本村集体经济相关事项的公开也不够具体。在调查的村庄中，集体经济组织成员所了解的本村集体经济相关事项主要包括集体财务支出明细、集体土地使用情况、集体资产出租转让情况以及集体资产存量与价值等，其中除集体财务支出明细有93.9%的成员了解外，其余三项的了解人数并不多，特别是关于集体资产的存量与价值只有29.6%的成员了解。这表明，集体经济的相关事项的信息普及率不高，也不够具体，加之受外出务工等客观因素的制约，以及受到会议规模和参与人数所限。例如，所调查的村庄都较少召开大规模会议，更多是采取成员代表参会后"口口相传"的方式，大型会议也往往选择与村委会换届一同进行。因此，虽然可能在形式上是"一事一议"，但实际效果往往不佳，导致集体经济组织成员难以及时、准确、详细地获取相关信息，也极易造成由于信息不对称而引发成员不满的情绪。根据调查显示：对本村集体经济组织管理以及集体经济发展不满意的成员，都是不经常参加本村集体经济组织活动的成员。这就造成了一方面集体经济组织无法有效开展对集体资产的管理和监督；另一方面集体经济组织成员也难以完全行使对集体资产的知情权和监督权。

其次，农村集体经济组织内部事务围绕完成行政任务而开展。随着城市规模和城市人口的快速发展，有限的城市空间逐渐已经无法完

表 4-3 2015 年至 2020 年村级集体经济组织收入结构

单位：亿元、%

年份	总收入	经营收入 金额	经营收入 占比	发包及上交收入 金额	发包及上交收入 占比	投资收益 金额	投资收益 占比	补助收入 金额	补助收入 占比	其他收入 金额	其他收入 占比
2015	4099.54	1425.82	34.8	747.66	18.2	120.30	2.9	866.68	21.1	939.08	22.9
2016	4256.81	1417.01	33.3	753.04	17.7	132.01	3.1	983.07	23.1	971.68	22.8
2017	4627.60	1494.69	32.3	800.37	17.3	140.65	3.0	1129.84	24.4	1062.05	23.0
2018	4912.00	1587.84	32.3	807.82	16.4	151.34	3.1	1246.93	25.4	1118.07	22.8
2019	5683.39	1770.61	31.2	869.05	15.3	200.77	3.5	1488.76	26.2	1354.20	23.8
2020	6320.23	1935.83	30.6	945.48	15.0	258.01	4.1	1731.34	27.4	1449.57	22.9

资料来源：根据历年《中国农村经营管理统计年报》和《中国农村政策与改革统计年报》整理。

第四章 农村集体经济治理体系的现状

全满足城市居民的部分生活需求，尤其像北京、上海等这种超大型城市。所以，将城市的部分功能转向农村也已成为政府目前的重要工作之一，而政府围绕这一工作所制定的一系列举措都将转化为村庄的内部事务。以农村集体经济组织为代表的各类村级组织成为承接这些事务最理想的载体。在所调查的村庄中，由于集体经济组织成员可参与的事项较少，因而行政事务很容易成为村庄的主要事务。各村庄如若只是一味地以处理行政事务作为自己的工作重心，不免会使农村集体经济组织自身的独立运营权逐渐丧失，也会使自身逐渐成为政府的派出机构。

第三，农村集体经济组织成员深受传统意识以及现实社会环境因素的影响。农村集体经济组织成员是农村集体经济相关事务的参与主体，但是由于受到封建思想残余的影响，农民在潜意识中还存在只有依附于领导者才能生存的思想观念，而宗族思想残余直到如今仍然影响并约束着农民的个体行为，从而使农民缺乏独立性和能动性，进而造成主体意识的欠缺，严重影响了农村集体经济组织成员的参与质量。同时，城乡二元的社会结构决定了农村经济社会较之于城市相对落后，农民的社会地位、经济收入以及自身素质也相对处于较低水平。为了改变这种局面，大量的农民涌入城市，造成了农村性别比例和年龄结构的失衡，这些现实因素也直接影响了农村集体经济组织成员的参与质量。

首先，农村集体经济组织成员缺乏行使权利的主动性。在我国的正式和非正式制度中均规定了农村集体经济组织成员具有参与农村集体经济组织决策、管理和监督等各种权利。但是在传统意识的影响下，农村集体经济组织成员普遍依赖于村干部或村里的"能人"。目前，从全国范围内的农村集体经济状况来看，集体经济发展好的村庄往往都是以村干部或能人带动为主。而所调查村庄的集体经济也大多是依靠村干部或能人的带动而发展起来的，并且这些村庄的集体经济组织成员中的大多数，对于本村集体经济组织的现任干部也比较信任，对其人品、德行、能力、威望等普遍认可。也正是受此影响，本应作为参与农村集体经济组织相关事务应然主体的本组织成员，其自身的参与意识、主体意识和权利意识实际上还是处于被动状态。所以，在这种情况下，村干部或能人实际上代替了农村集体经济组织全体成员成为农村集体经济组织的实然主体和控制者，因而即便农村集体经济组织成员了解并愿意行使自己的权利，或拥有完善的参与渠道和平台，其参与行为也往往会被依赖性和被动性所主导，导致参与的形式化，参与质量和权利无法得到保证。

其次，农村集体经济组织成员关注于个人利益得失和缺乏专业性。随着社会主义市场经济的确立和不断发展，对于个人素质的要求也逐渐提高。然而，农村集体经济组织成员由于受到客观环境的制约，如收入水平偏低、农村经济社会发展落后等，导致农村集体经济组织成员更关注于个人利益得失，而使农村集体经济组织成员对与个人利益无关的本村集体经济组织事务漠不关心，也就不会在意本组织内部有哪些机构以及各机构的权责有哪些，即便参与本组织事务，其目的也更多是实现自身的利益最大化，较少从本组织的发展层面考虑问题。这不仅无法为集体经济组织提供有效的建议，也难以充分汇聚集体经济组织全部成员的利益要求。而这种分散性的利益表达，也无法引起集体经济组织决策层的重视，使自身的权利反而难以得到保障。同时，这种状态也会导致农村集体经济组织成员忽视专业能力的提升，如对有关农村集体经济的管理、技术等方面的学习和培训的参与积极性不强。能力的不足会使农村集体经济组织成员在处理本村集体经济相关事务时缺乏专业性，难以适应市场经济的发展，其建议也难以被采纳，这也是影响其参与质量的重要原因之一。

此外，农村集体经济组织成员自身还受性别比例和年龄结构所限。在参与调查的人员中，女性占大多数；从年龄结构来看，除了X社区由于是城中村，46岁以下的成员较多以外，其余村庄集体经济组织成员都是46岁以上的人员居多，其中W村46岁以上的人数更是占到74.7%。不难想象，在这种比例结构下，参与农村集体经济组织的成员对于本村集体经济组织内部机构有哪些，各机构的职能是什么以及自身的权责有哪些等问题，基本上没有太清晰的概念。至于集体经济组织内部的财务、资产等公共事务，也不愿过问。在发放问卷时，也可以明显观察到，年纪较小的成员在填写问卷时，对于其中所提到的权利、职责等内容更为了解，也不用向其多加解释，而年龄较大的成员则截然相反。

第五章

完善农村集体经济治理体系的主要思路

农村集体经济治理体系是在党的领导下，因制度形成的政府、农村集体经济组织及其成员的权责，以及政府、农村集体经济组织及其成员，在推动农村集体经济发展中，围绕权责形成的互动关系的规范、有机的整体。始终以维护农村集体经济组织成员的权利，确保农村集体资产保值增值，推动农村集体经济实现新发展为主要目标。随着农村集体经济治理体系相关制度的不断完善，在现有的制度规范下，农村集体经济治理体系的外部、中层和深层结构及其相应的机制已初步形成，但仍然存在一些问题。这些问题需要通过对体系加以完善来解决。为此，本书基于学理层面的分析，在此进一步论述完善农村集体经济治理体系的主要思路。

第一节 彰显中国特色社会主义制度属性

2017年，党的十九大指出："中国特色社会主义制度是当代中国发展进步的根本制度保障"[1]。农村集体经济治理体系必须彰显中国特色社会主义制度属性。完善农村集体经济治理体系，就要确保其自身

---

[1] 《十九大以来重要文献选编》（上），中央文献出版社2019年版，第12页。

第五章 完善农村集体经济治理体系的主要思路

与中国特色社会主义的基本经济制度和基本政治制度相契合。

一 与中国特色社会主义基本经济制度契合

制度的意义在于规范人的行为，规范某一组织的运作。经济制度旨在维护经济秩序，它反映一个国家占统治地位的生产关系，是一个国家有关经济运行规则和措施的总和。公有制经济是中国特色社会主义经济的基础，坚持和发展公有制经济，是我国经济发展必须遵循的基本原则。农村集体经济是公有制经济的重要形式，在农村坚持中国特色社会主义，必须大力发展农村集体经济。而推动农村集体经济实现新发展，是农村集体经济治理体系的重要目标。从这个意义上说，完善农村集体经济治理体系需要确保其自身的制度建设与中国特色社会主义基本经济制度契合。

第一，农村集体经济治理体系应当与社会主义基本经济制度保持内在一致性。这就需要农村集体经济治理体系在制度安排上，既应当体现农村土地等基本生产资料集体所有的原则，又应当符合农村基本经营制度的要求，还应有利于共同富裕的实现。

首先，应当坚持农村土地等基本生产资料集体所有。农村集体经济是以农村土地等基本生产资料集体所有为基础的经济形态。这使农村集体经济组织成员同时具备了所有者和劳动者的双重身份。虽然实行农村集体产权制度改革后，农村集体经济的形式得以丰富，但是农村集体产权制度仍然表现为农村土地等基本生产资料归农村集体经济组织成员共同所有。同时，党的重要文献中也明确指出："坚持农村土地集体所有、不搞私有化"[①]。因此，农村集体经济治理体系也应坚持以农村土地等基本生产资料归农村集体经济组织成员共同所有为制度基础，确保农村集体经济组织成员的主体地位，维护成员的权利。

其次，农村集体经济治理体系应符合农村基本经营制度的要求。我国《宪法》明确规定："农村集体经济组织实行家庭承包经营为基础、统分结合的双层经营体制"。在这一制度安排下，农户在生产经

---

① 《中共中央国务院关于坚持农业农村优先发展做好"三农"工作的若干意见》，《人民日报》2019年2月20日第1版。

营方面获得了极大的自由。使农村集体经济组织在享有对农村土地等基本生产资料所有权的基础上，赋予其成员以土地承包经营权、宅基地使用权等用益物权，从而调动成员的生产积极性。因此，在制度安排上，农村集体经济治理体系也应当坚持农村基本经营制度，从制度上解放农村集体经济组织成员在生产、参与等方面的束缚。在实现农村集体经济组织成员共同富裕的基础上，又能够使每个成员通过家庭经营、自由劳作等形式实现增收，从而充分体现中国特色社会主义基本经济制度的优越性。

最后，农村集体经济治理体系应有利于共同富裕的实现。共同富裕是社会主义的本质要求，坚持走共同富裕道路就要坚持社会主义基本经济制度。农村集体经济是社会主义公有制经济的重要形式。因此，从这一点看，发展农村集体经济就是为了农民农村实现共同富裕。农村集体经济的发展状况关系着农村集体经济组织成员的权利得失和乡村振兴战略的全面推进。只有推动农村集体经济实现新发展，才能确保农村集体经济组织成员收入的稳定和维护农村改革和发展的大局，才能为实现农民农村共同富裕奠定基础。因此，农村集体经济治理体系的制度安排应当以实现农民农村共同富裕为目标，不断为组织成员实现增收创造条件，扎实促进农民农村共同富裕。

第二，完善农村集体经济治理体系，应围绕确保和发挥社会主义公有制经济的主体地位和主体作用，以及推动公有制经济与非公有制经济的共同发展而展开。

首先，农村集体经济治理体系与社会主义公有制经济的发展有着密切的联系。集体经济是社会主义公有制经济的重要形式和在农村的主要体现形式，因而发展壮大农村集体经济是巩固和发展社会主义公有制经济的应有之义。因此，完善农村集体经济治理体系，应当以推动社会主义公有制经济的发展为前提，围绕如何巩固和加强社会主义公有制经济，以及如何确保和发挥社会主义公有制经济的主体地位和主体作用为基础，做出相应的制度设计和安排。

其次，农村集体经济治理体系与非公有制经济的发展也有一定关联。农村集体经济不仅具有为家庭经营提供生产服务的基本功能，也能够解决农民在创业就业等方面的问题,还能够在促进个体经济发展上发挥重要作用。例如,在"企业+集体经济"的发展模式中,通过借助企业的产业优势,把集体经济接入产业链条,实现资本、技术与土地、劳动力等生产要素深度融合,在促进企业发展的同时,也带动了集体稳定增收,达到合作共赢的效果。因此,完善农村集体经济治理体系也应兼顾公有制与非公有制的合作共生问题,造就两者之间互相促进的格局。

二 与中国特色社会主义基本政治制度契合

中国特色社会主义的基本政治制度包括人民代表大会制度,中国共产党领导的多党合作和政治协商制度、民族区域自治制度以及基层群众自治制度等。因此,基层群众自治制度是中国特色社会主义基本政治制度的重要组成部分。为此,完善农村集体经济治理体系不仅要与坚持和加强党的全面领导相联系,充分发挥党总揽全局、协调各方的领导核心作用,也要与提升农村集体经济组织成员的主体意识和能力相联系,使其成为农村集体经济治理的真正参与者和受益者,实现自我管理、自我教育、自我服务,从而与中国特色基本政治制度相契合。

第一,完善农村集体经济治理体系应与坚持和加强党的全面领导相联系。2017年,党的十九大指出:"中国特色社会主义最本质的特征"和"中国特色社会主义制度的最大优势是中国共产党领导"[1]。因此,在中国特色社会主义建设的过程中,应当充分发挥党总揽全局、协调各方的领导核心作用,在农村,就是毫不动摇地坚持和加强村党组织的领导。《农村基层组织工作条例》规定,村党组织应当"领导和支持集体经济组织管理集体资产,协调利益关系,组织生产服务和集体资源合理开发"。这表明,村党组织应当在处理与农村集体经济相关事务中位于领导地位。所以,坚持和加强党的领导是完善农村集体经济治理体系的关键。同时,坚持和加强党的领导不代表党包办一切事务,不代表党剥夺人民当家作主的权利。

---

[1] 《十九大以来重要文献选编》(上),中央文献出版社2019年版,第14页。

首先，充分发挥党总揽全局协调各方的领导核心作用。农村集体经济治理体系中的治理主体各自在围绕权责展开互动时，难免都会从自身利益出发。这就需要发挥党总揽全局、协调各方的领导核心作用，对于治理主体的权利和职责行使情况进行监督，引导和指导各治理主体按照因制度形成的权责开展互动。例如，村党组织引导和指导农村集体经济组织成员及时准确地发现集体经济发展中的机遇和问题，并在农村集体经济发展的不利因素出现之前带领组织成员及时调整思路，果断处理，消除不利因素，以及为成员排忧解难，广泛听取和采纳成员建议，并与成员进行讨论、落实等，从而使成员能共同聚合到农村集体经济相关事务的处理和问题的解决中。

其次，明确村党组织与农村集体经济组织的权责关系。在《农村基层组织工作条例》中，一方面规定村党组织有权讨论决定本村经济建设中的重要问题；另一方面又规定需要由农村集体经济组织决定的重要事项，应当经村党组织研究讨论后，由集体经济组织依照法律和有关规定作出决定。并且，还规定村党组织应当领导和推进村级民主和农村基层协商。因此，村党组织与农村集体经济组织虽然是领导与被领导的关系，但是这种关系并不意味着村党组织替代农村集体经济组织及其成员行使权责，而是通过发挥引导和指导作用，使党组织的意图有效渗透到决策、执行、监督全过程，并通过法定程序变成集体经济组织成员的意愿和自觉行动[1]。这既能够确保农村集体经济组织成员的主体地位，维护成员的权利，又能够保障农村集体经济组织内部决策机构、执行机构和监督机构的权责运行，维护农村集体经济组织的独立运营权。

第二，应当将完善农村集体经济治理体系与农村集体经济组织成员的自我提升相联系。基层群众自治制度是中国特色社会主义基本政治制度的重要组成部分，以人民为中心是中国共产党一以贯之的执政理念，2017年，党的十九大指出："人民是历史的创造者，是决定党

---

[1] 邓蓉：《农村产权制度改革后的村级治理结构建设初探——以都江堰市农村产权制度改革试点为例》，《成都行政学院学报》2009年第1期。

第五章　完善农村集体经济治理体系的主要思路

和国家前途命运的根本力量。"[①] 这也就表明，农村集体经济的前途命运应当由农村集体经济组织全体成员自己掌握，应当对农村集体经济所涉事务直接行使当家作主的民主权利。也就是说，农村集体经济组织成员作为农村集体经济治理体系的重要主体，理应发挥主体作用。这看似是一种应然，但不仅需要农村集体经济组织成员能够认识到自己的角色，也需要其有能力扮演好这一角色。因此，应当将完善农村集体经济治理体系与农村集体经济组织成员的自我提升相联系，一方面通过消除传统思想的禁锢，唤醒农村集体经济组织成员的主体意识，使成员清醒认识到自身在农村集体经济治理体系中的地位和作用，逐渐形成责任意识、规则意识、集体意识和主人翁意识；另一方面也应尊重农村集体经济组织成员的首创精神，培育高素质成员，提升其参与效率和效果。

首先，提升农村集体经济组织成员的主体意识。在农村，农民当家作主也是避免集体资产私有化或家族化以及村干部官僚化、特权化等现象的重要条件。所以，巩固农村集体经济，实现其持续稳定的发展，关键取决于农村集体经济组织成员是否能够当家作主，取决于成员能否在农村集体经济治理中具有主体意识，进而占据主体地位并发挥主体作用。因此，完善农村集体经济治理体系应与提升农村集体经济组织成员主体意识相联系，通过尊重成员的意愿，为成员参与组织事务创造良好的民主氛围，从而调动全体成员的积极性、主动性、创造性，不断促进成员增收，提升其获得感、幸福感、安全感，逐步培育和提升其主体意识。

其次，要尊重农村集体经济组织成员的首创精神。党中央一直注重维护农民的首创精神，特别是改革开放以来，农民的首创精神更是得到了充分的体现，无论是家庭承包经营的产生，还是村民自治的产生都得益于农民创造力的发挥，从而上升为国家制度。为此，2018年12月，习近平在庆祝改革开放40周年大会上强调，要尊重人民的首创精神。在2021年11月党的十九届六中全会通过的《中共中央关于

---

① 《十九大以来重要文献选编》（上），中央文献出版社2019年版，第15页。

党的百年奋斗重大成就和历史经验的决议》中也强调要激发人民首创精神。因此，完善农村集体经济治理体系也应与尊重农村集体经济组织成员的首创精神相联系。在涉及组织成员自身利益以及集体利益的事务处理中，既要高度重视成员的建议和诉求，尽可能地满足成员的意愿，也要主动征求成员的建议，引导成员为农村集体经济献策献力，从而充分激发成员的创造力。

最后，提升农村集体经济组织成员的素质。党中央一直重视对于农民的培训，即农民素质的提升问题，尤其自2012年中央一号文件提出大力培育新型职业农民以来，对于农民的培育工作越发系统化、专业化和规范化，并在2021年2月印发的《关于加快推进乡村人才振兴的意见》中，对培养高素质农民和农村实用人才、推动乡村人才振兴提出了明确要求，还将"实施高素质农民培育计划"写入了《纲要》。所以，完善农村集体经济治理体系还应与农村集体经济组织成员能力提升相联系。通过加强农村集体经济组织与高校、科研单位、企业等组织机构间的合作，选派专业技术人员对集体经济组织相关人员进行专业培训，提升组织成员，尤其是工作人员的素质，培养本土人才和经济能手。农村集体经济组织成员的素质提升，不仅代表着其自身具有更加专业的技能，也意味着其具备了高度的社会责任感和时代理念、较高的政策水平和法律素养等，从而更好地在推动农村集体经济发展中发挥主体作用。

第二节 健全农村集体经济治理体系的制度

有关农村集体经济治理体系的法律、法规、政策，以及农村集体经济组织章程、村规民约等正式和非正式制度，是政府、农村集体经济组织及其成员行使自身权责的基本依据。农村集体经济治理体系所存在的问题在很大程度上是源于当前相关制度不够健全，从而导致对各治理主体的行为缺乏足够的约束和规范，为此需要在健全相关法律法规的基础上，进一步提高政策的科学化水平，完善组织章程和村规民约。

一 健全相关法律法规

法律法规是规范治理主体权责及其行为的基本依据,因而想要解决农村集体经济组织成员身份不清,以及治理主体间权责关系不明等问题,首先就要健全相关法律法规。通过立法,在深度明确农村集体经济组织的成员身份,以及集体资产的所有权的同时,进一步明确农村集体经济治理体系内部各治理主体的主体地位及基本权责。

第一,通过立法来深度明确农村集体经济组织成员身份,以及集体资产的所有权,将成员权利真正落实到个人。

首先,深度明确农村集体经济组织成员身份。针对农村集体经济组织成员的概念以及成员身份的认定标准不明确的问题。一方面应当在立法中对农村集体经济组织成员概念进行明确界定,如将农村集体经济组织成员与合作社成员从概念上进行区分;另一方面应当对农村集体经济组织成员认定的基本标准或认定标准中最关键、最核心的内容通过立法进行明确。地方各级政府也应当在遵守国家法律法规的基础上,以尊重农村集体经济组织的独立运营权为前提,按照尊重历史、兼顾现实、程序规范、群众认可的原则,结合地域特征,在地方法规中对农村集体经济组织成员认定标准进行细化。

其次,深度明确农村集体资产的所有权归属。农村集体经济是农村生产资料归集体所有的一种具有社会主义性质的经济形式。这在我国《宪法》中已有原则性的规定。与此同时,相关涉农法律法规内容并未对农村集体资产归集体所有作出深度的法律规定,如尚未对"集体所有"进行明确界定,因而从法律的角度,完善相关内容是必要的。此外,在制定各种法律法规时,要与《宪法》的要求保持高度一致性,严格将农村集体资产的所有权归属于集体所有作为一以贯之的立法思路。这一方面能够避免在农村集体资产管理过程中立法层面的冲突,防止所有权关系复杂化和矛盾的出现;另一方面也能够有效维护农村集体经济组织成员的利益。

此外,家庭承包经营为基础、统分结合的双层经营体制的确立,使土地承包经营权以"户"为单位实现,也就是说,"农户"成为农村集体经济组织成员实现权利的形式载体。这就意味着个人即便丧失成员身份，也能以"户"的形式享受到只有集体经济组织成员才能享受到的权利。这对于其他成员来说，显然是不公平的。因此，应当通过立法将农村集体经济组织成员的权利明确到个人。这一方面能够将农村集体经济组织成员在农村集体经济治理中的主体地位以及权利具体化，使成员的主体身份易于识别；另一方面也能够使成员权更容易落实，在遇到问题时也易于对成员权进行界定，有利于保护成员的个人权益。

第二，应当深度明确政府、农村集体经济组织及其成员在农村集体经济治理中的主体地位及权责，理顺治理主体间的权责关系。

首先，通过立法来深度明确农村集体经济组织在农村集体经济治理中的主体地位及权责。具体来看，一是应当明确农村集体经济组织除代表农民集体行使对集体资产的所有权和作为特别法人具有独立承担民事责任的能力外，还具有作为组织经营、自负盈亏的商品生产和经营者的身份，以及是否应享有占有、使用、收益等其他权利。在国家立法尚且无法很快予以明确的情况下，地方各级政府可以先行制定规范性文件予以明确，也可作为工作措施率先推行。二是应当明确将农村集体经济组织的经济职能与社会或行政职能进行分离，以及明确农村集体经济组织的形式、机构、规则和成员构成等内容。例如，明确农村集体经济组织必须始终坚持社会主义集体所有制，实行民主选举、民主决策、民主监督、民主管理和独立开展经济活动等，以及具有为本组织成员提供生产经营服务、处理集体资产的积累与分配和配合村委会进行财务公开等职能。只有通过立法对农村集体经济组织的权责进行明确规定，才能确保其独立运营，凸显其在农村集体经济治理体系中的主体地位。

其次，通过立法来深度明确政府、市场、村"两委"在农村集体经济治理中所具有的权责。例如，明确政府在治理中的指导、服务、监督等协同职能，并进行职能细化，突出市场的功能作用，以及严格区分村"两委"与农村集体经济组织的领导、行政及经济职能。同时，也应在立法中明确凡设立农村集体经济组织的地区，无论是政府,还是村"两委"都必须充分尊重农村集体经济组织的独立运营权,都应当严格依法履行自身的职能,并将充分尊重农村集体经济组织的独立运营权作为基本条款,写入涉及农村集体经济的相关法律法规之中。这既有助于农村集体经济组织实现独立运营,又有利于厘清政府、市场、村"两委"与农村集体经济组织间的关系,便于形成科学合理的体系结构与机制。

最后,通过立法来深度明确农村集体经济组织与其成员间的关系。农村集体经济的治理,不仅需要通过政府与市场的协同来实现,也需要通过农村集体经济组织独立运营来实现,更需要通过农村集体经济组织成员参与决策、管理和监督来实现。同时,农村集体经济的治理,既不能完全等同于公司企业的治理,也不能等同于社会团体的治理。因此,应当通过专门的立法,对农村集体经济治理的基本结构和运行机制进行规范。例如,规定凡涉及本村集体经济的相关事务以及与农村集体经济组织成员利益相关的重大事宜,都应由全体成员或由全体成员选举产生的成员代表参与决策、管理和监督等。

二 提高政策的科学化水平

2020年中央一号文件明确指出:"把制度建设和治理能力建设摆在'三农'工作更加突出位置,稳定农村基本政策,完善新时代'三农'工作制度框架和政策体系。"[1] 这表明,健全政策体系是制度建设的重要内容,也是党中央解决"三农"问题的重要手段,因而要想完善农村集体经济治理体系,解决农村集体经济组织成员身份不清、各治理主体权责不明等问题,就要求在政策的制定上更加契合农村集体经济组织及其成员的需要,确保政策制定的系统性、可操作性,提升政策的执行效果,进一步提高政策的科学化水平。

第一,提高政策的科学性,使政策具备系统性和可操作性。政策一经制定,需要通过地方各级政府以及村级组织予以具体执行和操作。为提高政策的科学化水平,既要不断提高政策的体系化水平,也

---

[1] 《中共中央国务院关于抓好"三农"领域重点工作确保如期实现全面小康的意见》,《人民日报》2020年2月6日第1版。

要确保政策的可操作性。

首先,提高政策的体系化水平,并注重政策之间的耦合问题。目前,有关农村集体经济治理体系的内容只是散见于中央及地方的政策文件之中。这些零散的政策表明,相关政策的体系化水平较低,因而在执行过程中,难以对农村集体经济治理体系的运转起到充分的引导和规范作用。因此,为完善这一体系,一方面应当尽快出台专门的政策文件;另一方面也应理顺现有的政策,关注政策之间内在联系、一致性及耦合性,避免政策在实施过程中出现问题,从而不断提高政策的体系化水平。

其次,提高政策的可操作性。在中央及地方的政策文件中,都提到了农村集体经济治理体系的概念,但是没有涉及具体的、针对性的措施和内容,这容易对政策在落实时的可操作性造成影响,从而难以体现政策的价值。为此,在政策的制定中,一方面应当尽可能考虑地方的实际情况,更多地站在执行者的角度思考问题,避免政府过多按照自身对农村集体经济的理解以及对市场的分析和判断,制定农村集体经济治理的相关政策;另一方面也应当统筹兼顾,在通盘筹划的同时,尽量具体化,"多些小而实的政策措施,积小胜为大胜,贵在取得实效"①。

第二,要结合农村集体经济组织的实际情况及其成员的实际所需制定政策。习近平强调:"坚持把人民拥护不拥护、赞成不赞成、高兴不高兴作为制定政策的依据"②。因此,理应将农村集体经济组织及其成员的意愿和切身需要作为政策制定的出发点。

首先,在政策制定上应高度关注农村集体经济组织成员身份确认工作的科学性和合理性问题。农村集体经济组织成员是农村集体经济治理的参与主体,也是构成农村集体经济治理体系结构的基本要素,因而农村集体经济组织成员身份确认是农村集体经济治理体系的基础性工作。针对农村集体经济组织成员身份认定标准的立法缺失和部分

---

① 《三严三实,精准发力转作风》,《人民日报》2015年8月5日第1版。
② 习近平:《在庆祝改革开放40周年大会上的讲话》,人民出版社2018年版,第24页。

第五章 完善农村集体经济治理体系的主要思路

地区认定标准泛化的现象，应当鼓励地方各级政府按照尊重历史、兼顾现实、程序规范、群众认可的基本原则，结合当地具体情况，在现有认定标准的基础上，对有疑问或争议的指标尽可能地进行细化，并进行详细解读，从而在不损害农村集体经济组织独立运营权及成员利益的前提下，确保成员身份确认的科学、合理。

其次，在政策制定上应充分考虑到农村集体经济组织及其成员的增收及减负问题。一是加大财政政策扶持力度，如增加土地出让金投入比例、提高"一事一议"财政奖补资金、加大对农村集体经济生产经营设施的投入、减少农村集体经济组织的非经济活动开支及额外负担等。二是积极探索农村宅基地"三权分置"、农村集体经营性建设用地入市等一系列改革，在为农村集体经济组织利用土地等资源获得收益创造条件的同时，确保本组织成员共同分享土地增值带来的收益所得。三是尽可能地减免与农村集体经济组织相关的土地使用税、房产税、营业税等税费，并倡导金融机构为农村集体经济组织提供金融服务，鼓励农村集体经济组织通过各种金融渠道获取资金。四是通过将扶贫资产所有权落实到农民集体或农村集体经济组织，用于农村集体经济的发展，确保农村集体经济组织及其成员实现持续增收。

最后，在政策制定上应当充分考虑到各地农村集体经济组织成员构成的差异性问题。在不少地区，由于大量人员外出务工，老人和女性成为参与农村集体经济事务的主要力量。但这部分群体对农村集体经济的相关事务、农村集体经济组织内部机构以及自身权利等信息了解甚少，对于运营管理方面的专业知识积累也相对不足。为此，在政策制定上，应针对不同群体的可接受程度，有区别地开展专业性培训以及综合能力的教育培训。同时，鉴于个人收入情况对集体经济组织成员主体意识与参与行为的影响，要有针对性地给予政策激励。

第三，提高政策的执行力，充分发挥地方各级党委、政府以及村级组织作为政策传输中介的上传下达作用，在引导和规范农村集体经济组织及其成员行为的同时，提高政策自身的科学化水平。

首先，提高地方各级党委和政府对政策的执行和实施水平。地方各级党委和政府是农村政策的直接执行者和实施者。政策能否发挥应有的效果，关键取决于地方各级党委和政府能否准确解读并充分领会政策意蕴，进而结合地方实际情况对政策进行具体落实。因此，应当提高地方各级党委、政府对政策准确把握的能力，确保相关政策能够落实到位。同时，由于中央尚未针对农村集体经济治理体系出台具体的政策，相关政策还比较零散。这更是对地方各级党委和政府能力的考验。所以，需要地方各级党委和政府在充分掌握现有政策的基础上，结合地方实际情况制定并出台符合地方实际的、具有针对性的政策，从而更好地引导和规范农村集体经济组织及其成员的行为。并且，地方各级党委、政府也应当及时掌握和了解政策的落实情况，对于需要进行调整的地方，应及时进行调整，确保政策的科学性。

其次，充分发挥村党组织以及村委会对政策上传下达的功能。《农村基层组织工作条例》规定，村党组织要"宣传和贯彻执行党的路线方针政策和党中央、上级党组织及本村党员大会（党员代表大会）的决议"。《村民委员会组织法》规定，"村民委员会应当宣传宪法、法律、法规和国家的政策"。这就要求村"两委"需要具备一定的政策水平，充分了解并严格执行与农村集体经济治理相关的政策方针和决议，要确保将上级的政策方针和决议准确下达到农村集体经济组织及其成员，使本组织成员在真正了解和掌握相关信息的基础上，将其转化为自身的实际行动，从而体现政策的价值。同时，在政策执行中，也要把组织成员所反映的问题汇总并召集成员进行讨论，抑或及时向上级汇报，以便及时做出调整和改进，推动政策的科学化水平的提高。

三 完善组织章程及村规民约

为充分发挥综合性规范与行为规范的双重规范效用。在农村集体经济组织章程的制定上，既要以遵守相关法律法规及政策为前提，又要结合自身实际情况，细化权责事项，也可将《村民委员会组织法》及村规民约等作为规范农村集体经济组织运行的依据。

第一，农村集体经济组织作为"法人组织"，其章程的制定既要以遵守相关法律法规及政策为前提，又要结合自身实际情况，突出自身特色。我国的立法所体现的是对农村集体经济组织的原则性和一般性规定，而组织章程则是协调组织内部关系的规范性文件。对于法人组织而言，"法人的组织章程是法人这种社会组织体内在结构和整体机能的全面反映和记载，其具体内容是法人从产生到消灭全过程的主要事项"，其中包括法人所享有的权责和义务，以及其组织内部机构构成和职责范围等。"法人的性质不同，其章程的内容也不同，法律很难对法人章程的内容作出统一的规定"[①]。因此，农村集体经济组织作为"特别法人"，其章程的制定既要以遵守相关法律法规及政策为前提，也不能完全按照国家及地方的制度生搬硬套，必须结合自身的实际情况，进一步明确和细化农村集体经济组织内部机构及其成员的权责。

第二，在农村集体经济组织法尚未出台前，可以将《村民委员会组织法》及村规民约等作为规范农村集体经济组织运行的依据。《村民委员会组织法》规定："村民委员会是村民自我管理、自我教育、自我服务的基层群众性自治组织，实行民主选举、民主决策、民主管理、民主监督。"这与同样依法作为特别法人的农村集体经济组织有着高度的相似性。并且，该法的内容涉及村委会的产生、构成及权责；村民会议或代表会议的构成及权责；村民小组的划分及组长的权责；村民的权责以及村干部的行为规范；集体资产的监督和管理等方面。在这些内容中，有许多方面与农村集体经济组织的运行有关。所以，在尚未形成农村集体经济组织的正式法律规范前，也可将该法作为规范农村集体经济组织运行的依据。同时，一般情况下参与制定村规民约的村民，也同样是农村集体经济组织的成员。因此，村规民约中的部分内容也可作为规范农村集体经济组织运行的依据。这也就要求在现有的村规民约中，需要丰富和细化与农村集体经济相关的内容，并在其中将农村集体经济组织及其成员的权责，以及农村集体经济组织与村"两委"间、村民与农村集体经济组织成员间的权责关系予以明晰。

---

① 江平：《法人制度论》，中国政法大学出版社1994年版，第289页。

第三节 改善农村集体经济治理体系的结构

农村集体经济治理体系的结构是在党的领导下，与权责相联系的政府、农村集体经济组织及其成员之间的关系，并通过各自权责反映出它们在体系中的地位，因而政府、农村集体经济组织及其成员作为构成结构的主体，对结构起着重要影响。所以，下文主要从发挥市场与政府的协同作用，突出农村集体经济组织的独立法人地位以及明确农村集体经济组织成员的主体地位三个方面来阐述如何改善农村集体经济治理体系的结构问题。

一 发挥市场与政府的协同作用

随着农村集体经济组织特别法人地位及独立运营权在法律中得到明确，这意味着其理应享有与村民自治组织平等的法人地位和在市场中的主体地位，依法独立开展经济活动，也就意味着政府对农村集体经济组织应当增加帮扶，减少管控。因此，为避免政府过度干涉农村集体经济组织事务的现象出现，使农村集体经济组织能够从与政府的互动关系中充分受益，不仅需要加快政府职能转变，进一步细化政府职责，使其在与农村集体经济组织的关系中扮演好"帮扶者"的角色，还应重视市场在农村集体经济治理中的调节作用，使农村集体经济组织能够进一步融入市场，迎合市场的要求。

第一，加快政府职能转变，进一步明确政府在处理农村集体经济事务中的角色。改革开放以来，我国积极推进国家机构改革，不断优化和规范政府机构的职能，"实现了从计划经济条件下的机构职能体系向社会主义市场经济条件下的机构职能体系的重大转变"[①]。但是，政府职责划分不够科学，职能转变不够到位；国家和地方机构在部分领域中的权责划分不够合理；基层机构设置和权力配置尚不完善，组织群众、服务群众能力亟须提高等问题仍然存在。为此，2017年，党

---

① 《中共中央关于深化党和国家机构改革的决定》，人民出版社2018年版，第12页。

第五章　完善农村集体经济治理体系的主要思路

的十九大再次提出："转变政府职能，深化简政放权，创新监管方式"[①]等一系列举措，并将"加快转变政府职能，建设职责明确、依法行政的政府治理体系，创新和完善宏观调控，提高政府治理效能"作为"提升政府经济治理能力"的总体要求写入《纲要》[②]。这表明了党和国家对于进一步促进政府职能转变的决心。因此，应通过精简机构和程序，细化职责以及强化指导、帮扶、监督等协同能力，为农村集体经济组织实现独立运营创造条件。

首先，应精简机构和程序，细化职责，提高工作效率和服务质量。改革开放后，农村集体经济组织无论是内涵还是外延都发生了巨大变化。尤其是市场经济确立以来，农村集体经济组织作为市场主体已不可避免地存在于市场领域之中，一方面必须遵循市场的规律和规则运行；另一方面其自身也已成为组织经营、自负盈亏的商品生产和经营者。因此，在解决农村集体经济或农村集体经济组织的发展和治理问题上，政府不应喧宾夺主，而应当扮演好协同的角色。为此，需要进一步推动政府机构精简，尤其在乡镇一级要积极推进机构改革，将职能相近的机构进行合并，减少机构数量和人员，如整合各涉农站所，建立专门的乡镇农业农村发展服务中心等。并且，在严格遵循相关法律、法规及政策的基础上，应当最大限度地精简与农村集体经济组织相关的各类审批事项，将与农村集体经济组织直接相关的服务事项或难以精简的事项，尽量下放到乡镇一级，由乡镇农业农村发展服务中心集中办理。在实行权力下放的过程中，应充分尊重农村集体经济组织的独立运营权，对在农村设立的机构或派驻的人员的职责进行严格把控，避免出现越权行为。同时，也要加快转变政府工作职能，把为农村集体经济组织提供社会化服务作为参与农村集体经济或农村集体经济组织的发展和治理的主要内容。

其次，应当强化对农村集体经济组织的指导、帮扶和监督等协同

[①] 《十九大以来重要文献选编》（上），中央文献出版社2019年版，第28页。
[②] 《中华人民共和国国民经济和社会发展第十四个五年规划和2035年远景目标纲要》，《人民日报》2021年3月13日第1版。

能力。推动政府职能转变的目的，不是为了切断政府与农村集体经济组织间的联系，而是在遵循市场规律和规则以及尊重农村集体经济组织独立运营权的基础上，更好地规范并建立政府与农村集体经济组织间的关系。为此，政府应当在强化指导、帮扶和监督等协同能力的基础上，有针对性地行使职能。对于起步阶段的农村集体经济组织，应当着力于为其提供市场信息、技术支持以及社会服务等集体经济发展所需的各种指导和帮助，为集体经济起步提供有效的保障；对正处于发展阶段的农村集体经济组织，应当为其提供一定的项目支持，并指导和监督农村集体经济组织及时实行保护本组织成员利益的举措，以及建立保障持续发展的制度架构。同时，也要将政府职能限定在一定权责范围内，避免政府权责超出限度，而出现非市场性行为。因此，应当充分考虑到市场因素对农村集体经济发展的影响，在尊重市场规律和规则的同时，进一步明晰政府权责，认清自身的权责范围。例如，在处理与农村集体经济相关的事务时，应当避免过多地按照自身对农村集体经济发展的理解以及对市场的分析和判断处理相关事务，多为推进农村集体经济发展提供其切实所需的、适应于市场要求的帮扶，帮助农村集体经济组织更好地融入市场。

第二，重视市场对农村集体经济的功能作用。市场具有对社会生产、流通、分配和消费等社会经济运行各环节的支配与调节能力，主要发挥交换商品、融通资金、资源配置、信号传导、刺激激励、动态平衡等功能。现有法律已对农村集体经济组织的特别法人地位和独立运营权予以明确。并且，经历农村集体产权制度改革后的农村集体经济组织也已成为独立的经济组织，因而在一定程度上为其独立运营权的行使提供了制度支撑，也为其更好地融入社会主义市场经济创造了条件。因此，需要进一步发挥市场的功能作用，使农村集体经济组织与市场经济形成良好衔接。

首先，现代农业的生产和经营模式决定了农村集体经济想要实现新发展就需要不断融入市场。农产品生产是农村集体经济的重要产业支柱。现代农业生产所需要的基本生产资料，如种子、肥料、水、电、人工等基本生产资料都需要通过市场交换来获得。这就意味着，现代农业的生产模式与主要依靠自给自足的传统农业有着本质的区别，因而难以脱离市场。同时，现代农业的经营模式也早已不再是计划经济时期的"统购统销"模式。因此，要想使农村集体经济始终沿着现代化的道路不断前进，就必须使农村集体经济组织尽可能地避免过多行政主导和干预，尽快融入市场。

其次，发挥市场功能，促进农村集体经济顺应农业发展并向第一、第二、第三产业同时迈进。随着农业的发展，农产品的生产更多是用作商品交换，而非留为己用。发展农村集体经济有利于在农产品的生产上实现产量激增，并体现出规模化优势。而要想把大量的农产品转化为收益，只有通过市场交换来实现。同时，自2017年党的十九大以来，党和国家多次强调，要实现农村第一、第二、第三产业的深度融合发展，这也要求农村集体经济既要以农业为支柱产业，也要进一步向第二、第三产业领域不断迈进。这一目标的实现，也有赖于市场功能的发挥。

最后，农村集体经济组织所需的各种生产要素需要通过市场来供给。生产要素包括进行社会生产经营活动时所需要的，包括土地、劳动力、机器设备、原材料和能源等在内的各种社会资源。随着现代化的不断推进，如科学、技术、管理、信息等作为新的生产要素不断涌现，这些生产要素都是农村集体经济实现新发展所不可或缺的成分，而这些生产要素则必须通过市场交换来获得。

另外，农村集体经济组织需要遵循市场规则，同时也受市场规制的保护。农村集体经济组织作为市场主体其一切经济活动都需要以市场为中介，在市场中能够合法地实现自由交易而不受限制；在市场中没有特权者，农村集体经济组织与其他市场主体一样，以平等的身份参与市场竞争和交易；在市场中政府不得直接干预农村集体经济组织的生产经营活动，只能依法通过经济手段和经济政策对宏观经济进行间接调控；在市场中农村集体经济组织必须遵循法律法规以及市场活动规则进行经济活动，维护良好的市场秩序。

由上可见，只有明确农村集体经济组织的市场主体地位，实现农村集体经济组织与市场的良好衔接，按照市场规律和市场经济规则来运行，农村集体经济组织才能充分行使自身在生产、服务、决策、管理、监督等方面的权利，更好地实现独立运营。

二 突出农村集体经济组织的独立地位

欲厘清农村集体经济组织内部各机构间的权责关系及其与村"两委"间的权责关系，就需要突出农村集体经济组织的独立地位。维护农村集体经济组织的独立地位既是确保农村集体经济组织实行民主选举、民主决策、民主管理、民主监督的基本前提，也是确保其行使独立运营权的重要基础，更是形成科学合理的农村集体经济治理体系的结构的重要保障。

第一，坚决落实农村集体经济组织的各项权利，既要尊重其所具有的，区别于营利法人与非营利法人的特别法人地位，也要落实其作为集体资产的经营和管理者的权利，还要明确其内部权利。

首先，尊重农村集体经济组织的特别法人地位。农村集体经济组织作为与基层群众性自治组织同等的特别法人，既需要遵循作为法人主体的"一般规定"，又与营利法人与非营利法人有着本质的区别。作为一般的法人主体，农村集体经济组织是具有民事权利能力和行为能力，并依法独立享有和承担民事权利和义务的组织；有自己的组织名称、组织机构、组织住所以及组织财产或经费；组织依法进行住所登记、公示登记和变更登记；组织如若合并或分立，其权利和义务由合并或分立后的组织享有和承担；组织可以依法解散或终止，并依法进行清算，也可以依法设立分支机构等。作为特别法人，一方面农村集体经济组织与基层群众性自治组织同作为特别法人，具有平等和独立性；另一方面农村集体经济组织既不同于以取得利润并分配给股东等出资人为目的营利法人，也不同于以公益或者其他非营利为目的，不向出资人、设立人或者会员分配所取得利润的非营利法人。

其次，落实农村集体经济组织在集体资产的经营和管理方面的权利。《农业法》规定，农村集体经济组织依法具有管理集体资产的权利。《物权法》规定，包含土地在内的属于农民集体所有的资产，由村集体经济组织代表农民集体行使所有权。《乡村集体所有制企业条例》规定，企业财产归村农民集体所有，企业财产的所有权由代表全体农民的村集体经济组织行使。原《民法通则》也规定，集体所有的土地依法归村农民集体所有，并由村集体经济组织经营、管理。这表明，虽然享有集体资产所有权的主体是农民集体，但农村集体经济组织作为代表农民集体行使集体资产所有权的主体以及经营和管理集体资产的主体，其独立运营权应当得到尊重。

最后，明确农村集体经济组织内部权利。作为农村集体产权制度改革的产物，以经济合作社与股份经济合作社为代表的农村集体经济组织都经过成员身份确认、股权设置、清资核产、组织机构设定等一系列改革，其内部的组织架构、产权结构等正逐步完善和清晰。在此基础上，应进一步明晰农村集体经济组织内部权责，并进行科学合理的划分和配置，一方面在确认农村集体经济组织成员身份的基础上，通过设立集体股，确保集体的控股权和集体所有性质，并将集体股作为农村集体经济组织运营、管理等费用的来源，避免"一分了之"或侵占成员权益现象的出现；另一方面依据"量身打造"的组织章程设立完善的内部机构，即决策机构、执行机构和监督机构，其分别对应承担决策、管理和监督方面的职责，使各机构间形成既相互作用，又相互制约的权责关系。同时，鉴于农村集体经济组织规模大小不等的情况，其机构设置应当具有灵活性。在小规模的农村集体经济组织中，可以只设立决策机构代行使执行机构和监督机构职能，这样可以更有利于实现本组织成员对农村集体经济相关事务的全面参与。在较大规模的农村集体经济组织中，可以在执行机构下设立总经理及若干事务部门，负责日常事务，提高处理事务的效率，或设立提名委员会、监察委员会、薪酬委员会、诉讼委员会等功能委员会[1]，确保组织能够在公平、公正与公开的环境下运行。

第二，厘清农村集体经济组织与村"两委"的关系。在2015年《深化农村改革综合性实施方案》和2016年《意见》中，党和国家先后强调要处理好村"两委"与农村集体经济组织之间关系，明晰三

---

[1] 曹冬媛：《日本现代公司治理监督机制模式演变及启示》，《商业研究》2017年第3期。

者之间的职能定位，并提出了在有条件的地方，实行村委会事务和集体经济事务分离——"政经分开"的政策主张。这意味着理顺农村集体经济组织与村"两委"的关系成为党和国家在农村的一项重要工作，而"政经分开"也成为完成这项工作，以及进一步提高农村集体经济经营管理事务和村民自治事务处理效果的主要手段。

首先，单独设立具有完整内部机构的农村集体经济组织。农村集体经济组织及其内部机构的独立性，是实现其地位独立的首要条件。截至2020年年底，全国共有53.1万个村庄完成了集体产权制度改革，约9亿的集体经济组织成员的身份得到确认，量化资产2.5万亿元，当年分红达到435.6亿元[①]。这也就意味着全国已经有超过53万个单独设立的农村集体经济组织。但是农村集体产权制度改革仍在进行当中，仍有村庄没有设立独立的农村集体经济组织，或者说没有完整的内部机构。因此，应当加快推动农村集体产权制度改革，促使农村集体经济组织从村委会的组织框架中分离出来，使农村集体经济组织拥有独立的决策机构、执行机构和监督机构，为独立运营权的行使提供一个专属的载体或平台。

其次，明确划分农村集体经济组织与村"两委"间的权责。作为农民集体所有的代表者，农村集体经济组织行使集体资产经营管理权能，并独立自主进行经济活动。因此，需要确保《民法典》和《乡村振兴促进法》的规定落地，维护农村集体经济组织职能的独立性。村委会行使行政职能，即对外配合政府进行村庄内部行政事务的监督和管理，对内负责保护村民利益，为村民提供公共服务，处理村中公共事务。农村集体经济组织行使经济职能，即对外作为市场主体，遵循市场规律和规则，接受政府的监督，配合政府对集体资产进行监督和管理，推动农村集体经济发展壮大，对内维护组织的运营和本组织成员的利益，确保集体资产的保值增值和本组织成员实现增收。村党组织主要负责对村委会与农村集体经济组织的工作与关系进行领导与

[①] 《中国农村政策与改革统计年报（2020年）》，中国农业出版社2021年版，第149—150页。

协调。通过对农村集体经济组织与村"两委"的职能划分，从而保障农村集体经济组织的特别法人地位和独立运营权。

最后，确保农村集体经济组织领导班子的独立性。作为农民集体所有的代表，农村集体经济组织的管理人员对于农村集体经济组织特别法人地位和独立运营权的实现同样具有重要的影响。目前，集体经济发展较好的村庄，都普遍是由能人带动。而这些能人则大多是村"两委"的领导班子成员，甚至是村支书或村主任。这些人作为村干部要处理村庄的公共和行政事务，作为集体经济组织的管理者又要处理本村集体经济相关事务，很容易出现二者不能兼顾或行政主导的局面，不利于维护农村集体经济组织的独立性。因此，除特殊情况外，村支书或村主任不宜兼任农村集体经济组织法定代表人，可任职于内部机构，但不宜担任机构的主要管理者，如理事长、监事会主席等，从而避免"家长制"及"内部少数人控制"现象的出现。

此外，对于部分规模较小、人口较少、居住较分散的村庄，在处理农村集体经济组织与村"两委"关系时，也需要灵活对待。例如，可采取农村集体经济组织与村委会"一套班子、两块牌子"的运作方式，不单独设立农村集体经济组织。但是农村集体经济组织与村委会的权责需要进行明确划分，这样既可以减少组织成本，也能够确保农村集体经济组织可以有效处理本村集体经济的相关事务。通过从组织、权责、人员三个方面对农村集体经济组织与村"两委"进行划分，不仅可以确保农村集体经济组织自身的主体性和独立运营权，还能够理顺其与村"两委"间的关系，使三者之间建立既相互独立，又相互作用的联系，构成"三位一体"的村庄内部治理结构。

三 落实农村集体经济组织成员的主体地位

为使农村集体经济组织成员全面了解自身应享有的权利和组织内部各机构的职能，从而更好地参与到与农村集体经济紧密联系的事务及其运作中，就需要在重视农村集体经济组织成员所具有的继承性、保障性和职业性的基础上，进一步维护农村集体经济组织成员的财产权利与民主权利，强化集体经济组织成员对本组织工作人员的控制力，以此落实农村集体经济组织成员在农村集体经济治理体系中的主体地位。

第一,应当重视农村集体经济组织成员身份的继承性、保障性和职业性。2016年12月,《意见》提出,要依法并按照"尊重历史、兼顾现实、程序规范、群众认可"原则,统筹考虑各种因素,"协调平衡各方利益,做好农村集体经济组织成员身份确认工作,解决成员边界不清的问题"[①]。这表明了我国农村集体经济组织成员身份的确定并不是取自成员的自由意志或单纯的血缘关系,而是通过综合考量,也就意味着农村集体经济组织成员身份应具有多维特征。

首先,农村集体经济组织成员身份的保障性。土地作为农村集体经济组织最主要的集体资产,其性质和功能与农村集体经济组织成员的身份及核心利益直接挂钩,对于仅以土地收益为生的农民来说,土地是其维持生活的唯一保障,只有作为农村集体经济组织成员,才能依法享有集体土地的各项权利。因此,农村集体经济组织成员身份对农民生活具有重要的兜底保障作用。

其次,农村集体经济组织成员身份的承继性。发展现代农业需要壮大农村集体经济,乡村区域的世居农业人口是农村集体经济发展的主体。同时,户籍在农村并长期生活在农村地区的人口,大多受父辈的影响,对农业生产经营的相关事宜有着先天的优势。因此,在农村集体经济组织成员身份的认定中,血缘关系和地缘关系虽然不是唯一标准,但也处于基础性地位。所以,继承性也是农村集体经济组织成员的一个基本特征。

最后,农村集体经济组织成员身份的职业性。一般来说,农村集体经济组织成员应当是以农业为唯一职业的农业生产经营者。目前,农村出现了部分外迁人员从事农业生产经营。并且,随着国家对于新型职业农民和高素质农民的培育,这类外迁人员数量还会有所上升,因而出于对实际生产经营者的保护,以及对农村集体经济组织成员整体素质和农村集体经济组织经营管理水平整体提升等方面的考虑,也

---

① 《〈中共中央国务院关于稳步推进农村集体产权制度改革的意见〉学习手册》,人民出版社2017年版,第9—10页。

第五章　完善农村集体经济治理体系的主要思路

应将职业性作为农村集体经济组织成员的主要特征。

第二，维护农村集体经济组织成员的权利，使其充分了解所应享有的财产权利与民主权利，确保其在农村集体经济治理体系中的主体地位。

应将维护农村集体经济组织成员的权利作为完善农村集体经济治理体系的出发点和落脚点，坚决保障农村集体经济成员权利不受损失。为此，一方面农村集体经济组织应内含民主元素，确保其成员依法实行民主选举、民主决策、民主管理、民主监督，维护农村集体经济组织成员的决策权、管理权和监督权等民主权利，使农村集体经济组织成员能够参与到组织工作的各个环节；另一方面还应当切实赋予农村集体经济组织成员集体资产股份权能，保护组织成员的合法收益，通过利润返还、股份合作、保底分红等多种形式，使组织成员能够科学、合理地从集体资产增值中受益，维护农村集体经济组织成员的财产权利。

同时，做到维护农村集体经济组织的权利，首先应当使其了解自身权利有哪些，否则保护权利便无从谈起。农村集体经济组织成员的权利主要包括民主权利和财产权利，其中，民主权利主要有选举权、决策权、管理权和监督权等；财产权主要有用益物权和集体收益分配权等。这些权利在我国的现有法律、法规及政策中有明确规定。针对农村集体经济组织成员对自身享有权利不清楚的问题，应当在明确农村集体经济组织成员权利的同时，加大对农村集体经济组织成员权利的普及教育力度，使农村集体经济组织成员了解和认识到自身享有参与组织内部管理人员的选举和罢免的权利；享有参与讨论决定组织内部事务或集体经济相关事务的权利；享有参与管理和协调组织内部事务或集体经济相关事务和活动的权利；享有监督组织内部工作人员的权利；享有承包经营集体土地、使用宅基地以及集体其他资产的权利；享有参与分配那些通过集体资产、资金、资源所获的收益的权利等。

此外，应当通过统一组织培训、会议、公告等各种途径或方式，向农村集体经济组织成员宣讲作为组织的成员所应享有的权利以及农村集体经济组织内部各机构的具体职能,确保组织成员能及时准确地了解自身的权利和组织的职能,从而充分运用自身的权利参与到组织内部各个机构的相关事务之中。

第三,处理好农村集体经济组织工作人员与其他成员间的权责关系。维护农村集体经济组织成员的权利,不仅需要成员知权、懂权,也需要一个良好的维权环境。作为农村集体经济组织成员与组织内部各机构对接的最为直接的主体,组织的工作人员与其他成员间的权责关系如何,对于良好的维权环境的形成尤为重要。这就需要农村集体经济组织的工作人员做到对集体利益保持公平公正的态度。为此,应当进一步对农村集体经济组织的工作人员,尤其是管理人员的权利进行细化。例如,通过推进经营性资产股份合作制改革的方式,将农村集体资产的所有权确权到户,使农村集体经济组织的管理人员与其他成员形成授权与托受的委托代理关系,从而只代表本组织成员行使权利,为本组织成员提供服务,并受到全体成员的监督。这样即便管理人员由村"两委"领导班子成员担任,也能够对其行为起到约束作用,弱化其控制力,发挥其组织力,防止其权力过大,避免"一言堂"和"内部少数人控制"现象的出现,从而有效维护农村集体经济组织成员的权益,使农村集体经济组织成员真正成为集体资产的实际掌控者,确保集体经济组织成员在组织中的主体地位。

第四节 优化农村集体经济治理体系的机制

农村集体经济治理体系的机制是在党的领导下,围绕农村集体经济的发展,政府、农村集体经济组织及其成员之间的互动关系,而这种互动关系又是围绕着权责形成的。因此,政府、农村集体经济组织及其成员作为形成互动关系的主体,对机制运行有着重要影响。同时,由于机制是建立在结构的基础之上,并根据结构的划分,也划分为外部、中层和深层机制。但存在于不同结构中的机制只是体现了机制自身的一个运作的范围,因而应当使机制更为具体化,这种具体的机制一定是有利于农村集体经济发展的。正是基于以上考虑，下文主要从优化政府长效帮扶机制，优化农村集体经济组织独立运营机制，以及优化组织成员分配与参与机制三个方面来阐述如何完善农村集体经济治理体系的机制问题。

一 优化政府长效帮扶机制

为解决农村集体经济组织的资金短缺、信息闭塞等问题，政府应当加大扶持力度、简化执行程序，推动建立农村集体经济组织与大型企业间的合作和网格化信息服务平台，开展典型案例的宣传工作等，为农村集体经济组织提供资金支撑和技术服务，从而确保资金供给和信息来源的持续性与精准性，同时还应当加强对农村集体经济组织的人才引进的帮扶力度，不断壮大组织的人才队伍。

第一，为解决农村集体经济治理中所存在的资金短缺等问题，政府应当通过加大扶持力度、简化执行程序以及推动建立农村集体经济组织与大型企业间的合作等方式来加强对农村集体经济组织的帮扶，使其能够获得持续的资金来源。

首先，政府应当通过加大扶持力度，以及简化执行程序来提高帮扶水平。应当认真落实各项惠农强农政策，加快构建新型农业补贴政策体系和支持农村集体经济发展的政策体系，进一步完善农业支持保护政策。具体到农村集体经济组织，应当研究完善符合组织特点的各项优惠政策，如税收政策、奖励补贴政策等，还应当把农村集体经济组织经营管理能否实现创新，作为政府制定政策优先考虑的事项之一。在此基础上，还应当进一步加强风险防范方面的政策支撑，扩大政策性涉农保险的范围，丰富保险产品的种类。在条件允许的情况下，可以设立专项基金用于风险补偿，从而解除农村集体经济组织的后顾之忧，以此有效带动组织成员实现持续增收。同时，各地政府应根据实地情况酌情简化在政策落实过程中的各项程序，使农村集体经济组织能够真正享受到政策的惠泽，也使政策的价值能够真正得以体现。

其次，政府应当指导和帮助农村集体经济组织拓宽融资渠道，探索其与大型企业间的合作。目前，金融机构对农村的信贷额度仍显不足。为此，应当将农村集体经济组织作为财政和金融优先保障和服务的对象，拓宽其融资渠道，同时也应通过设立合作项目，提供专门的资金和专业的技术等方式，鼓励和引导有实力的企业与农村集体经济组织建立合作关系，使企业在经营管理上的专业性与农村集体经济组织的资源优势形成互补，从而实现合作共赢，推动农村集体经济实现内生式发展。这与直接向农村集体经济组织提供资金支持相比，更能确保资金收入的稳定性和持续性。

第二，为解决农村集体经济治理中所存在的信息获取途径单一等问题，政府应当通过建立网格化信息服务平台以及开展典型案例的宣传工作等方法，帮助农村集体经济组织持续获取更多有效经验和相关信息。

首先，政府应当为农村集体经济组织拓宽信息获取途径提供帮扶。通过建立县、乡镇、村（社区）三级集体经济服务网络，设立网络化信息服务平台，达到全县信息网络全覆盖，并对全县所有村级集体经济组织及其成员开放。同时，可以尝试构建全市、全省乃至全国范围内的信息资源共享网络，实现最大范围的信息资源共享，使所有农村集体经济组织及其成员能够通过信息网络平台及时接收信息资讯，表达利益诉求，实现沟通交流，享受信息化服务。在此基础上，建立网格化信息服务责任制，在各级网络服务平台中建立信息采集、分析、上报、反馈以及任务下达等工作规范、程序及岗位职责，及时发现、上报和处理农村集体经济治理中的各种问题和矛盾，在确保农村集体经济组织独立运营的同时，实现农村集体经济治理体系的科学化、细致化和人本化。

其次，政府应当加快开展农村集体经济组织典型的树立和宣传工作，选择条件较好的、农村集体经济发展较为成熟的市县，率先设立关于农村集体经济经营管理方面的创新试验点，开展先行先试，总结相关经验，发挥典型示范的作用。典型的选拔方式可以有所创新，例如，结合定期汇报信息的方式，规定农村集体经济组织把自身相关信息，如组织名称及住所、联系方式、生产经营状况、资产状况等，定期向政府有关职能部门或银行等专业机构进行汇报，再由这些专业部门对信息进行审核，科学判定集体经济组织的实际运行情况，对于信息真实且发展状况较好的集体经济组织，从中择优选出个别有代表性的，作为地方性示范典型，将发展不好或者信息不真实的，作为反面典型向社会公示。这既能够激发集体经济组织的发展动力，又能够着实发现具有典型示范价值的集体经济组织，并将其经验进行宣传推广，从而起到典型示范作用。同时，应本着典型示范、因地制宜的原则开展农村集体经济治理典型案例宣传教育活动，组织成立典型案例宣讲团队深入各地农村，向集体经济组织成员讲解集体经济治理的相关事宜，引导成员自觉依法行使权责。

此外，政府应当继续加强对农村集体经济组织人才引进的帮扶工作。在大力宣传人才返乡的同时，加强对乡村人才的培育工作，如加快培育新型职业农民、高素质农民以及开展对农村集体经济组织工作人员的培训等，不断扩充和壮大乡村人才队伍。同时，鉴于"第一书记"在实现农村减贫、推动农民增收以及提升乡村社会治理水平中的重要作用，应当继续选派"第一书记"赴基层[1]，并构建更为严格和科学的选拔、考核等机制，使其在农村集体经济发展中能够更加有效地发挥指导、服务和监督等方面的作用。

二　优化农村集体经济组织独立运营机制

为避免农村集体经济组织内部各机构被悬置，避免村"两委"在与农村集体经济组织互动中发生越权行为，应当进一步提高农村集体经济组织决策能力、自主融资能力，加强集体资产的监督力度，同时也应提升农村集体经济组织工作人员的综合素质，加强对工作人员的监管，以各种方式吸引人才加入组织，从而增强组织内部各机构的权能，加强各机构间的相互制约、相互作用，形成良好的权责关系，进而激发组织的发展动力和活力，增强组织的独立运营能力。

第一，以提高决策能力、自主融资能力，加强集体资产的监督力度，实现农村集体经济组织的科学决策和高效管理。

---

[1] 曲延春：《这支队伍为何不能撤：第一书记制度的逻辑理路与优化对策》，《行政论坛》2021年第4期。

首先,提高农村集体经济组织决策能力,使其尽快融入市场。农村集体经济组织应当提高自身对市场变化的敏感度和灵活性,充分利用政府、企业、媒介等各种形式和渠道,主动获取市场信息,掌握最前沿的市场动态,灵活应对市场的变化,及时根据市场的需求转变经营理念和策略,以达到迎合市场发展趋势的目的,使自身时刻走在市场前沿,不断提高决策的科学性、准确性和有效性。

其次,提高农村集体经济组织自主融资能力,坚持"走出去"原则,充分发挥主动性和自主性,努力拓宽融资渠道。农村集体经济组织内部工作的开展以及自身的发展都离不开资金的保障。而金融机构无疑是改善资金不足的最快和最便捷的渠道。然而,当前农村金融体系和金融服务还亟待完善,农村金融机构少、对"三农"信贷投入不足等问题尚存。因此,农村集体经济组织不能只是被动等待政府的帮扶,而应提高自身的主动意识,采取积极主动的"走出去"方式,主动与金融机构进行接触和洽谈,拿出长期发展方案,用自己的专业性和特色产业,改变金融机构对农村集体经济组织的传统思维定式,打消其顾虑,建立与金融机构间的合作,吸引信贷资金的投入。

最后,加强农村集体经济组织对集体资产在投资、担保、借贷等方面的监管力度。对于具有一定实力的农村集体经济组织而言,可在组织内部的监督机构中设立专项资金用于审计,由机构负责监督并组织审计。对实力较弱的农村集体经济组织则可以依托政府完成审计,目的是确保财务工作和审计结果的公开透明性,能够面向本组织全体成员,从而在强化监督机构职能的同时,确保本组织成员的利益不受损失。同时,村党组织及党员应当在农村集体经济组织的监管中发挥领导作用及模范带头作用,带动成员积极地参与到集体资产的监管之中,在农村集体经济组织内部创造一个公平公正的环境。

第二,为避免因村"两委"领导班子兼任农村集体经济组织管理人员所引起的"内部少数人控制"现象的发生及"越权行为"的出现,应当加强对农村集体经济组织管理人员的职能履行情况的监管,使其树立正确的理念和原则,做到服务于民,同时也应以多种方式吸引人才加入,提高经营管理的专业化水平。

首先，加强对农村集体经济组织的工作人员，尤其是管理人员的监管。应当赋予农村集体经济组织内部监督机构提出罢免管理人员的权力，对在监督过程中发现的违法违规现象，监督机构有权召开由本组织的成员代表参加的紧急会议，提出罢免意向，经民主讨论得出意见结果。这样既能够有效形成农村集体经济组织内部利害机构间的相互制约，约束管理人员的行为，也能够使监督机构发挥应有作用，强化监督机构的权能。同时，也应加强对农村集体经济组织工作人员职责的监督，对组织内部工作人员，尤其是管理人员的职责履行情况进行定期评定，对于评定不合格的、有违法违规行为的、出现越权或渎职行为的人员，组织成员应享有通过会议讨论等形式对其进行撤换的权利，以此防止农村集体经济组织内部形式主义的蔓延以及"一言堂"等现象的出现。

其次，农村集体经济组织的工作人员应树立"以人为本"的工作理念，以服务成员为己任，坚持"民办、民管、民收益"原则，细致周全地开展服务工作，及时处理和协调农村集体经济组织的内部矛盾和问题，确保农村集体经济组织及其成员的权益不受损失。同时，应当运用民主管理的方式，给予本组织成员参与决策的机会，重视并接纳本组织成员的建议、意愿和诉求，围绕着激发和调动本组织成员的参与热情来开展农村集体经济组织的各项工作。还应严格坚持"一人一职"原则，细化工作人员职责范围，确保职责范围的全覆盖，强化职责意识，在职责范围内对本组织成员应做到有求必应、有问必答，从而确保工作人员分工明确、各尽其责，避免因职责不清所造成"内部少数人控制"现象的发生以及越权行为的出现。

最后，农村集体经济组织应当以资金入股等各种方式吸引人才加入。这有助于扩大组织规模，充足人才队伍。并且，鉴于村"两委"领导班子任职集体经济组织管理层在权责行使时可能出现的越权行为，应当引入职业经理人制度，由职业经理人负责集体经济组织的经营与管理，但不参与监督。这样既可以提升集体经济组织运营和管理的专业化水平，提高组织的效益和盈余，也有助于带动组织内部工作人员及成员的专业能力的提升，提高全体成员的经营与管理水平。同时，在人才引进方面，也应当重视返乡人才中的退休人员群体。因为在这部分群体中，有的具有丰富的专业经验，有的具有丰富的人脉关系，吸收这部分人才进入集体经济组织的管理层有助于促进组织内部各机构的良好运行，为开展经济活动，实现独立运营提供帮助。为此，可考虑通过在董事会、监事会的基础上额外设立外部董事或外部监事职位的方式，吸纳返乡人才进入农村集体经济组织的运营监管系统，为农村集体经济组织独立运营水平的提升创造条件。

此外，优化农村集体经济组织的机制也离不开政府的协同，这就要求政府在处理与农村集体经济组织的关系上既要到位，而又不能越位，确保农村集体经济组织实现独立运营。

三 优化农村集体经济组织成员分配与参与机制

为解决农村集体经济组织成员在分配方式、参与质量等方面存在的问题，维护成员财产权利和民主权利的正常行使，应针对农村集体经济组织成员类型的不同，采取不同的分配和激励方式，并在处理农村集体经济组织内部事务时，突出成员的主体地位，加强成员与组织内部各个机构间的互动，从而激发成员的主动性和积极性，提升参与质量。

第一，优化农村集体经济组织成员的分配与激励机制。在贯彻按劳分配原则的基础上，采取按股分红等形式，对农村集体经济组织收益进行科学、合理的分配，并通过绩效考核等方式，为农村集体经济组织的工作人员制定灵活的激励机制。

首先，确保农村集体经济组织成员在利益分配中的主体地位，使其成为农村集体经济发展的最大受益者。例如，土地流转的基准价格可按照正常情况下土地粮食单产来确定，也可按照供需关系对价格进行合理的浮动，总之要确保农村集体经济组织成员能够在土地流转中获得合理的经济收益。在采取按股份参与分红的分配形式时，应当严格按照农村集体经济组织成员在本组织中的股份占有比重参与利益分配，使其获得应有的经济回报，避免因分配问题而产生内部矛盾。同时，针对在农村集体经济组织中贡献较大的、各项事务参与度较高的成员，应当向其提供资金或其他种类的奖励或激励，这样既能够为农村集体经济组织内部创造公平公正的环境，又能够提高成员的归属感和认同感以及参与相关事务处理的积极性，进而提高参与质量。

其次，农村集体经济组织的工作人员，既作为组织内部的普通成员，参与生产劳动，又作为组织内部的工作人员参与组织运作，如从事对组织的经营、管理、服务等各项工作。为使农村集体经济组织的工作人员保持积极的工作态度，应当根据集体经济组织自身情况，将工作人员的奖惩与组织效益挂钩，对其进行绩效考核，以一定的效益额度或运营状况为标准。如果达到或超出基本标准，则按一定比例提高其奖励，超出部分再按比例参与二次分红，以此达到激励的目的。对于无法达到标准的工作人员应当制定一定的惩罚措施。并且，奖惩措施都要经过集体经济组织全体成员同意。为农村集体经济组织的工作人员制定专门的分配方式和激励方式，不仅能够激发其工作的热情和积极性，充分发挥其管理和运营能力，还能够在一定程度上避免贪污腐败的现象发生。

第二，优化农村集体经济组织成员的参与机制。在处理农村集体经济组织内部事务时，突出其成员的主体地位，加强组织成员与组织内部各个机构间的互动，确保组织成员能够正常行使民主权利，实现对组织内部各机构相关事务的全面参与。

首先，农村集体经济组织在处理内部事务，尤其是重大事务时，应当突出成员的主体地位，确保其能够参与到集体资产的使用、经营等方面的决策之中，尤其当投资与分配调整的规模较大时，农村集体经济组织所做出的决议必须通过全体成员共同商讨决定后才具有合法性。同时，为确保及时且充分采纳成员的建议，应当定期地召开各种类型及规模的例会，主动征询本组织成员的建议并解答疑问，充分发挥集体的智慧。在此基础上，应建立专门的意见采纳小组，及时了解本组织成员对于组织管理运营、利益分配和长远发展的相关建议和诉求，准确掌握本组织成员在日常监管中发现的组织内部所存在的问题，在确保意见信息的准确性和真实性的同时，对其进行归纳整理，以便在会议中进行讨论和解决，以此作为改进农村集体经济组织发展模式的参考。

其次，加强对机构职能履行情况的监督。依法维护农村集体经济组织成员在查阅本组织的章程、成员名册、财务会计报告、会计账簿以及各机构会议记录和决议等方面的权利。对于存在问题之处，组织成员有权提议修改，并监督修改过程。同时，作为股权的实际所有者，农村集体经济组织成员理应享有对集体资产的实际所有权。因此，应当确保农村集体经济组织成员享有对自身的收益的监督权利，如以分红的形式按股所获得的收益、按照薪酬或契约规定所获得的收益等。在此基础上，还应加强成员间的相互监督，建立规范的举报途径，使其能够将在相互监督中所发现的问题，通过正当渠道及时向组织内部监督机构反映，确保自身利益得到维护。

附录一

中国农村集体经济发展与治理的调查

（一）辽宁省大连市Z村土地股份粮经种植专业合作社调查

调查时间：2018年9月27日

调查人员：崔超、李宏芳

通过对村支书的访谈了解到：Z村距离乡政府约9公里，2017年由村集体领办成立土地股份粮经种植专业合作社，合作社主要经营水稻种植，采取产供销一条龙的经营模式。Z村是大连市第一批挂牌成立土地股份粮经种植专业合作社的村庄。全村现有土地5000余亩，人口约2800人。截至2018年，村民入股合作社的土地数量接近400亩。分配方式是通过签订合同，采取保底加分红的形式，社员每年有500元的保底收入，根据销售情况还可参与二次分红，并已落实到所签订的合同之中，而2016年撂荒稻田的地租价格只有100元，与此相比社员的收入翻了超过5倍，但与村民自己种植水稻出售的收入相比，仍然较低，因而尚处于起步阶段。

访谈内容节选：

1. 我们这个合作社是属于哪种类型的、什么性质的？跟农民专业合作社是一回事吗？

——我们这是村集体的股份合作社，不是老百姓成立的那种专业合作社，是土地股份粮经种植专业合作社。

2. 咱们这是采取统一的经营管理吗？

——对，统一种植。我们这是产供销一条龙，现在机械人工全是雇的，我们用老百姓的土地入股，在需要雇工的时候，他们可以来，但我们大多数老百姓都不来，我们雇的都不是放弃土地的人，他们是没有时间管理，没有人管理，所以他们才不要了。

3. 咱们合作社内部有理事会、监事会之类的机构吗？内部制度都有什么？

——有的有的，理事会、监事会、股民代表大会都有。制度和全国合作社的制度章程是一样的。

4. 咱们合作社领导班子是不是和村里是一套班子？是怎么选举产生的呢？

——对，是我们兼任的。是这样，合作社成立需要市政府下文件批示，经过政府批准后才能成立。上级有要求，除非村书记不适合担任，正常的情况下都要求村书记担任社长和理事长。

5. 在制定制度的时候，或者讨论与合作社相关的事务的时候，咱们这会不会组织社员一起讨论？比如通过会议之类的。

——之前的各类村级组织一直遗传着不开会的习惯，在我们这一届领导班子上任后，村里这两年搞了不少活动，或者是村民代表会、党员会议，或者是成立协会，村民大会。我们还成立了小的以户代表的会议，利用这些会议来讨论。

6. 这种会议大家愿不愿意参加？

——经常组织开会才发现，老百姓、村民代表、党员都挺愿意参加的，他们参与发表意见的程度挺高，都挺积极的。比如启动大会的时候，有一百多人参加，成立大会的时候，有一百二三十户参加。

7. 是派代表参加吗？

——对，开了两次成员大会，我们选了代表理事，代表会，中间又开了两次理事会，理事会讨论的内容是从种到收、预计稻米怎么卖，卖一部分稻子还是留一部分米。

8. 具体种什么是由谁来定，是您来定还是大家一块定？

——我们咨询过专家之后还是决定种现有的三个品种，因为也不知道哪个品种好。开会定了一下，现在的地能达到两百七八，现在是研究稻子全部留下自己销售，还是卖一部分。还是跟大家伙儿商量，其实最重要的是跟大家伙儿商量。形式上不能表现出干部独裁专政，所以采取大家伙儿商量的这种形式，但实际上还是得听我们的，因为他们对市场不了解，他们不懂，不像我们。就像我之前做过这方面，办过公司。我是2016年回到村里，开始做宣传，注册公司一开始是赔本的，到2017年，用了两年的时间，在打下基础以后，再成立的合作社，将原来的公司完全转入合作社。这几年自己看过、卖过。我自己经营过这么长时间，知道稻米值多少钱，有多大的市场。

9. 那社员有没有好的意见，或者对你们领导班子有没有启发？

——实话讲，不太多，但是他们会对现有的土地性质分析这方面会有好的建议。

10. 上级政府对合作社的发展有什么帮助吗？

——市政府为合作社提供了25万元的贷款，一亩地能够贷1/3，大概四百元钱。

——市里面会组织我们去集体经济发展好的地区考察学习，了解他们是如何运作和管理的，也会邀请专家到村里，向我们提供管理技术等方面的一些辅导。但是专家讲课老百姓没有人去听，因为专家讲的不接地气，老百姓不关注。其实最能带动老百姓积极性的就是效益，就是销售的价格，有人收购，价格提上来，老百姓自然按高标准、严要求来做。

11. 你觉得哪些方面还需要上级政府多帮助一些？

——主要就是资金这一块。国家给的扶持资金不是特别多，市里面的政策是规模达到500亩以上给25万元，现在规模接近400亩，还达不到这个数目，所以没领到这个钱。

12. 为什么不再扩大一些规模呢？

——一下搞得太大损失会很大，国家给的这些钱不会起到很大的作用，五百亩需要的资金很多，这部分的投入与国家给的扶持资金不成正比。所以说，即便就差个一二百亩就能够拿到这25万元，也不会冒风险去扩大规模。

——而且这个贷款，程序特别烦琐，也贷不多，但手续非常烦琐，得找到所有入股的老百姓重新签字，只要有一户不同意用转让给集体的土地去贷款，这个钱就拿不到。

——我们也希望能够跟大的企业合作，因为现在只靠村里很难扩大规模，主要就是缺乏资金支持。实际上，现在5000亩地流转2000—3000亩是没问题的。现在即便流转了这些地，我们也愁，因为现在没有大的运营团队，缺乏资金，很难大规模地经营。

（二）山东省济南市W村调查

调查时间： 2018年11月28日

调查人员： 崔超、李宏芳

通过对村委会副主任的访谈了解到：W村距离镇政府约5公里，全村耕地面积2000余亩，人口约为900人。该村曾被中央改革办列为地方改革案例，镇上也以该村为试点，探索成立了土地股份合作社、集体资产股份合作社和劳务合作社，涉足农业、服务业等多个领域。作为县内首批集体产权制度改革试点村，该村在2017年挂牌成立了农村集体股份经济合作社。该村的集体经济发展较为成熟，由集体经济分红带来的人均年收入达到1000元以上。

访谈内容节选：

1. 咱们村集体经济现在发展得怎么样？主要依靠什么产业？

——集体经济的周转就是围绕着这几个村办合作社，现在属于状况好的阶段，土地流转挺顺利，现在想着给村民解决怎么提升的问题，为了给村民谋更多的福利。主要的产业是蔬菜种植、玫瑰、粮种等。村里没有集体土地了，土地都分配到户了，不存在土地租赁收入。集体的收入寥寥无几，也就是刚够村里日常运行，像笔、墨、纸张等。其他的钱都分给农户了，集体经济总体来看一年比一年好。

2. 咱们这些村办的合作社内部有理事会、监事会之类的机构吗？

——理事会这些都是全的。

3. 这些机构的管理者，比如理事长、监事会主席等都是由谁担任呢？

——都是村干部担任，理事长、监事长什么的。

附录一　中国农村集体经济发展与治理的调查

4. 理事会、监事会这里面有没有普通的村民，或者党员代表、群众代表之类的？有的话，他们主要负责什么？

——普通的村民就是在里面打工。里面有党员代表和群众代表，群众代表主要就是监督。

5. 这些负责人是怎么产生的，经过选举吗？

——这些人都是选举产生的，不能违反民意。

6. 合作社制定了选举办法、章程之类的吗？都是怎么制定的？

——都有选举办法，管理制度什么的都有，章程是依据上面的红头文件、选举法什么的。选举和管理都按照国家法律法规进行。

7. 制度方面有没有自己的特色，比如根据咱们自己的特殊情况制定什么制度？

——没有什么特色，就是依照法律法规来办的。

8. 制度制定的时候，或者在发展集体经济这块需不需要跟村民一块讨论讨论？

——得讨论，我们这发扬民主，跟全村经济有关的一些重大问题都得讨论。

9. 怎么讨论呢？通过什么形式？开会吗？

——对，就是村"两委"的会议、党员大会和村民代表会议，全部通过开会定。

10. 这些会议大家愿意参加吗？

——愿意参加。有的时候我们村干部也上门去做工作，或者组织群众去参观，看看人家那些搞得好的地方。都是严格按照自愿民主，绝对不强迫。

11. 咱们这些合作社里面的社员的男女比例和年龄结构大概是个什么样的情况？

——社员里面老人多，二十岁到四十岁的人基本上看不到，都出去打工了，五十岁以上、六十岁左右的老人较多，老人是主力。男女看，女的比男的多，女的多是因为看家出不去。愿意干就干一天，工资70—80元/天，最多100元。现在都太精了，嫌钱少，不愿在本地打工了，都去挣140元、150元，本地只有70—80元。

——社员是流动的，我们有专门的劳务合作社，想来打工就在那里面报名。

12. 上级政府对咱们村集体经济发展这块重视吗？

——政府对我们这挺重视，省里、市里的领导经常来指导，我们昨天下午接待了济南市市长和组织部部长，都是省里市里的，昨天刚接待了。

附录二

中国农村集体经济治理体系现状调查表

亲爱的居民朋友：

您好！

完善农村集体经济治理体系是农村集体经济发展壮大的重要保障，关系到每一位农村（社区）居民的切身利益，是值得深入探索和研究的一个课题。本次调查是为了解当前我国农村集体经济治理体系的现状，为完善这一体系提供参考。调查数据仅供学术研究使用，在此承诺对您填写的一切内容将严格保密，请放心作答。调查采用无记名方式，答案无所谓对错。填答问卷占用了您的宝贵时间，在此表示诚挚的谢意！

填表说明：1. 请根据自身情况，在每个适合您的答案对应的"□"内"√"；

2. 如没有选项的请在"_____"上填写答案；

3. 如无特殊说明，每个问题只选一项。

时间：_____

地点：_____省_____市（县）_____乡（镇）_____村

1. 您的性别：

□男　　　　□女

2. 您的年龄：

□35 岁及以下　　□36—45 岁　　□46—55 岁　　□56—65 岁
□66 岁及以上

一　农村集体经济治理体系的制度安排状况

3. 您认为实行农村集体产权制度改革的意义大吗？

□非常大　　　　□大　　　　　□一般　　　　□不大
□没有意义　　　□不了解

4. 您认为本村集体经济组织的内部制度是否合理？

□非常合理　　　□合理　　　　□一般　　　　□不合理
□非常不合理　　□不了解

5. 您认为与农村集体经济有关的现有政策是否完善？

□非常完善　　　□完善　　　　□一般　　　　□不完善
□非常不完善　　□不了解相关政策

6. 您认为与农村集体经济相关的现有法律法规是否完善？

□非常完善　　　□完善　　　　□一般　　　　□不完善
□非常不完善　　□不了解相关法律法规

二　农村集体经济治理体系的结构构成状况

7. 您认为本村的集体经济组织与政府之间的联系是否密切？

□是　　　　　　□否　　　　　□不清楚

8. 您认为本村的集体经济组织与政府之间是否需要建立良好关系？

□是　　　　　　□否　　　　　□不清楚

9. 本村的农村集体经济组织内部包含哪些机构？（可多选）

□决策机构（股民代表大会）　　□执行机构（理事会）
□监督机构（监事会）
□其他机构（请说明）_____　　□不清楚

10. 您了解本村的集体经济组织内部各机构的职能吗？

□了解　　　　　□不了解

11. 您会参与本村集体经济组织的事务处理吗？

□会参与　　　　□从不参与（跳至第 13 题）

12. 您参与本村集体经济组织事务处理的主要原因是什么？

□参与是我的权利　　　　　　□村干部要求必须到场
□别人都去我也去　　　　　　□不放心
□其他原因（请说明）_____

13. 您不参与本村集体经济组织事务处理的原因是什么？（可多选）

□不知道自己能够参与
□参与只是走形式，自己的意见不会被重视
□自己不想参与
□想参与，但村干部不允许
□不关注
□其他原因（请说明）_____

14. 本村的集体经济组织工作人员同村民的联系多吗？
□经常有联系　　□偶尔有联系　　□没有联系

15. 您在本村的集体经济组织中应当享有的权利是否能够得到维护？
□能　　　　□偶尔能　　□从来不能
□不知道自己有哪些权利

16. 本村的村"两委"在集体经济的相关事务中主要发挥什么作用？（可多选）
□组织村民　　　□领导村民　　□服务村民
□管理集体资产　□监督集体资产

17. 本村的集体经济组织同村"两委"的关系如何？
□非常好　　　□比较好　　　□一般　　　□不好
□非常不好

18. 您会参与本村的村级集体经济组织管理人员的投票选举吗？
□参与　　　　□不参与（跳至第20题）

19. 如果您参加投票了，主要原因是什么？
□投票是我的权利　　　　　　□想选自己中意的人选
□接受其他人拜托　　　　　　□村干部要求必须到场
□别人都去我也去

□其他原因（请说明）＿＿＿＿＿＿

20. 如果您没有参加的话，原因是什么？（可多选）

□谁当管理人员跟我没有关系　　□一票对结果影响不大

□候选人中没有我想选的　　　　□没人通知

□选举只是形式，干部早就定好了，投票没用

□临时有事没能到场　　　　　　□其他（请说明）＿＿＿＿

21. 您认为本村集体经济组织管理人员具备以下哪些特质？（可多选）

□人品和德行好，为官清廉　　　□办事能力强，能带领致富

□有公心，能听取村民意见，愿意为村民争取利益

□村中威望高，能得到村民认可　□其他（请说明）＿＿＿＿

三　农村集体经济治理体系的机制运行状况

22. 本村的集体经济惠及村民的方式？

□分红　　　□兴办公益事业　　　□用于扩大再生产

□其他（请说明）＿＿＿＿＿＿

23. 您每年能从本村的集体经济中分得多少钱？

□没有　　　□1000元以下　　　□1000—5000元

□5000—10000元　　□1万元以上

24. 您认为政府对本村集体经济组织的影响大吗？

□非常大　　　□大　　　　　　□一般

□不大　　　　□没有影响

25. 您认为本村的集体经济组织能有效地对集体资产、资金和资源进行监管吗？

□能　　　　　□偶尔能　　　　　□从来不能

26. 涉及本村集体经济的相关事务是由谁决定的？

□政府和党委直接指示　　　　　□村"两委"共同决定

□村委会决定　　　　　　　　　□村集体经济组织决定

□民意调查决定　　　　　　　　□村党组织决定

□其他（请说明）＿＿＿＿＿＿

27. 本村的集体经济组织是否能够实现对集体经济相关事务的

管理？

☐能 ☐不能 ☐不清楚

28. 本村的集体经济组织是否能够实现对集体经济相关事务的监督？

☐能 ☐不能 ☐不清楚

29. 本村的集体经济组织是否经常组织大家参与对集体经济相关事务的管理？

☐经常组织 ☐偶尔组织 ☐从未组织

30. 您都参与过本村集体经济组织哪项事务的处理？（可多选）

☐监督村集体资产、资金、资源的去向

☐对集体经济的管理提建议

☐监督村集体经济组织工作人员的工作

☐规章制度的制定

☐讨论村集体资产、资金、资源的运用

☐其他（请说明）_____

31. 本村集体经济组织的哪些事务是公开的？（可多选）

☐村集体财务支出明细 ☐村集体土地使用情况

☐集体资产出租转让情况 ☐集体资产存量与价值

☐其他（请说明）_____ ☐不公开

32. 本村采用什么方式或途径公开集体经济组织的相关事务？（可多选）

☐通过村民会议公开 ☐通过村务公开栏公开

☐通过村务公开网站公开 ☐通过定期给村民发信函公开

☐通过广播公开 ☐其他（请说明）_____

☐从不公开

33. 在发现本村集体经济组织相关事务或人员存在问题时，您会怎样做？

☐与我无关，不过问

☐向股民代表大会、理事会、监事会提出

☐向村民代表会议提出

189

□上访

□向媒体反映

□其他（请说明）＿＿＿＿＿＿

34. 您对本村集体经济的决策、运营、监督和管理等方面的总体状况是否满意？

□非常满意　　　　□比较满意　　　　□一般

□不满意　　　　　□非常不满意

35. 您对本村集体经济的发展有没有信心？

□非常有信心　　　□比较有信心　　　□一般

□比较没信心　　　□完全没信心

参考文献

著作类：

《马克思恩格斯全集》第3、42卷，人民出版社1960年、1979年版。

《马克思恩格斯全集》第3、16、21、30、34、42、44卷，人民出版社2002年、2003年、2003年、1995年、2008年、2016年、2001年版。

《马克思恩格斯文集》第1、2、3、4、5、7、8、10卷，人民出版社2009年版。

《马克思恩格斯选集》第1、2、3、4卷，人民出版社2012年版。

《列宁全集》第2卷，人民出版社2013年版。

《列宁全集》第11、12、30、31、33、34、36、37、40、41、42卷，人民出版社2017年版。

《列宁选集》第1、3、4卷，人民出版社2012年版。

《列宁专题文集：论社会主义》，人民出版社2009年版。

《斯大林全集》第8、10、11、12卷，人民出版社1955年版。

《斯大林选集》上、下卷，人民出版社1979年版。

［苏］斯大林：《论列宁主义基础》，人民出版社1979年版。

《毛泽东文集》第7卷，人民出版社1999年版。

《毛泽东选集》第1、2、3、4卷，人民出版社1991年版。

《毛泽东思想年编：1921—1975》，中央文献出版社2011年版。

《邓小平文选》第1、2、3卷，人民出版社1994年、1994年、1993年版。

《邓小平年谱1975—1997》（下），中央文献出版社2004年版。

《江泽民文选》第1、2卷，人民出版社2006年版。

《江泽民论有中国特色社会主义（专题摘编）》，中央文献出版社2002年版。

《胡锦涛文选》第2卷，人民出版社2016年版。

习近平：《习近平谈治国理政》，外文出版社2014年版。

习近平：《习近平谈治国理政》第2卷，外文出版社2017年版。

习近平：《习近平谈治国理政》第3卷，外文出版社2020年版。

习近平：《之江新语》，浙江人民出版社2007年版。

习近平：《摆脱贫困》，福建人民出版社1992年版。

《习近平关于协调推进"四个全面"战略布局论述摘编》，中央文献出版社2015年版。

《习近平关于全面依法治国论述摘编》，中央文献出版社2015年版。

习近平：《决胜全面建成小康社会夺取新时代中国特色社会主义伟大胜利》，人民出版社2017年版。

习近平：《在庆祝改革开放40周年大会上的讲话》，人民出版社2018年版。

《习近平新时代中国特色社会主义思想基本问题》，中共中央党校出版社、人民出版社2020年版。

《建党以来重要文献选编（1921—1949）》第8、10、20、22、25、26册，中央文献出版社2011年版。

《建国以来重要文献选编》第2、4、5、7、15册，中央文献出版社2011年版。

《三中全会以来重要文献选编》（上），中央文献出版社2011年版。

《十二大以来重要文献选编》（上），中央文献出版社2011年版。

《十三大以来重要文献选编》（上、中、下），中央文献出版社2011年版。

《十四大以来重要文献选编》（上、下），中央文献出版社2011年版。

参考文献

《十五大以来重要文献选编》（上），中央文献出版社 2011 年版。

《十六大以来重要文献选编》（上、中、下），中央文献出版社 2011 年版。

《十七大以来重要文献选编》（上、下），中央文献出版社 2009 年、2013 年版。

《十八大以来重要文献选编》（上、中、下），中央文献出版社 2014 年、2016 年、2018 年版。

《十九大以来重要文献选编》（上、中），中央文献出版社 2019 年、2021 年版。

《中国共产党第十九次全国代表大会文件汇编》，人民出版社 2017 年版。

《中共中央国务院关于"三农"工作的一号文件汇编：1982—2014》，人民出版社 2014 年版。

《〈中共中央国务院关于稳步推进农村集体产权制度改革的意见〉学习手册》，人民出版社 2017 年版。

《乡村振兴战略规划：2018—2022 年》，人民出版社 2018 年版。

《中共中央关于深化党和国家机构改革的决定》，人民出版社 2018 年版。

《中国共产党农村基层组织工作条例》，法律出版社 2019 年版。

《中华人民共和国民法总则·中华人民共和国民法通则》，中国法制出版社 2017 年版。

《中华人民共和国宪法》，法律出版社 2018 年版。

《中华人民共和国农民专业合作社法：最新修订版》，法律出版社 2017 年版。

《中华人民共和国村民委员会组织法·中华人民共和国城市居民委员会组织法：最新修正版》，法律出版社 2019 年版。

《中华人民共和国农村土地承包法：最新修正案》，法律出版社 2018 年版。

《中华人民共和国物权法·中华人民共和国担保法》，中国法制出版社 2015 年版。

《中华人民共和国土地管理法·中华人民共和国土地管理法实施条例》，法律出版社 2014 年版。

《中华人民共和国农业法：最新修正版》，法律出版社 2012 年版。

《中华人民共和国公司法：最新修正版》，法律出版社 2018 年版。

《中华人民共和国村民委员会组织法注解与配套》第四版，中国法制出版社 2017 年版。

《中华人民共和国民法典》，人民出版社 2020 年版。

《中华人民共和国乡村振兴促进法》，法律出版社 2021 年版。

《中国农村经营管理统计年报（2015 年）》，中国农业出版社 2016 年版。

《中国农村经营管理统计年报（2016 年）》，中国农业出版社 2017 年版。

《中国农村经营管理统计年报（2017 年）》，中国农业出版社 2018 年版。

《中国农村经营管理统计年报（2018 年）》，中国农业出版社 2019 年版。

《中国农村政策与改革统计年报（2019 年）》，中国农业出版社 2020 年版。

《中国农村政策与改革统计年报（2020 年）》，中国农业出版社 2021 年版。

《2017 中国农业发展报告》，中国农业出版社 2017 年版。

《2016 中国农业发展报告》，中国农业出版社 2016 年版。

《世界社会主义五百年》，党建读物出版社、学习出版社 2014 年版。

《发展壮大村级集体经济案例选》，党建读物出版社 2018 年版。

《中国大百科全书》第 3 卷，中国大百科全书出版社 2009 年版。

陈春常：《转型中的中国国家治理研究》，上海三联书店 2014 年版。

陈小君等：《我国农村集体经济有效实现的法律制度研究》第 1、2、3 卷，法律出版社 2016 年版。

崔红志等：《创新体制机制发展壮大农村集体经济》，中国社会科学出版社 2018 年版。

陈建国等：《中华人民共和国农民专业合作社法解读》，中国法制出版社 2018 年版。

陈雪原等：《中国农村集体经济发展报告 2020》，社会科学文献出版社 2020 年版。

陈雪原等：《中国农村集体经济发展报告 2021》，社会科学文献出版社 2021 年版。

戴威：《农村集体经济组织成员权制度研究》，法律出版社 2017 年版。

方志权：《农村集体产权制度改革：实践探索与法律研究》，上海人民出版社 2015 年版。

高清海：《文史哲百科辞典》，吉林大学出版社 1988 年版。

龚学胜：《商务国际现代汉语大词典》，商务印书馆国际有限公司 2015 年版。

侯希红：《农村集体资产管理》，中国社会出版社 2010 年版。

黄中廷：《新型农村集体经济组织设立与经营管理》，中国发展出版社 2012 年版。

黄延信：《农村集体产权制度改革实践与探索》，中国农业出版社 2014 年版。

胡靖：《整体性、组织化与集体经济原理》，中国经济出版社 2020 年版。

江平：《法人制度论》，中国政法大学出版社 1994 年版。

金炳华：《马克思主义哲学大辞典》，上海辞书出版社 2003 年版。

季建业：《农民权利论》，中国社会科学出版社 2008 年版。

刘永佶：《农民权利论》，中国经济出版社 2007 年版。

刘远风：《农村经济治理：逼近共识与行动逻辑》，湖南人民出版社 2013 年版。

李周、任常青：《农地改革、农民权益与集体经济：中国农业发展中的三大问题》，中国社会科学出版社 2015 年版。

刘敬鲁：《价值视野下的国家治理：思想理论资源与中国经济治理实践》，商务印书馆2017年版。

毛寿龙等：《西方政府的治道变革》，中国人民大学出版社1998年版。

彭海红：《中国农村集体经济改革与发展研究》，华中科技大学出版社2021年版。

阮智富、郭忠新：《现代汉语大词典》上册，上海辞书出版社2009年版。

汪民安：《文化研究关键词》，江苏人民出版社2007年版。

王景新：《村域集体经济：历史变迁与现实发展》，中国社会科学出版社2013年版。

魏后凯等：《中国农村发展报告（2021）》，中国社会科学出版社2021年版。

夏征农等：《辞海》（第六版彩图本），上海辞书出版社2009年版。

徐勇：《东平崛起：土地股份合作中的现代集体经济成长》，中国社会科学出版社2015年版。

徐勇：《中国农村村民自治有效实现形式研究》，中国社会科学出版社2015年版。

徐勇：《土地股份合作与集体经济有效实现形式》，中国社会科学出版社2015年版。

夏英等：《基于成员权视角的农村集体产权制度改革与集体经济发展评论》，中国农业科学技术出版社2021年版。

俞可平：《治理与善治》，社会科学文献出版社2000年版。

俞文青：《会计辞典》，立信会计出版社2005年版。

俞可平：《论国家治理现代化》，社会科学文献出版社2015年版。

岳谦厚、李卫平：《从集体化到"集体化"：1949年以来郝庄的经济社会变革之路》，中国社会科学出版社2015年版。

张凤阳等：《政治哲学关键词》，江苏人民出版社2006年版。

张晓山、苑鹏：《合作经济理论与中国农民合作社的实践》，首都经贸大学出版社2009年版。

朱有志等：《中国新型农村集体经济研究》，湖南人民出版社2013年版。

张英洪：《农民权利研究：农民权利论》，中央编译出版社2014年版。

翟新花：《我国农村集体经济体制变迁中的农民发展》，中国社会科学出版社2015年版。

张晓山等：《农村集体产权制度改革论纲》，中国社会科学出版社2019年版。

赵新龙：《农村集体经济组织成员权的体系构建及其实现机制研究》，知识产权出版社2019年版。

钟霞等：《乡村振兴战略背景下农村集体经济发展机制研究》，四川大学出版社2020年版。

［美］黄宗智：《长江三角洲小农家庭与乡村发展》，中华书局2000年版。

［德］哈贝马斯：《在事实与规范之间：关于法律和民主法治国的商谈理论》（修订译本），童世骏译，生活·读书·新知三联书店2003年版。

［英］雷蒙·威廉斯：《关键词：文化与社会的词汇》，刘建基译，生活·读书·新知三联书店2016年版。

［德］马克斯·韦伯：《经济与历史：支配的类型》，康乐、吴乃德等译，广西师范大学出版社2004年版。

［美］约翰·B. 坎宁：《会计中的经济学》，宋小明、谢盛纹译，立信会计出版社2014年版。

杂志类：

习近平：《加强党对全面依法治国的领导》，《求是》2019年第4期。

习近平：《扎实推动共同富裕》，《求是》2021年第20期。

陈锡文：《集体经济、合作经济与股份合作经济》，《中国农村经济》1992年第12期。

程杞国：《从管理到治理：观念、逻辑、方法》，《南京社会科学》2001年第9期。

程恩富、龚云：《大力发展多样化模式的集体经济和合作经济》，《中国集体经济》2012年第31期。

程世勇、刘旸：《农村集体经济转型中的利益结构调整与制度正义——以苏南模式中的张家港永联村为例》，《湖北社会科学》2012年第2期。

陈小君、陆剑：《我国普通村集体经济的运行现状与法律规制——基于12省38个普通村的实证研究》，《海南大学学报（人文社会科学版）》2013年第2期。

崔建中、宋旭超等：《农村集体经济组织公司化改造模式构建研究》，《农村经济》2013年第5期。

曹冬媛：《日本现代公司治理监督机制模式演变及启示》，《商业研究》2017年第3期。

陈美球、廖彩荣：《农村集体经济组织："共同体"还是"共有体"?》，《中国土地科学》2017年第6期。

陈荣卓、刘亚楠：《农村集体产权改革与农村社区腐败治理机制建构》，《华中农业大学学报》（社会科学版）2017年第3期。

崔超：《农村集体经济组织发展的内部困境及其治理》，《山东社会科学》2019年第4期。

陈松友、卢亮亮：《自治、法治与德治：中国乡村治理体系的内在逻辑与实践指向》，《行政论坛》2020年第1期。

程郁、万麒雄：《集体经济组织的内外治理机制——基于贵州省湄潭县3个村股份经济合作社的案例研究》，《农业经济问题》2020年第6期。

崔超：《发展新型集体经济：全面推进乡村振兴的路径选择》，《马克思主义研究》2021年第2期。

崔超：《中国共产党领导农村集体经济的百年探索与启示》，《中国延安干部学院学报》2021年第5期。

邓蓉：《农村产权制度改革后的村级治理结构建设初探——以都

江堰市农村产权制度改革试点为例》,《成都行政学院学报》2009年第1期。

邓大才:《产权与利益:集体经济有效实现形式的经济基础》,《山东社会科学》2014年第12期。

丁志刚:《如何理解国家治理与国家治理体系》,《学术界》2014年第2期。

杜飞进:《中国现代化的一个全新维度——论国家治理体系和治理能力现代化》,《社会科学研究》2014年第5期。

党国英:《农村集体经济制度研究论纲》,《社会科学战线》2017年第12期。

邓大才:《走向善治之路:自治、法治与德治的选择与组合——以乡村治理体系为研究对象》,《社会科学研究》2018年第4期。

丁文、冯义强:《论"三治结合"乡村治理体系的构建——基于鄂西南H县的个案研究》,《社会主义研究》2019年第6期。

杜志雄、崔超:《衔接过渡期扶贫资产差异化治理研究》,《农业经济问题》2022年第1期。

方志权:《农村集体经济组织产权制度改革若干问题》,《中国农村经济》2014年第7期。

方志权:《关于农村集体产权制度改革若干问题的思考》,《毛泽东邓小平理论研究》2014年第11期。

方志权:《农村集体经济若干重大问题研究》,《科学发展》2015年第9期。

方涛:《"治理"内涵解析》,《重庆社会科学》2015年第3期。

方志权:《完善农村集体资产股份权能的实践与探索》,《科学发展》2016年第4期。

方志权:《农村集体经济组织特殊法人:理论研究和实践探索》,《科学发展》2018年第1期。

关锐捷、黎阳等:《新时期发展壮大农村集体经济组织的实践与探索》,《毛泽东邓小平理论研究》2011年第5期。

高长武:《"农村绝不能成为荒芜的农村、留守的农村、记忆中的故园"——从习近平同志对农村的担忧和期望说开去》，《党的文献》2014 年第 3 期。

龚云：《坚定不移发展壮大农村集体经济》，《中共杭州市委党校学报》2019 年第 1 期。

管洪彦：《农村集体经济组织法人治理机制立法建构的基本思路》，《苏州大学学报》（哲学社会科学版）2019 年第 1 期。

管洪彦、孔祥智：《"三权分置"下集体土地所有权的立法表达》，《西北农林科技大学学报》（社会科学版）2019 年第 2 期。

郭洁：《论农村集体经济组织的营利法人地位及立法路径》，《当代法学》2019 年第 5 期。

高鸣、芦千文：《中国农村集体经济：70 年发展历程与启示》，《中国农村经济》2019 年第 10 期。

高鸣等：《新型农村集体经济创新发展的战略构想与政策优化》，《改革》2021 年第 9 期。

高其才：《走向乡村善治——健全党组织领导的自治、法治、德治相结合的乡村治理体系研究》，《山东大学学报》（哲学社会科学版）2021 年第 5 期。

黄志：《公有产权制度创新》，《经济体制改革》1996 年第 5 期。

韩俊：《关于农村集体经济与合作经济的若干理论与政策问题》，《中国农村经济》1998 年第 12 期。

贺雪峰、何包钢：《民主化村级治理的两种类型——村集体经济状况对村民自治的影响》，《中国农村观察》2002 年第 6 期。

韩俊、张云华：《村级集体经济发展要有合适定位》，《发展研究》2008 年第 11 期。

贺雪峰：《论富人治村——以浙江奉化调查为讨论基础》，《社会科学研究》2011 年第 2 期。

韩俊、张云华等：《以还权于民为根本出发点推进农村集体产权制度改革——上海市闵行区调查报告》，《农村经营管理》2014 年第 10 期。

黄延信等：《对农村集体产权制度改革若干问题的思考》，《农业经济问题》2014 年第 4 期。

黄延信：《发展农村集体经济的几个问题》，《农业经济问题》2015 年第 7 期。

黄承伟、刘欣：《新中国扶贫思想的形成与发展》，《国家行政学院学报》2016 年第 3 期。

贺雪峰：《农村集体产权制度改革与乌坎事件的教训》，《行政论坛》2017 年第 3 期。

韩立达等：《农地"三权分置"的运行及实现形式研究》，《农业经济问题》2017 年第 6 期。

胡若溟：《国家法与村民自治规范的冲突与调适——基于 83 份援引村民自治规范的裁判文书的实证分析》，《社会主义研究》2018 年第 3 期。

黄季焜等：《农村集体经营性资产产权改革：现状、进程及影响》，《农村经济》2019 年第 12 期。

贺雪峰：《乡村振兴与农村集体经济》，《武汉大学学报》（哲学社会科学版）2019 年第 4 期。

何剑：《完善农村集体经济组织管理人员薪酬激励机制的探析》，《现代营销》（经营版）2021 年第 4 期。

金婉、沈月琴等：《浙江省农村集体资产股份合作制改革农民满意度及其影响因素》，《浙江农林大学学报》2017 年第 1 期。

简新华、王懂礼：《农地流转、农业规模经营和农村集体经济发展的创新》，《马克思主义研究》2020 年第 5 期。

孔祥智：《产权制度改革与农村集体经济发展——基于"产权清晰+制度激励"理论框架的研究》，《经济纵横》2020 年第 7 期。

孔祥智：《合作经济与集体经济：形态转换与发展方向》，《政治经济学评论》2021 年第 4 期。

刘诗白：《关于农村人民公社社员家庭副业性质的探讨》，《经济研究》1961 年第 7 期。

李晓路：《论邓小平法制思想及其发展》，《理论与改革》1998 年第 5 期。

罗许成：《无产阶级专政与马克思主义国家治理理论》，《浙江学刊》2009年第1期。

李维安：《治理与管理：如何实现和谐运转？》，《南开管理评论》2009年第3期。

李慎明：《鼓励、指导和帮助集体经济的发展》，《毛泽东邓小平理论研究》2012年第10期。

卢福营：《论经济能人主导的村庄经营性管理》，《天津社会科学》2013年第3期。

罗烜：《从"管理"到"治理"：执政理念的战略转型》，《吉首大学学报》（社会科学版）2014年第S2期。

李崇富：《坚持人民民主专政，完全合理合情合法》，《马克思主义研究》2015年第1期。

李海鹏：《着力健全宏观调控体系推进国家治理体系和治理能力现代化》，《中国行政管理》2015年第10期。

刘承礼：《经济治理体系和治理能力现代化：政府与市场的双重视角》，《经济学家》2015年第5期。

李宝良、郭其友：《冲突与合作经济治理的契约解决之道——2016年度诺贝尔经济学奖得主主要经济理论贡献述评》，《外国经济与管理》2016年第11期。

李增元、李洪强：《封闭集体产权到开放集体产权：治理现代化中的农民自由及权利保障》，《南京农业大学学报》（社会科学版）2016年第2期。

李勇华：《农村集体产权制度改革对村民自治的价值》，《中州学刊》2016年第5期。

李齐、李松玉：《治理主体行动逻辑的"四维分析框架"——兼论乡村治理中乡镇政府行动逻辑演变及趋向》，《政治学研究》2020年第4期。

陆剑：《集体经营性建设用地入市中集体与成员权利配置论》，《领导之友》2016年第1期。

罗兴佐：《完善驻村干部制度助推乡村振兴》，《中国农业大学学

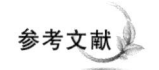

报》（社会科学版）2019 年第 3 期。

刘儒、拓巍峰：《新时代乡村治理体系及其健全路径》，《理论视野》2020 年第 6 期。

雷啸、郭祥：《农村集体经济组织治理模式创新研究》，《农村经济》2020 年第 10 期。

林星、吴春梅等：《新时代"三治结合"乡村治理体系的目标、原则与路径》，《南京农业大学学报》（社会科学版）2021 年第 2 期。

马永伟：《农村集体资产产权制度改革：温州的实践》，《福建论坛》（人文社会科学版）2013 年第 6 期。

莫光辉、张菁：《精准扶贫第三方评估长效机制建构策略——2020 年后中国减贫与发展前瞻探索系列研究之一》，《苏州大学学报》（哲学社会科学版）2018 年第 6 期。

马桂萍、崔超：《改革开放后党对农村集体经济认识轨迹及创新》，《理论学刊》2019 年第 2 期。

农业部课题组：《农村集体产权制度改革的实践与探索（续）》，《农村工作通讯》2014 年第 4 期。

彭海红：《当前中国农村集体经济的特点及其发展条件、途径》，《理论导刊》2011 年第 11 期。

彭海红：《中国农村集体经济实践形式探析》，《新视野》2011 年第 4 期。

屈茂辉：《农村集体经济组织法人制度研究》，《政法论坛》2018 年第 2 期。

戚潇：《关于发展农村集体经济的法哲学辨析》，《人民论坛》2019 年第 33 期。

曲延春：《这支队伍为何不能撤：第一书记制度的逻辑理路与优化对策》，《行政论坛》2021 年第 4 期。

宋方敏：《深化国企改革要构建中国特色社会主义国有经济治理体系》，《红旗文稿》2014 年第 23 期。

石德华：《汇聚各方智慧共议国家治理——"国家治理体系和治理能力建设高峰论坛"综述》，《华中科技大学学报》（社会科学版）

2014年第3期。

宋洪远、高强:《农村集体产权制度改革轨迹及其困境摆脱》,《改革》2015年第2期。

宋洪远:《为什么要完善乡村治理体系》,《人民论坛》2017年第S1期。

孙乐强:《农民土地问题与中国道路选择的历史逻辑——透视中国共产党百年奋斗历程的一个重要维度》,《中国社会科学》2021年第6期。

唐兴军、齐卫平:《治理现代化中的政府职能转变:价值取向与现实路径》,《社会主义研究》2014年第3期。

唐兴军、齐卫平:《国家治理现代化视阈下的政府职能转变》,《晋阳学刊》2015年第2期。

田发、周武星:《经济治理能力指标体系的构建及测算——基于公共财政的视角》,《西安财经学院学报》2016年第3期。

谭秋成:《农村集体经济的特征、存在的问题及改革》,《北京大学学报》(哲学社会科学版)2018年第3期。

仝志辉:《村委会和村集体经济组织应否分设——基于健全乡村治理体系的分析》,《华南师范大学学报》(社会科学版)2018年第6期。

仝志辉、陈淑龙:《改革开放40年来农村集体经济的变迁和未来发展》,《中国农业大学学报》(社会科学版)2018年第6期。

田鹏颖、崔菁颖:《中国共产党推动国家治理体系现代化的三重逻辑》,《思想教育研究》2021年第6期。

王宋涛:《产权残缺、土地分置与农村治理模式——一个解释当前中国农村治理效应的理论框架》,《浙江工商大学学报》2012年第1期。

王景新:《斯大林农业全盘集体化运动和集体农庄制度演变及重新评价》,《中国集体经济》2012年第34期。

王学俭、金德楠:《论社会主义核心价值观的社会治理功能及其实现机理》,《黑龙江高教研究》2014年第11期。

王景新、彭海红等：《集体经济村庄》，《开放时代》2015年第1期。

吴志攀：《"互联网+"的兴起与法律的滞后性》，《国家行政学院学报》2015年第3期。

文魁：《社会主义市场经济的经济治理——党中央治国理政的政治经济学领悟》，《前线》2016年第6期。

汪险生、郭忠兴：《虚置还是稳固：农村土地集体所有制的嬗变——基于权利分置的视角》，《经济学家》2017年第5期。

王蔷：《财政产业项目资金注入集体资产相关利益主体的博弈行为研究》，《农村经济》2017年第6期。

王晓毅：《完善乡村治理结构，实现乡村振兴战略》，《中国农业大学学报》（社会科学版）2018年第3期。

王文彬：《自觉、规则与文化：构建"三治融合"的乡村治理体系》，《社会主义研究》2019年第1期。

吴宏耀、陈良彪等：《为发展集体经济拓路子 为加强乡村治理夯基础——关于云南、四川农村集体产权制度改革情况的督查报告》，《农村经营管理》2019年第3期。

温铁军、罗士轩等：《资源特征、财政杠杆与新型集体经济重构》，《西南大学学报》（社会科学版）2021年第1期。

辛逸：《农村人民公社家庭副业研究》，《中共党史研究》2000年第5期。

邢艳琦：《列宁、斯大林关于农业和农民问题的基本观点述要》，《马克思主义与现实》2005年第5期。

徐勇、吕楠：《热话题与冷思考——关于国家治理体系和治理能力现代化的对话》，《当代世界与社会主义》2014年第1期。

许耀桐、刘祺：《当代中国国家治理体系分析》，《理论探索》2014年第1期。

徐勇、赵德健：《创新集体：对集体经济有效实现形式的探索》，《华中师范大学学报》（人文社会科学版）2015年第1期。

许正中：《国家治理现代化中的经济治理创新》，《国家治理》

2015年第4期。

徐勇：《种豆得瓜：农村集体经济的不同产业绩效及动因》，《社会科学家》2016年第6期。

肖鹏、葛黎腾：《农村集体经济组织的民事主体地位辨析》，《农村经济》2017年第4期。

谢地、李雪松：《新中国70年农村集体经济存在形式、载体形式、实现形式研究》，《当代经济研究》2019年第12期。

徐冠清、崔占峰：《从"政经合一"到"政经分离"：农村集体经济治理的一个新逻辑》，《农业经济与管理》2021年第5期。

余军华、袁文艺：《公共治理：概念与内涵》，《中国行政管理》2013年第12期。

苑鹏：《对马克思恩格斯有关合作制与集体所有制关系的再认识》，《中国农村观察》2015年第5期。

杨一介：《我们需要什么样的农村集体经济组织?》，《中国农村观察》2015年第5期。

杨卫：《关于农村集体经济改革发展的探讨与前瞻》，《毛泽东邓小平理论研究》2015年第12期。

杨嬛：《合作机制：农村集体经济有效实现的组织制度基础》，《山东社会科学》2015年第7期。

苑鹏、陆雷：《俄国村社制度变迁及其对我国农村集体产权制度改革的启示》，《东岳论丛》2018年第7期。

杨一介：《农村集体经济组织的形与神：制度转型与立法选择》，《云南大学学报》（社会科学版）2020年第4期。

苑鹏、刘同山：《发展农村新型集体经济的路径和政策建议——基于我国部分村庄的调查》，《毛泽东邓小平理论研究》2016年第10期。

于树一等：《我国贫困治理现代化："精准"取向下的财政扶贫资金发展》，《山东社会科学》2020年第11期。

张茵仙、张嵩：《论财务管理的目标与指标》，《保险研究》2002年第6期。

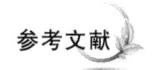

志新：《城市化中的农村集体产权制度改革——以江苏无锡为个案》，《求索》2006年第5期。

赵智奎、彭海红：《邓小平的农业集体经济思想》，《毛泽东邓小平理论研究》2007年第5期。

郑有贵：《农村社区集体经济组织法人地位研究》，《农业经济问题》2012年第5期。

张贤明：《以完善和发展制度推进国家治理体系和治理能力现代化》，《政治学研究》2014年第2期。

赵家如：《集体资产股权的形成、内涵及产权建设——以北京市农村社区股份合作制改革为例》，《农业经济问题》2014年第4期。

张红宇、王刚：《关于农村集体产权制度改革相关问题的思考》，《农村工作通讯》2014年第15期。

《制度建设与治理效能的关系》，《国家治理》2014年第5期。

张守文：《提升治国能力的经济法路径》，《中国高校社会科学》2015年第1期。

张茜：《农村集体经济实现形式的现代转型——以山东省东平县土地股份合作社为例》，《东岳论丛》2015年第3期。

张纪海、张璐：《统筹经济建设与国防建设治理体系基本问题研究》，《北京理工大学学报》（社会科学版）2015年第4期。

赵宇峰、林尚立：《国家制度与国家治理：中国的逻辑》，《中国行政管理》2015年第5期。

张文律：《新型城镇化进程中的农村集体产权制度改革——"三分三改"的温州样本》，《农村经济》2015年第6期。

朱尔茜：《经济治理的理论内涵及实施路径》，《海南大学学报》（人文社会科学版）2016年第2期。

郑石桥、吕君杰等：《产权残缺、村居经济内部治理失败和外部审计：理论框架和例证分析》，《新疆财经》2016年第3期。

张应良、杨芳：《农村集体产权制度改革的实践例证与理论逻辑》，《改革》2017年第3期。

邹薇、屈广玉：《"资产贫困"与"资产扶贫"——基于精准扶贫的新视角》，《宏观经济研究》2017年第5期。

郑有贵：《农业"两个飞跃"应创建集体权益与成员权益统一的实现形式》，《毛泽东邓小平理论研究》2017年第8期。

张真理、韩忠亮：《宪法"农村集体经济组织经营体制"条款的规范意义》，《首都师范大学学报》（社会科学版）2017年第6期。

张海燕：《实现转型性变革的政策创新——落实"2030可持续发展议程"》，《国际社会科学杂志》（中文版）2018年第1期。

朱新山：《中国乡村治理体系现代化研究》，《毛泽东邓小平理论研究》2018年第4期。

臧之页、孙永军：《农村集体经济组织成员权的构建：基于"股东权"视角分析》，《南京农业大学学报》（社会科学版）2018年第3期。

赵新龙：《农村集体经济组织章程的法律性质及其效力认定》，《农业经济问题》2018年第7期。

赵智奎、龚云等：《实施乡村振兴战略，壮大集体经济（笔谈）》，《河南社会科学》2020年第5期。

张保红：《论农村集体经济组织内部治理的模式选择》，《中国社会科学院研究生院学报》2021年第3期。

［英］鲍勃·杰索普：《治理的兴起及其失败的风险：以经济发展为例》，漆燕译，《国际社会科学杂志》（中文版）2019年第3期。

［瑞士］彼埃尔·德·塞纳克伦斯：《治理与国际调节机制的危机》，冯炳昆译，《国际社会科学杂志》（中文版）1999年第1期。

［法］巴纳德·朱维：《城市治理：通向一种新型的政策工具?》，焦兵译，《国际社会科学杂志》（中文版）2009年第4期。

［法］伯纳德·雷伯：《治理：审慎与多元主义》，倪顺江译，《国际社会科学杂志》（中文版）2015年第3期。

［西德］恩德雷·安塔尔：《匈牙利的私人农业企业》，杨培华译，《国际经济评论》1979年第12期。

［比］法布里齐奥·坎特利、［爱］奈奥诺里·科戴特等：《世界风险社会论质疑——不确定性治理研究的三个挑战》，邵文实译，《国

际社会科学杂志》（中文版）2017年第2期。

［苏］格·哈拉哈希扬：《生产资料社会主义所有制与经济利益》，林水源译，《国际经济评论》1985年第6期。

［英］格里·斯托克：《作为理论的治理：五个论点》，华夏风译，《国际社会科学杂志》（中文版）2019年第3期。

［法］玛丽-克劳德·斯莫茨：《治理在国际关系中的正确运用》，肖孝毛译，《国际社会科学杂志》（中文版）1999年第1期。

［法］让-彼埃尔·戈丹：《现代的治理，昨天和今天：借重法国政府政策得以明确的几点认识》，陈思译，《国际社会科学杂志》（中文版）1999年第1期。

［东德］乌尔夫·连姆科：《关于东德农业中所有制的一些情况》，魏斯译，《国际经济评论》1980年第5期。

［法］辛西娅·休伊特·德·阿尔坎塔拉：《"治理"概念的运用与滥用》，黄语生译，《国际社会科学杂志》（中文版）1999年第1期。

［瑞典］英厄马尔·埃兰德：《伙伴制与城市治理》，项龙译，《国际社会科学杂志》（中文版）2003年第2期。

报纸类：

《把群众安危冷暖时刻放在心上　把党和政府温暖送到千家万户》，《人民日报》2012年12月31日第1版。

《共同富裕是社会主义的本质》，《光明日报》2013年1月7日第15版。

《中共十八届二中全会在京举行》，《人民日报》2013年3月1日第1版。

习近平：《切实把思想统一到党的十八届三中全会精神上来》，《人民日报》2014年1月1日第2版。

《健全城乡发展一体化体制机制让广大农民共享改革发展成果》，《人民日报》2015年5月2日第1版。

《三严三实，精准发力转作风》，《人民日报》2015年8月5日第1版。

《深化农村改革综合性实施方案》,《人民日报》2015 年 11 月 3 日第 6 版。

《加大推进新形势下农村改革力度　促进农业基础稳固农民安居乐业》,《人民日报》2016 年 4 月 29 日第 1 版。

《中共中央国务院关于实施乡村振兴战略的意见》,《人民日报》2018 年 2 月 5 日第 1 版。

《中共中央国务院关于坚持农业农村优先发展做好"三农"工作的若干意见》,《人民日报》2019 年 2 月 20 日第 1 版。

《中共中央关于坚持和完善中国特色社会主义制度推进国家治理体系和治理能力现代化若干重大问题的决定》,《人民日报》2019 年 11 月 6 日第 1 版。

《中共中央国务院关于抓好"三农"领域重点工作确保如期实现全面小康的意见》,《人民日报》2020 年 2 月 6 日第 1 版。

《中共中央国务院关于全面推进乡村振兴加快农业农村现代化的意见》,《人民日报》2021 年 2 月 22 日第 1 版。

《中华人民共和国国民经济和社会发展第十四个五年规划和2035 年远景目标纲要》,《人民日报》2021 年 3 月 13 日第 1 版。

《中共中央关于党的百年奋斗重大成就和历史经验的决议》,《人民日报》2021 年 11 月 17 日第 1 版。

周晓菲:《治理体系和治理能力如何实现现代化》,《光明日报》2013 年 12 月 4 日第 4 版。

朱尔茜:《经济治理的若干问题》,《湖南日报》2015 年 10 月 8 日第 7 版。

张红宇:《着力推进产权制度改革赋予农民更充分权能》,《农民日报》2016 年 5 月 25 日第 1 版。

网络类:

《农民专业合作社登记管理条例(国务院令第 498 号)》,中华人民共和国中央人民政府网站,2007 年 6 月 6 日,http://www.gov.cn/flfg/2007-06/06/content_638590.htm。

《中华人民共和国乡村集体所有制企业条例》,中华人民共和国中央人民政府网站，http：//www.gov.cn/gongbao/content/2011/content_1860727.htm。

《农业部监察部关于印发〈农村集体经济组织财务公开规定〉的通知》，中华人民共和国农业农村部网站，2011年12月20日，http://www.moa.gov.cn/nybgb/2011/dseq/201805/t20180524_6142997.htm。

《习近平：农村绝不能成为荒芜的农村》，中国共产党新闻网，2013年7月23日，http：cpc.people.com.cn/n/2013/0723/c64094-22297499.html。

《国务院关于进一步推进户籍制度改革的意见》，中华人民共和国中央人民政府网站，2014年7月30日，http：//www.gov.cn/zhengce/content/2014-07/30/content_8944.htm。

《农业部关于认定第三批全国农村集体"三资"管理示范县的通知》，中华人民共和国农业农村部网站，2017年1月20日，http：//www.moa.gov.cn/nybgb/2017/dyiq/201712/t20171227_6130209.htm。

《国土资源部印发〈关于加强农村宅基地管理的意见〉的通知》，中华人民共和国自然资源部网站，http：//f.mnr.gov.cn/201702/t20170206_1436301.html。

《中共中央办公厅 国务院办公厅印发〈关于加强乡镇政府服务能力建设的意见〉》，中华人民共和国中央人民政府网站，2017年2月20日，http：//www.gov.cn/zhengce/2017-02/20/content_5169482.htm。

《农业农村部关于确定农村集体产权制度改革试点单位的函》，中华人民共和国农业农村部政策与改革司网站，2018年7月12日，http：//www.zcggs.moa.gov.cn/tzgg/201906/t20190614_6317506.htm。

《民政部 中央组织部 中央政法委司法部 农业农村部 全国妇联关于做好村规民约和居民公约工作的指导意见》，中华人民共和国民政部网站，2018年12月26日，http：//mzzt.mca.gov.cn/article/zt_cgmy/zcwj/201812/20181200013983.shtml。

《中共中央国务院关于建立健全城乡融合发展体制机制和政策体系的意见》，中华人民共和国中央人民政府网站，2019年5月5日，http：//www.gov.cn/zhengce/2019-05/05/content_5388880.htm。

《中央农村工作领导小组办公室农业农村部关于确定农村集体产权制度改革试点单位的函》，中华人民共和国农业农村部政策与改革司网站，2019年5月21日，http：//www.zcggs.moa.gov.cn/ncjtzcjdgl/201905/t20190521_6313363.htm。

《中共中央办公厅　国务院办公厅印发〈关于加强和改进乡村治理的指导意见〉》，中华人民共和国中央人民政府网站，2019年6月23日，http：//www.gov.cn/zhengce/2019-06/23/content_5402625.htm。

《推进乡村治理体系和治理能力现代化取得新成效——中央农办副主任、农业农村部副部长韩俊解读〈关于加强和改进乡村治理的指导意见〉并答记者问》，中华人民共和国农业农村部网站，2019年6月25日，http：//www.moa.gov.cn/xw/zwdt/201906/t20190625_6319178.htm。

《黑龙江省农村集体经济组织条例》，黑龙江省人民政府网站，2020年9月3日，https：//www.hlj.gov.cn/n200/2020/0903/c35-11007497.html。

《农业农村部关于印发〈农村集体经济组织示范章程（试行）〉的通知》，中华人民共和国中央人民政府网站，http：//www.gov.cn/zhengce/zhengceku/2020-11/18/content_5562197.htm。

《中共中央办公厅　国务院办公厅印发〈关于加快推进乡村人才振兴的意见〉》，中华人民共和国中央人民政府网站，2021年2月23日，http：//www.gov.cn/zhengce/2021-02/23/content_5588496.htm。

《2020年国民经济和社会发展统计公报》，中华人民共和国国家统计局门户网，2021年2月28日，http：//www.stats.gov.cn/tjsj/zxfb/202102/t20210227_1814154.html。

《全国农村集体产权制度改革工作推进会暨农业农村政策与改革工作会议在安徽召开，会议强调系统谋划推动新发展阶段农村改革加快健全全面推进乡村振兴体制机制》，中华人民共和国农业农村部网站，2021年4月26日，http：//www.moa.gov.cn/jg/leaders/lingdhd/202104/t20210426_6366643.htm。

《四川省农村集体经济组织条例》，四川省乡村振兴局网站，2021年8月5日，http：//xczxj.sc.gov.cn/scfpkfj/gjtljgwybgtwj/2021/8/5/9829888fbd0e4d3695079398d9776f85.shtml。

《全国农村集体产权制度改革工作部署视频会议在京召开》,中华人民共和国农业农村部网站,2021年9月16日,http://www.moa.gov.cn/xw/zwdt/202109/t20210913_6376321.htm。